Wolfgang Sucl

Sprache und

WV studium

Band 167

Wolfgang Sucharowski

Sprache und Kognition

Neuere Perspektiven
in der Sprachwissenschaft

Westdeutscher Verlag

Der Westdeutsche Verlag ist ein Unternehmen der Bertelsmann
Fachinformation.

© 1996 Westdeutscher Verlag GmbH, Opladen

Umschlaggestaltung: Horst Dieter Bürkle, Darmstadt
Druck und buchbinderische Verarbeitung: Presse-Druck, Augsburg
Gedruckt auf säurefreiem Papier
Printed in Germany

ISBN 3-531-22167-1

Inhalt

1 Kognition als Problemfeld der Sprachwissenschaft

1.1 "Kognitive Wissenschaft"- ein Programm

Seit Anfang der siebziger Jahre wird der Begriff "Kognition" oder "kognitiv" gehäuft verwendet. Als "Geburtsdatum" nennt Miller (1979) den 11. September 1956 anläßlich des "Symposium on Information Theory" am Massachusetts Institut of Technology (kurz "MIT" genannt). "Kognitiv" bedeutete zu diesem Zeitpunkt die Hinwendung der Wissenschaft zu Fragen über das Wesen des Wissens, über Geist und Natur sowie Denken und Wissen aufgrund der neuen methodischen und theoretischen Möglichkeiten, die sich aus den aktuellen Erkenntnissen der Mathematik, Datenverarbeitung und Logik anboten (Arbib/ Hesse 1986, 1-6). "Kognitiv" wurde zu einem Wort, welches auf ein Programm hinweisen sollte, Teilbereiche der Wissenschaft, vornehmlich der geisteswissenschaftlichen Fächer Logik, Mathematik und Psychologie sowie Sprachwissenschaft neu schreiben zu wollen. Es entwickelte sich eine bis dahin nicht bekannte interdisziplinäre Zusammenarbeit einzelner Wissenschaften wie der Philosophie, Psychologie und Linguistik, Künstliche Intelligenz-Forschung sowie Anthropologie und Neurowissenschaften (Gardner 1989, 49):

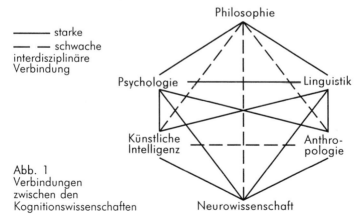

starke

schwache interdisziplinäre Verbindung

Abb. 1
Verbindungen zwischen den Kognitionswissenschaften

Miller (1979, 9) charakterisierte die neue Zusammenschau der Wissenschaft mit der Bemerkung: "(ich war) der mehr intuitiven denn rationalen Überzeugung, daß die experimentelle Humanpsychologie, die theoretische Linguistik und die Computersimulation kognitiver Prozesse alle Teile eines größeren Ganzen waren, und die Zukunft eine immer größere Differenzierung und Koordination ihrer gemeinsamen Belange bringen würde." Bruner (1983, 274) nennt es eine "revolutionäre Wende", und nach Mandler (1981, 9) ergänzten sich "... die verschiedenen Spannungen und Unzulänglichkeiten der ersten Hälfte des 20. Jahrhunderts und bildeten einen neuen Zweig der Psychologie, der zunächst das Etikett Informationsverarbeitung trug und dann als moderne Kognitionspsychologie bekannt wurde. All dies geschah in den Jahren zwischen 1955 und 1960 (Savory 1985, 14). In diesen fünf Jahren nahm die Kognitionswissenschaft ihren Anfang." "Dieser Wandel vollzog sich etwa 1956: in der Psychologie mit dem Erscheinen von Bruner/Goodnow/Austin (1956) "Study of Thinking", Miller (1956) "The magical number seven", in der Linguistik mit Chomsky (1956) "Drei Sprachenmodelle" und in der Computerwissenschaft mit Newel/Simon (1956) "Die Logiktheorie-Maschine".

1.2 Neue Wege veränderten Sichtweisen

Als das einschneidende Ereignis werden zwei Tage angesehen: Am 11. und 12. September 1956 fand am Massachusetts Institut of Technology (=MIT) in den USA ein Symposium zur Informationstheorie statt und machte Wissenschaftsgeschichte. Newell und Simon erörterten dort erstmals eine Logiktheorie-Maschine und konnten zeigen, daß eine Maschine ein mathematisch logisches Theorem beweisen kann. Chomsky diskutierte zum ersten Mal die Idee eines Sprachmodells, welches Sprache als ein sich selbst produzierendes System erfaßte. Aufsehen erregte der damals 20jährige Chomsky, weil er darlegen konnte, daß und wie mathematische Formeln und Regeln auf Sprachbeschreibung angewandt werden können und sich dadurch Sprachprozesse erklären lassen. Miller hielt einen Vortrag, in dem er den Nachweis versuchte, daß die Kapazität des menschlichen Kurzzeitgedächtnisses auf sieben elementare Einheiten beschränkt sei. Das bewegende Moment dieses Jahres - und das wird auch durch die im selben Jahr abgehaltene Summerschool am Dartmouth College (USA) belegt - war die erstmalige Erfahrung, daß Rechenmaschinen einen Zugang zum Verstehen von mentalen Prozessen eröffnen könnten. Man war der Idee von einer künstlichen Intelligenz sehr nahe gerückt, denn auf der zitierten Sommerakademie wurden Probleme besprochen, die heute zum Standardbereich der "Künstlichen Intelligenz" gehören: Programme zum Problemlösen, zur Muster-Wiedererkennung, für Spiele oder zum Darstellen von Schlußfolgerungen in der Logik (Dreyfus 1989, 40-50).

Um die Hintergründe besser verstehen zu können, warum gerade in den fünfziger Jahren diese Vielzahl wissenschaftlicher Neuerungen festzustellen war, muß man wissen, daß große Geldsummen in die Erforschung von Systemen flossen, die helfen sollten, feindliche Codes zu entschlüsseln und die Sprache des Gegners für die U-Boot-Abwehr automatisch zu übersetzen. Gesucht wurde nach Techniken, wie im Dunkeln Flugzeuge erkannt und richtig in ihrer Position bestimmt werden können oder wie man Nachrichten effektiv und fehlerfrei übermitteln kann (Gardner 1989, 104). Am MIT wurde während des Zweiten Weltkrieges an Übersetzungsmaschinen gearbeitet. Der Begriff des "Bit" wurde erfunden. In Großbritannien kam es zwischen Psychologie und Nachrichtentechnik zu interdisziplinären Projekten. Cherry (1953) und Broadbent (1954) erarbeiteten in diesem Zusammenhang ein Modell der menschlichen Denkprozesse. Ihm waren die Cherry/Broadbent-Versuche vorausgegangen: Versuchspersonen wurde ein Text in nur ein Ohr eingespielt, diesem mußten sie durch Nachsprechen folgen. Praktisch bedeutete dies, daß jedes Wort wiederholt wurde, sobald es gehört worden war. Dabei stellte sich heraus, daß die Versuchspersonen während dieser Zeit so gut wie nichts von dem, was dem anderen Ohr dargeboten wurde, wiedergeben konnten. Lediglich die

Frage, ob Musik oder Sprache zu hören gewesen war, konnte beantwortet werden. Es bestätigte sich, was zur selben Zeit von Miller beobachtet worden war: Das menschliche Gedächtnis verfügt über eine nur begrenzte Kapazität. Der erste Modellvorschlag eines Informationsverarbeitungssystems wurde gewagt. Informationen werden über die Sinnesorgane aufgenommen, im Kurzzeitspeicher "zwischengelagert" und "gefiltert", um dann für eine gezieltere Verarbeitung bewahrt zu werden, die zu Handlungen oder mentalen Umstrukturierungen führt. Einzelheiten dieses Modells waren zwar in der Forschung hinlänglich bekannt, Broadbent setzte aber als erster die Teile zu einem Ganzen zusammen und erfand so das "Flußdiagramm", eine Darstellungstechnik, welche bis heute in der Informationstheorie gebräuchlich ist.

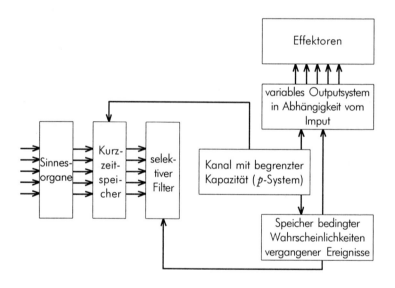

Abb. 2
Broadbent (1958) nach Gardner (1989, 105)
Eines der ersten Informationsverarbeitungs-
Diagramme

Entscheidend war der Perspektivenwechsel durch die Möglichkeit zur Simulation von Wirklichkeitsausschnitten. Sie eröffnete der Theoriebildung einen neuen Weg, indem Behauptungen durch Modellierung eines Weltausschnitts in ihrer Tragweite abschätzbar erschienen und in ihrer Genauigkeit überprüfbar wurden. Gardner (1989, 106) charakterisierte die neue Sichtweise durch das Wort "produktiv". Damit soll auf das "Konstruieren" von "Welt" hingewiesen werden. Die Richtigkeit oder Falschheit einer Regel hat sich innerhalb eines solchen Modells zu bewähren und kann als Mittel zur Evaluation von theoretischen Konzepten genutzt werden (von Hahn et al. 1980).

1.3 Konsequenzen für die herkömmlichen Disziplinen

Diese von Cherry, Miller und Broadbent angeregte Sicht hatte grundlegende Konsequenzen für die damals vorherrschende Psychologie. Neisser (1979, 16-17) gibt für die Wende in der Psychologie verschiedene Gründe an. Als den wichtigsten sieht er "das Aufkommen des Computers [...], weil das Vorgehen im Computer selbst den kognitiven Prozessen ähnlich schien. Computer nehmen Informationen auf, manipulieren Symbole, speichern Items im 'memory' und rufen sie wieder ab, klassifizieren Inputs, erkennen Muster wieder und so weiter." In diesen Aktivitäten sahen die Psychologen eine große Nähe zur introspektiven Psychologie des 19. Jahrhunderts, allerdings ohne die Introspektion. Die simultane Sicht von mentalen Vorgängen, die Simulation von Prozessen, die eigentlich als geistig unzugänglich erschienen waren, und der Glaube, eine Maschine erfunden zu haben, die wie der Geist arbeite, ließ das bis zu diesem Zeitpunkt vorherrschende, starr wirkende System des Behaviorismus und Positivismus unglaubwürdig erscheinen. Alles, was dort nämlich mit dem Begriff "Kognition" verbunden werden konnte -Analoges galt für den Begriff "Bedeutung" in der Linguistik (Bloomfield 1933, 139; Skinner 1957) -, hatte im Rahmen der Wissenschaft "Hausverbot", da nur das, was sich durch quantifizierbare

Verfahren erschließen ließ, wissenschaftlich akzeptiert wurde (Suppes 1968).

"Kognition" als Begriff für Verstehen und Erkennen, als Sammelbegriff für alle produktiven und perzeptiven, geistigen Prozesse ist als Phänomen methodisch nie ganz zugänglich und insofern leicht Objekt von Spekulation (Gadenne/ Oswald 1991, 39-57). Psychologie in der Nachfolge von Watson (1930, 36; 39) ließ nur gelten, was im äußeren Verhalten beobachtbar war. Bewußtsein wurde als Bewußtseinszustand beschrieben, der sich im Verhalten äußern mußte, um anerkannt zu werden. Es interessierte nicht, wie etwas im Menschen vor sich geht, was er empfindet oder fühlt, sondern ob sich im Verhalten des Organismus irgend etwas Kontinuierliches feststellen läßt, ob Veränderungen im Psychischen auftreten und als Ausdruck der Einwirkung von außen erklärbar sind (Anderson 1988, 295-296; Hörmann 1970, 185-228; Neimark/ Estes 1967; Simon 1981, 64-68).

Mit den Arbeiten von Hull (1930), Skinner (1937; 1957) und Thorndike (1903; 1913-14), die Wesentliches zur Lerntheorie beigetragen haben, hatte dieses Denken seine expliziteste Form gefunden. So war es auch kein Zufall, daß Chomsky (1959; 1961) außer durch seinen bereits zitierten Vortrag deshalb bekannt wurde, weil er das Sprachverständnis von Skinner und die Erklärungsansätze des Behaviorismus als unzulänglich kritisierte. Diese die Ganzheitlichkeit des Menschen ignorierende Sicht muß im Zusammenhang mit der Reaktion auf eine Psychologie gesehen werden, welche an ihren fehlenden empirischen Grundlagen gescheitert war.

Gemeint ist eine Forschungsrichtung, die mit von Ehrenfels (1890) ihren Anfang genommen hatte. Er hatte beobachtet, daß das Wahrnehmen einzelner Töne bzw. einer Melodie von grundlegend unterschiedlicher Qualität sind, und lenkte damit den Blick auf Erscheinungen, die als Figur-Grund-Wahrnehmung, als Gestaltschließung oder Gesetze der Nähe und der guten Gestalt beschrieben werden konnten. Die Gestaltpsychologie verstand Denken als produktiven Vorgang (Wertheimer 1923; Metzger 1966). Der Geist müsse immer wieder Neues schaffen, seine

Aufgabe sei es, stets neu das Wahrgenommene um sich herum zu organisieren (Köhler 1920). Einem solchen Denkansatz fehlte lange Zeit eine Methode, welche die hier vorfindlichen Aussagen operationalisiert und somit widerlegbar gemacht hätte. Der Behaviorismus wandte sich gegen ein solches Denken, und erst Forschungsergebnisse aus der Neuroinformatik weckten wieder das Interesse an den gestaltpsychologischen Beschreibungsversuchen.

Für die Philosophie eröffneten sich neue Perspektiven in der Auseinandersetzung mit dem Phänomen Sprache (Carnap 1932). Die Veröffentlichungen philosophischer Schriften rückten seit Mitte der 30er Jahre in verstärktem Maße Probleme der Sprache in den Vordergrund (Simon 1982, 120-166). Frege muß historisch mit seinen Werken "Grundlagen der Arithmetik" (1884) und "Grundgesetze der Arithmetik I-II" (1893; 1903) am Anfang dieser Entwicklung gesehen werden. Er war einer derjenigen, die erkannt hatten, wie zwischen Systemen der Logik und der Funktionsweise von Sprache ein formal korrekt beschreibbarer Zusammenhang hergestellt werden kann. Mit seiner Unterscheidung von Bezeichnung und Bedeutung, zwischen Extension und Intension (Frege 1892) und der Hinführung zu einer wahrheitswertigen Semantik wird eine Basis zur semantischen Sprachbeschreibung geschaffen, die zum Erkennen der Vielfalt natürlichsprachlicher Bezeichnungsverhältnisse geführt (Löbnern 1990) und den Weg für formalisierte Betrachtungsweisen von natürlichen Sprachen überhaupt eröffnet hat (Montague 1970; 1973; Cresswell 1973).

Carnap dachte "radikal linguistisch" und konsequent in der Tradition, wie sie Frege eröffnet hatte. So glaubte Carnap (1928), daß das Wesen einer Entität dann bestimmt sei, wenn die Ableitungsbeziehungen zwischen Sätzen, in denen die jeweiligen Begriffe vorkommen, und anderen Sätzen dieser Sprache entdeckt würden. Die eigentlichen Probleme der Philosophie seien so auf der Basis einer logischen Syntax erklärbar (Carnap 1934, 1935). Damit weckte er die Erwartung, Sprachbetrachtung könne eindeutig, in einem widerspruchsfreien und zusammenhängenden System erklärt und auf Aussagen zurückgeführt werden, die auf ihre Richtigkeit und Falschheit überprüfbar sind. Bedeutungsbeschreibung erwies sich als Festlegung des Verhältnisses von Zeichen zu den Dingen in dieser Welt und sei durch das Aufdecken von syntaktischen Regeln zu leisten, die diese Beziehungsbeschreibung logisch widerspruchsfrei ermöglichen sollten (Carnap 1958). Syntax und Semantik wurden in Abhängigkeit zueinander gesehen und als formalisierbare Systeme erfaßt. Damit waren wesentliche Voraussetzungen geschaffen, die später für die Repräsentationssprachen zur Darstellung von Weltausschnitten aufgegriffen werden konnten (Habel 1983; 1986; Tergan 1986).

Die Entwicklungen müssen im Zusammenhang mit Studien wie der von Shannon gesehen werden. Er hatte in seiner Examensarbeit (1938) beschrieben, daß sich Relais und Schaltkreise elektrischer Maschinen in Form Boolscher Gleichungen darstellen lassen. Das Wahr-Falsch-System kann parallel zu den "An-Aus-Schaltern" dargestellt werden. Alle Operationen, die mit einer endlichen Anzahl von Schritten zu erfassen waren, konnten auch in solchen Schaltungen gefaßt werden. Im selben Kontext ist Turing (1936) zu erwähnen; er erörterte damals die Idee, daß jede explizit formulierte Rechenaufgabe mit einer Maschine lösbar sei und wies den Typ einer solchen Maschine formal nach (Turing 1950). Mit der Entwicklung der sogenannten Turing-Tests wurde von ihm erstmals darüber nachgedacht, daß und wie Denken und die Arbeit einer Rechenmaschine in Beziehung zu setzen seien. Das erste Programm, welches einen Computer mit Instruktionen steuerte, entwickelte von Neumann (1958). Bahnbrechend waren seine Ideen, um sog. Assembler und Compiler zu entwickeln und schließlich "Sprachen" zu finden, die dem natürlichen Gebrauch so nahe sind, daß sie selbst das Explizieren von mentalen Problemen ermöglichten. Der Weg dahin ist allerdings noch lang gewesen, und wie das jetzt Erreichte einzuschätzen ist, ist nicht unumstritten (Dreyfus 1972; Weizenbaum 1976).

Der Begriff "künstliche Intelligenz", mit Konnotaten aus der Umgangssprache versehen, ist erst in den letzten zehn Jahren

Allgemeingut geworden. Er bezieht sich vor allem auf Programme, die in den Bereichen Expertensysteme, natürlichsprachliche Dialogsysteme, wissensbasierte Simulation und wissensbasiertes Programmieren entwickelt worden sind (Savory 1985, 13). Bahnbrechende Programme aus der Sicht der Linguistik waren ELIZA (Weizenbaum 1966) und Blockwelt (Winograd 1970). Mit dem Programm ELIZA wurde erstmals gezeigt, daß im Umgang mit einem Computer natürliche Sprache verarbeitet werden kann, und zwar auf eine Weise, welche dem Benutzer nicht das Gefühl vermittelt, mit einer Maschine zu kommunizieren. Es muß allerdings darauf hingewiesen werden, daß dieses Programm Sprache nicht "versteht", sondern die Simulation basiert auf einem Effekt, der durch das Prinzip der Kohärenz charakterisiert werden kann, d.h. Äußerungseinheiten werden dadurch gebildet, daß Elemente des Geäußerten zum Anknüpfungs- und Ausgangspunkt einer Dialogfolge gemacht werden. Ziel des Programms war nicht etwa die Entwicklung eines Konzeptes zum Sprachverstehen von Computern, sondern es sollte Personen mit speziellen psychischen Problemen helfen, diese für sich zu explizieren, indem sie ihr Anliegen verbalisierten. Das Programm war nicht mehr als eine Art Thema-Rhema-Automat, d.h. es griff die zuletzt genannten Phrasen auf und bot sie dem Gesprächspartner als Stoff zur Gesprächsfortsetzung an. Die Entdeckung lag in der Anwendung der Mustererkennung als Möglichkeit zum Aufbau inhaltsverflechtender Äußerungsketten, die den Eindruck natürlichsprachlich wirkender Dialoge erzeugten.

"Sprachverstehen" im Sinne einer syntaktischen, semantischen und pragmatischen Analyse von Äußerungen der natürlichen Sprache wurde als technisch bewältigbar erstmals im Programm von den Blockwelten vorgeführt (Winograd 1972). Hier kann ein Benutzer dem Computer Anweisungen erteilen, geometrische Figuren auf einem Bildschirm hin- und herzubewegen. Das Programm analysiert sprachliche Teile nicht auf der Basis wiedererkennbarer Muster, sondern sucht nach Wörtern, syntaktischen Relationen und ermittelt darin semantische Aussagen,

um diese wiederum im Hinblick auf ein vorgegebenes Handlungs-
repertoire zu interpretieren. Damit war ein Punkt in der Entwicklung erreicht, der Anlaß zu immensen Hoffnungen gab.
Endlich, so schien es, hatte die Wissenschaft ein Instrument an
der Hand, mit dem sich die bisher verschlossene Welt des Geistes
"dinglich" erschließen ließ. Es bedurfte nur noch intelligenter
Programme, um die vielfältigen Details zu benennen und Verfahren zu entwickeln, die der Dynamik von Wissen und Denken
entsprachen, denn es gilt die Formel "Hinter etwas, was gedacht
worden ist, kann man nicht mehr zurück". Das ist dann auch auf
das Denken anzuwenden, welches durch die technischen Entwicklungen des Computers erzeugt worden ist. Für den Umgang
mit Sprache konnte es ebenfalls nicht ohne Folgen bleiben, denn
die Behauptung, Sprache sei etwas letztlich nicht Durchschauba-
res und in gewisser Hinsicht Numinoses (Weisgerber 1971, 9),
schien mit der neuen Technik der Simulation nicht mehr haltbar
zu sein. Sie stellte sich als ein Weg der Wirklichkeitsbewältigung
dar, indem Weltwissen und -erfahrung auf spezifische Weise
repräsentiert und als Repräsentation in das Weltwissen integriert
oder als Handlungswissen in Handlungen umsetzbar seien (Sloan
Foundation 1978; Habel 1985, 20-36).

Sprachbeschreibung muß dann mehr sein als bloße Grammatik und Lexikologie. Sie muß erklären, wie und warum aus
Äußern Wissen oder wie Handeln zwischen Interaktionspartnern
auf diese Weise beeinflußt wird. Konkret erwiesen sich diese
Fragen als keineswegs so leicht lösbar, wie es anfänglich erschienen sein mochte. Im Rahmen von einfachen Frage-Ant-
wort-Systemen, die Buchungsprobleme einer Fluggesellschaft
zu lösen hatten (Bobrow 1968; Bobrow/Collins 1975; Bobrow/
Winograd 1977), fanden sich Techniken der Sprachsimulation,
die für die Benutzer natürlich wirkten. Als die Ideen im Rahmen
von Hotelbuchungen weiterentwickelt wurden (von Hahn 1978;
von Hahn et al. 1980), zeigte sich bald, daß natürliches Fragen
mehr ist als das "semantische Auffüllen" eines Fragepronomens
(Egli/Schleichert 1976; Wahlster 1979; Hoeppner/ Morrik
1983).

Die Entwicklung, Sprache überhaupt als Geäußertes und Problem eines Dialogs begreifen zu müssen, verbindet sich mit Austin (1962) und dessen Rezeption durch Searle. Austins Anliegen war zwar ein anderes gewesen, trotzdem trug auch er dazu bei, Sprache als Sprachgebrauch formal betrachten zu können. "How to do things with words" (Austin 1962, 2-3) hieß seine Vorlesung, und ihr Ausgangspunkt war die Beobachtung, daß "viele traditionelle philosophische Schwierigkeiten aus einem Fehler entstanden sind: Man hat Äußerungen, die entweder (aus interessanten nicht-grammatischen Gründen) sinnlos sind oder aber etwas ganz anderes als Aussagen oder Feststellungen darstellen sollen, einfach als Feststellungen über Tatsachen aufgefaßt." Er erkannte die Bedeutung der Situation als Kontext für eine Äußerung, was wiederum faktisch hieß, daß eine Aussage nicht auf ein Äußerungsmittel allein zurückgeführt werden kann. Damit wurden die Ideen einer wahrheitswertigen Semantik und logischen Grammatik in Frage gestellt. Der Klassenbegriff kann nicht als syntaktische Aufreihung von Empirischem verstanden werden, denn ein Farbadjektiv hat nicht nur die Funktion, eine Klasse von Dingen zu bezeichnen, auf die ein solches Adjektiv angewendet wird. Vielmehr, so betont Simon (1981, 238), werden die Dinge, weil sie eine besondere Eigenschaft besitzen, mit einem Wort benannt, welches diesen Zusammenhang zu erfassen vermag.

Um natürlichsprachliche Äußerungen darstellen zu können, ist der Begriff der Vagheit im Hinblick auf die logische Repräsentation einzuführen. Ferner ist der Begriff des sich Äußerns als eigenständige Kategorie zu berücksichtigen, die Sprechen als Handeln ausweist, um damit verbunden überhaupt entscheiden zu können, was semantisch zu interpretieren ist und was auf andere Weise behandelt und verarbeitet werden muß. Ohne die Entwicklung der Sprechakttheorie, wie sie von Searle (1968; 1971; 1982) diskutiert worden ist, wäre das Hamburger Redepartnermodell nie so weit in die Dialogstrukturen und ihre besondere Problematik vorgestoßen.

Die Versuche zeigten sehr deutlich, daß natürliche Sprache im Sinn grammatisch korrekter Konstruktionen ein an sich lösbares Problem darstellt. Etwas völlig anderes hingegen bedeutet es, eine semantisch sinnvolle Aussage zu machen, die den grammatischen Normen genügt. Davon ist dann nochmals das Äußern einer pragmatisch angemessenen, semantisch möglichen und sinnvollen sowie grammatisch zulässigen Äußerung zu unterscheiden. Das bedeutet, zwischen einer "zulässigen Grammatik" und der normgerechten Grammatik unterscheiden zu müssen, was die Frage nach der Kompetenz- und Performanz-Theorie aufwirft. Dann stellt sich die Frage nach dem Verständnis einer neuen Semantik, weil die Bewertung "semantisch sinnvoll" im Rahmen der entwickelten Logik-Theorien nicht existiert hat. Während in den beiden erstgenannten Bereichen Lösungsansätze entwickelt werden konnten, zeichneten sich für den letzten Bereich mehr pragmatische Lösungsformen ab. Bezogen auf den Ausgangspunkt der Entwicklung und die dort proklamierten Ziele wird erkennbar, daß der universelle Anspruch, modellhaft die Wirklichkeit erklären zu können, von der Komplexität und Flexibilität der Wirklichkeit selbst in seine Grenzen gewiesen worden ist und sich auf den Charakter des jeweils Machbaren zu konzentrieren begonnen hat.

2 Empirische Perspektiven der Sprachforschung

2.1 Was ist Sprache?

Hörmann beginnt seine "Psychologie der Sprache" mit dem Satz "Der Besitz der Sprache unterscheidet den Menschen vom Tier" (1970, 1), und Thorndike nennt Sprache "die größte Erfindung des Menschen" (1943, 60). Von "Sprache" wird unter Nichtfachleuten oft und gerne gesprochen, wenn Lebewesen miteinander Informationen austauschen. So veröffentlichte Frisch (1923) ein Aufsehen erregendes Buch, das er "Über die «Sprache» der Bienen" nannte. Gardner (1969; 1971; 1975; 1977) und Premack (1970; 1971; 1973) wurden in den 70er Jahren durch Experimente mit Schimpansen bekannt, in denen sie versucht hatten, Affen das Sprechen beizubringen bzw. fest daran glaubten, es ihnen vermitteln zu können. Auf diese Weise begann beispielsweise "die Karriere" des 8-14 Monate alten, gefangenen Schimpansen Washoe und der gleichaltrigen Schimpansin Sara (Eccles 1993, 133-141).

Von der "Sprache der Tiere" ist oft und gerne die Rede, ohne daß es bisher gelungen wäre zu zeigen, ob und wie diese zu verstehen sei (Aitchison 1982, 33-53). Hörmann (1970, 3) charakterisierte die damalige Situation mit den Worten "Das Prinzip der Sprache ist etwas so spezifisch Menschliches, daß wir nicht hoffen dürfen, die allmähliche Entwicklung des Prinzips selbst verfolgen und beobachten zu können." Diese Beschreibung trifft die Situation auch zwanzig Jahre später, sie wirkt vielmehr noch begründeter als damals vermutet werden konnte. Obwohl vieles über Signalsysteme im Tierreich erforscht worden ist (Kainz 1961; Lieberman 1972; Savage-Rumbaugh et al. 1985; Schurig 1975; Sebeok/ Umiker-Sebeok 1980; Terrace 1985); nachgewiesen werden konnte, daß Lebewesen miteinander kommunizieren und dieses auf unterschiedlichem Niveau in einer sehr differenzierten Weise möglich ist (Hildebrand-Nilshon 1980), bleibt dennoch die Feststellung, daß kein anderes Lebewesen etwas dem System Sprache Vergleichbares entwickelt hat (Keller 1990).

Die Hoffnung auf das Entdecken einer "Ursprache" in alten Kulturen hat sich nicht erfüllt. Klassische Arbeitsmethoden zur Rekonstruktion dringen auf der Suche nach ausgestorbenen Sprachzuständen kaum tiefer als 10 000 Jahre in die Vergangenheit vor. Da bekannt ist, daß Lautverschiebungen gesetzmäßig verlaufen, kann man durch Vergleiche ähnlich klingender und einander entsprechender Wörter aus verschiedenen Sprachen deren Verwandtschaftsgrad erschließen. Durch das Anwenden von Lautentwicklungsregeln lassen sich hypothetisch Vorläufersprachen ableiten. So wurde auf ein ursprüngliches Laut- und Formensystem einer indoeuropäischen Grundsprache geschlossen, die sich vor etwa 6000 Jahren gebildet haben könnte. Greenberg (1966; 1976; 1978) versuchte, durch Wortvergleiche möglichst vieler Sprachen Verwandtschaft dieser Sprachen zu ermitteln und so etwas wie "Superfamilien" zu bilden. Ruhlen (1994) ging einen Schritt weiter, indem er alle Sprachen auf einen gemeinsamen Ursprung zurückführen wollte und nach Urwörtern der Menschheit suchte. In der Lautfolge /tik/ glaubte er ein Wort zu erkennen, das Finger bedeutet haben könnte. Zu diesem Ergebnis kam er aufgrund von 15 Sprachfamilienvergleichen.

Der Versuch, alle Sprachen der Welt auf nur wenige Ursprachen zurückzuführen, erhielt Unterstützung durch Forschungsarbeiten von Molekularbiologen. Cavalli-Sforza (1992) ermittelte aus Gen-Analysen von 42 isoliert lebenden Eingeborenenstämmen, bei denen hundert erbliche Genmerkmale miteinander verglichen wurden, einen genetischen Stammbaum. Ein Vergleich mit dem von Ruhlen behaupteten Sprachstammbaum zeigt eine auffallende Ähnlichkeit zwischen Gruppen und Sprachen, so daß der Schluß nahegelegt wird, verwandte Menschengruppen benutzten verwandte Sprachen. Nichols (1994) glaubt Urwörter nachweisen zu können, die sich vor 50 000 Jahren von Afrika aus über die Erde ausgebreitet haben und sich heute noch in den Sprachen der Erde auffinden lassen. Während der Auswanderung aus Afrika, die sich in mehreren Wellen vollzog, hätten die verschiedenen Völker Spuren ihrer Sprachen hinterlassen. Sie seien in der Grammatik von Nachfolgesprachen bis auf den heutigen Tag vorfindbar. Bei

Nachforschungen analysierte Nichols die Grammatiken von 300 Sprachen. Sie konzentrierte sich auf die Tonlage, wie sie beispielsweise im Chinesischen sehr wichtig ist, auf Genus-Unterschiede oder die Stellung von Präpositionen vor dem zugehörigen Nomen wie im Englischen oder dahinter wie im Japanischen. So gewonnene Merkmale trug Nichols dann in eine Weltkarte ein und erhielt ein Verteilungsmuster, welches sich dahingehend deuten läßt, daß aus Afrika vordrängende Stämme in Südostasien lebende Sprachgruppen abdrängten. Diese besiedelten ihrerseits in aufeinanderfolgenden Auswanderungswellen Australien, Südamerika, Neuguinea und Nordamerika. Außerdem ermittelte Nichols einen ungefähren Zeitpunkt für die Sprachanfänge, der vor ca. 100 000 Jahren als wahrscheinlich genommen wird.

Über das Aussehen von Sprache sind indes keine Aussagen möglich. Bei allen Rekonstruktionsversuchen wird von Sprache ausgegangen, wie sie uns heute bekannt ist, es werden entweder Laut- und Formenmerkmale oder Konstruktionsprinzipien aus der Syntax als Bezugsgrößen gewählt, um aufzuzeigen, wo Spuren von Ähnlichkeit vermutet werden können. Herkommend von der Frage, ob Tiere eine Sprache haben oder erwerben können und wann davon auszugehen ist, daß der Mensch Sprache benutzt, stellt sich zuerst die Notwendigkeit, den Begriff "Sprache" für die weitere Diskussion auf einen faßbaren Begriffsumfang einzugrenzen.

In der linguistischen Diskussion bietet Hockett (1960) einen noch immer allgemein beachteten Definitionsversuch. Im Sinne dieser Begriffsbestimmung nennt er als wesentliches Merkmal: Sprache besitzt Einheiten, die Bedeutungen tragen. Diese wirken im Hinblick auf ihre Form willkürlich. Daß ein Teppich in der Lautgestalt "/täpix/" realisiert wird, kann nicht vom Gegenstand eines Teppichs hergeleitet werden. Zwar gibt es eine lange Tradition, welche glaubte, aus Naturlauten den Wortschatz erklären zu können (Müller 1881; Hermann 1912; Dingler 1941; Strutevant 1947). Dennoch ist unbestritten, daß der Wortschatz in nur sehr begrenztem Umfang lautnachbildend motiviert ist, so daß zumindest von der Oberfläche davon ausgegangen werden kann, daß bedeutungstragende Einheiten ihre Bedeutung nicht offenkundig aus ihrer Klanggestalt herleiten. Für die Wahl des Wortes "Kuckuck" ist ein Zusammenhang offenkundig, "Meise" oder "Spatz" hingegen läßt keinen Bezug zwischen Lautäußerung und dem Tier erkennen. Etwas anderes und deshalb eindeutig davon zu unterscheiden ist der drohende Ton, gleich ob beim Hund, bei der Katze oder dem verärgerten Nachbarn.

Das Kriterium ist allerdings nicht trennscharf. Die bei Bienen benutzten Schwänzeltänze sind ebenfalls willkürlich hinsichtlich der Anlage ihrer Laufspuren (von Frisch 1923; 1954), was im übrigen dazu führt, daß Bienen-Dialekte festgestellt wurden, die Verständigungsschwierigkeiten unter Bienenvölkern zur Folge haben (Frisch 1962). Als zweites Kriterium wird das "Diskretheitskriterium" hinzugenommen: Sprache ist aus diskreten Einheiten konzipiert, d.h. es lassen sich Segmente isolieren, die eine weitreichende formale Stabilität besitzen. Das bei Bienen gebräuchliche Kommunikationssystem erfüllt dieses Kriterium nicht. Es handelt sich beim Schwänzeltanz um kontinuierlich variable Elemente. Anderson (1988, 301) macht nun darauf aufmerksam, daß das Warnsystem der Affen solchen diskreten Einheiten entspricht. Um diese Kommunikationstechnik gegenüber der Sprache zu unterscheiden, bedarf es eines weiteren Kriteriums, das mit "Losgegelöstheit" umschrieben wird.

"Losgelöstheit" bedeutet: Das Kommunikationssystem wird ohne unmittelbar konkurrierende Reize erzeugt. Diese Umschreibung bedarf einer zusätzlichen "Schärfung". Hockett meint, der Gebrauch der Zeichen müsse frei von einem die Zeichen selbst interpretierenden Kontext erfolgen. Die einzelnen Zeichen bzw. Zeichenklassen lassen sich beim Abendessen ebenso verwenden wie in einem wissenschaftlichen Vortrag vor Fremden. Dabei muß die allgemeine Kontextfunktion für das Verstehen der einzelne Zeichenklassen nicht in Frage gestellt werden. Das Kriterium der Losgelöstheit würde allerdings bis zu einem gewissen Grad auch auf die von Sara oder Washoe benutzte Schimpansensprache zutreffen, weil sie Zeichenplättchen benutzen, die aus bestimmten Formen und Farben bestehen und für spezielle Dinge und Handlungen benutzt werden (Premack 1976; Rumbaugh 1980). Es ist daher ein zusätzliches Kriterium notwendig.

Das Kriterium "Produktivität" ist das wohl grundlegendste Merkmal menschlichen Sprechens. Es ist ein Kennzeichen des Systems Sprache an sich; man könnte sogar sagen, es ist das Geniale an ihr, weil ununterbrochen Äußerungen getan werden können, die so nie zuvor gemacht worden sind und nie mehr nachher erzeugt werden und dennoch innerhalb fest umrissener Bahnen verlaufen. Produktivität - und dies war die Entdeckung Chomskys - basiert auf Prinzipien der "Iteration" und "Rekursion". Diese aus der Entwicklung der Computerprogramme entnommene Technik besagt, daß eine wiederholte Durchführung gewisser Operationen als Befehle oder Statements solange erlaubt ist, bis eine näher bestimmte Bedingung erfüllt wird (Hogger 1984, 61; Wirth 1983, 189-190).

Eine einfache Anwendung wäre es, eine Kette von Wörtern bilden zu lassen, wobei stets geprüft wird, ob das Wort zur Klasse der Nomen gehört. Auf diese Weise könnte eine Aufzählung erzeugt werden "Bananen, Milch, Reis, Zucker". Solche Ketten lassen sich beliebig verändern. Sie betreffen aber nur einen kleinen Ausschnitt des Sprachgebrauchs. Um diesen zu erweitern, müssen die Gebrauchsbedingungen erweitert werden. Eine einfache Erweiterung wäre es, zu prüfen, ob das erste Nomen ein Name und das zweite zur Klasse der Verben gehört. Es würden Ketten des Typs entstehen "Maria lacht", "Peter weint", "Christine schläft". Differenzierte man die Bedingungen weiter aus, könnten statt der Namen Nomen zugelassen werden, die im Plural stehen: "Beamte schimpfen", "Wissenschaftler lügen". Schrittweise lassen sich auf diese Weise Bedingungen formulieren, die einen immer größer werdenden Kreis von möglichen Äußerungen einer Sprache "abdecken", ohne jemals zuvor gebraucht worden zu sein.

Wenn zu diesem Zweck Kategorien definiert werden und wenn als oberste Kategorie der Satz postuliert wird, dann läßt sich eine Regel formulieren, welche besagt, daß die Kategorie Satz durch die Kategorie Nomen + Verb ersetzt werden darf.

Durch eine solche Regel wären mit Einschränkungen dann Sätze bildbar, in denen Individuennamen mit flektierten Verben verbunden werden dürfen. "Maria", "Peter", "Christine" sind Wörter der Kategorie Nomen; "lacht", "weint", "schläft" sind Wörter der Kategorie Verb.

Natürlichsprachlich sind Sätze der genannten Art eher wenig zu erwarten. Normalerweise ist die Kategorie Nomen komplexer, so daß sie als Kategorie Nominalphrase durch Wörter aus der Kategorie Determinator und Nomen oder gar aus den Kategorien Determinator, Adjektiv und Nomen ersetzbar ist. Es entstehen auf diese Weise nominale Phrasen wie "das Kind" oder "der kleine Junge", weil die Wörter "das" und "der" als Artikelwörter zur Kategorie der Determinatoren gezählt werden können. "Klein" wiederum ist ein Wort der Kategorie "Adjektiv". Wenn nun die Kategorie Verbalphrase durch die Kategorie Verb und Nominalphrase ersetzt werden kann, dann sind Sätze bildbar, die natürlichsprachlich oft beobachtet werden können: "Die junge Frau besucht ihre Mutter", "das Mädchen liebt ein süßes Eis" oder "Christine verkauft das neue Haus".

Eine weiterführende Erkenntnis lag darin, für die Abbildung von Äußerungsstrukturen Kategorien zuzulassen, die sich, wie man sagen könnte, selbst "aufrufen". Wenn die Kategorie Nominalphrase nicht nur durch die Kategorien Determinator und Nomen ersetzbar ist, sondern alternativ auch durch die Kategorie Satz, dann sind komplexe Sätze "erzeugbar": "Peter sagt, er kommt" oder "der nette Junge fragt, wer schläft". Es ist notwendig, Regeln zu finden, die möglichst viele der in einer Sprache vorstellbaren Konstruktionen erfassen und in gewisser Weise dadurch erklären. Eine "Regelfindung" hat Bedingungen zu entwerfen, die unübliche und offenkundig unsinnige "Ketten" vermeiden. Die Bedingungen sind an Regeltypen zu knüpfen, und der so entstehende Regelkanon muß ad-hoc-Regeln vermeiden. Regeln zu formulieren, so daß sie Sprache "produzieren", ist eine Aufgabe, eine andere besteht darin, Regeln zu finden, die sich nicht nur durch ihren Output begründen lassen, sondern als Hypothesen über tatsächliches Sprachverhalten gelten können. Es reicht daher nicht aus, "technisch" das Problem der Produktivität zu lösen, sondern es müssen Wege gefunden und Hinweise gegeben werden, ob und inwieweit die entwickelten Regeln einer Sprachwirklichkeit entsprechen, die nicht in einer Theorie an sich begründet ist, sondern den Sprecher als Träger eines solchen Systems nicht nur metaphorisch einbezieht. Das setzt eine Zusammenschau der Ergebnisse anderer Disziplinen voraus. Eine der ersten Disziplinen, die sich mit einem empirischen Zugang zur Sprache auseinandergesetzt hatte, war die Psychologie.

2.2 Positionsbestimmung aus psychologischer Sicht

Anderson (1988, 281) gibt folgende Charakterisierung der Positionen: "Linguisten beschreiben die Kompetenz und Psychologen die Performanz, d.h. Linguisten suchen nach dem System, das Sprache konstituiert, Psychologen sammeln Daten darüber, wie sich Sprache als Äußerung darstellt." Eine solche Kennzeichnung der Positionen ist nicht nur oberflächlich, sondern auch von der Sache her falsch. Linguistik ist stets mehr als nur die Beschreibung eines Systems; sie muß Performanz untersuchen, wenn sie mehr über systematische Zusammenhänge erfahren will (Kochendörfer 1989, 27).

Die beschriebene Einschätzung basiert auf einem Linguistik-Paradigma der 70er Jahre, welches sich auf de Saussure beruft und Chomsky folgte. Unklar bleibt, was mit dem Untersuchen von Performanz methodisch gemeint ist, ob es sich auf den Zusammenhang von Sprechen, Sprache und Wissen oder Sprechen, Sprache und Verstehen bezieht oder Sprechen, Sprache und Verständigung meint. Im ersten Fall ist eine Psychologie mit ihrem Wissen über Gedächtnisleistungen gefordert, im zweiten stehen Denkprozesse und Formen der Abbildung von Wissen sowie der Zugriff darauf im Vordergrund, im dritten geht es nicht nur um innerpsychische Vorgänge, sondern um die Frage eines interaktiven Umgangs mit Inhalten, Gegenständen und Personen.

Sprache gebrauchen heißt, bestimmte Fähigkeiten des Denkens anwenden, Schlüsse ziehen, Bekanntes wiedererkennen oder Gedachtes nachvollziehen. Damit wird klar, was Hörmann (1976), Clark/Clark (1977) und zuletzt Herrmann (1985) betont haben: Im Rahmen der allgemeinen Psychologie hat sich die Psychologie mit Sprache auseinanderzusetzen. Daher ist zu überprüfen, was eigentlich von seiten der Psychologen an, mit und zu Sprache erarbeitet worden ist.

Helmholtz begann mit Experimenten zur Fortpflanzungsgeschwindigkeit einer Erregung in Nervenbahnen. Wie später noch erörtert werden wird, ist damit ein Testkriterium in die Wissenschaft eingebracht worden, das sprachpsychologische bzw. psycholinguistische Untersuchungen bis heute in der Grundidee leitet. Zum Zweck der Messungen entwickelte er ein eigens dafür entwickeltes "Laborgalvanometer", mit dem die Zeit, die ein Nervenimpuls braucht, einen abgetrennten Froschschenkel zu durchlaufen, gemessen werden konnte. Das Experiment wurde dann weiterentwickelt, indem die menschliche Versuchsperson einen Knopf drücken mußte, wenn sie beispielsweise am Bein einen Reiz verspürte. So gewann er Erkenntnisse darüber, mit welcher Geschwindigkeit sich im menschlichen Nervensystem Erregungen ausbreiten - Fancher (1979, 100) berichet darüber, daß die "Fließgeschwindigkeit" durch einen Nerv etwa 20-40 Meter/sec. beträgt.

Unabhängig von der Frage, wie exakt die einzelnen Messungen waren und was sie inhaltlich jeweils auszusagen vermochten, konnte Helmholtz beweisen, daß es einen empirischen Zugang zu dem gibt, was bisher als geistig und somit für die Beobachtung unzugänglich gehalten wurde. Er ging aber noch weiter, indem er nicht nur physikalische Messungen durchführte, sondern Verhaltensexperimente entwickelte. Kant hatte behauptet, der Mensch werde mit fertigen Vorstellungen über Raum und Zeit geboren. Helmholtz führte vor, daß Wissen über den Raum aufgebaut werden muß. Er gewann für ein Experiment Versuchspersonen, welche bereit waren, über einen längeren Zeitraum Prismen zu tragen, die ihre Sicht verzerrten. Für alle Beteiligten überraschend stellte sich sehr bald heraus, daß nach einer kurzen Zeit diese Verzerrungen für die

Versuchspersonen nicht mehr existierten und die Raumwahrnehmung als völlig normal beschrieben wurde. Zur Stützung der These, Raum müsse wissentlich erworben werden, legte Helmholtz eine Studie über Blinde vor, aus der hervorging, wie lange diese brauchten, um ein Raumkonzept zu gewinnen, wenn sie blind geboren wurden und plötzlich die Sehfähigkeit erlangten. Aus seinen Beobachtungen entwickelte Helmholtz die Idee des "unbewußten Schließens". Das zweite Merkmal der Methode wird als die molare Untersuchungsweise beschrieben. Es reicht nicht aus, nur das meßbare Phänomen zur Kenntnis zu nehmen, sondern das so Gesehene muß einer übergeordneten Perspektive zugewiesen werden.

Der direkte Weg zur Sprachpsychologie erfolgte über eine Persönlichkeit, die ganz wesentlich dazu beigetragen hatte, Psychologie als eigenständige Disziplin zu definieren und eine empirische Methodik zu entwickeln, die wiederum für das Verstehen von Sprache Bedeutung erlangen sollte. Es handelt sich um Wilhelm Wund. Er ordnete der Physik als Forschungsgegenstand die Objekte der Außenwelt zu. Psychologie ist das Studium der Erfahrungen mit diesen Objekten der Außenwelt. Alle Menschen müssen Erfahrungen machen, und mit diesen haben sie umzugehen, indem sie diese auf bestimmte Weise auswerten. Zu klären ist, wie solchermaßen erlebte Erfahrungen dem Wissenschaftler zugänglich gemacht werden können.

Als Weg war bis zu diesem Zeitpunkt die Introspektion bekannt. Das Problem eines solchen Vorgehens lag darin, weitgehend spekulative Aussagen machen zu müssen. Ferner erklärt eine solche Vorgehensweise nur das jeweilig individuelle Erleben eines einzelnen. Um mehr darüber herauszufinden, was den Menschen und seine Erfahrung anbelangt, entwickelte Wundt daher die Vorstellung vom Erfahrungswissen in Sitten, Riten und in den Lexikalisierungen und Grammatikalisierungen der verschiedenen Sprachen (Wundt 1883). Experimente mit einzelnen Versuchspersonen lenkten seine Aufmerksamkeit auf ein Phänomen, das die erste Phase der Sprachpsychologie fast ausschließlich beschäftigen sollte. Wundt bat seine Versuchspersonen, ihre Aufmerksamkeit auf ein bestimmtes Phänomen auszurichten.

Dabei entdeckte er Unterschiede in den Reaktionszeiten, als die Person gebeten wurde, entweder auf einen Ton oder eine Bewegung hin zu reagieren. Er zog daraus den Schluß, daß das Bewußtsein auf unterschiedliche Weise Erfahrungen aktiviert, welche Verschiedenes im einzelnen auslösen, was dann zu Zeitdifferenzen führt. Ein Reiz muß perzipiert und apperzipiert werden, ferner ist er von solchen Reizen zu unterscheiden, die nicht an Reaktionen ablesbar sind. Er erkannte den Zusammenhang zwischen der Erfahrung einerseits und dem Erfahrungswissen andererseits und sah beides über etwas Drittes miteinander verbunden, was er als "Assoziation" zu erfassen versuchte. Diese ordnete er in ein Schema, das die verschiedenen Typen klassifiziert (Wundt 1893, 455):

Äußere Assoziation
I   vom Ganzen auf den Teil gerichtet
     vom Teil auf ein Ganzes
II   unabhängig von einer inhaltlichen Beziehung

Innere Assoziation
I   auf der Basis von Über- und Unterordnung
II   auf der Basis einer koordinierenden Beziehung
     ähnlich, kontrastiv
III auf der Basis inhaltlicher Verhältnisse wie
     kausal, final

Mit dem Assoziationsbegriff wurde der erste empirische Zugriff auf sprachliche Phänomene möglich. An sich ist seit der griechischen Philosophie bekannt, daß Begriffe zueinander in Beziehung treten und so systematisch wirksame Veränderungen der Wortbedeutung bewirken können. In der Philosophie wird Assoziation zum Basisbegriff. Für Hume und Locke bildet sie den Mittelpunkt ihrer gesamten Philosophie. Sie halten die Bildung von Assoziationen für den Grundmechanismus aller psychisch zu lösenden Aufgaben (Hume 1748; Locke 1690).

Experimentell wagte sich erstmals Galton (1880) an dieses Phänomen. Er schrieb 75 Wörter auf entsprechende Zettel und räumte sie für ein paar Tage beiseite. Dann nahm er einen Zettel, legte ihn, ohne ihn zu lesen, unter ein Buch, so daß er beim Vorbeugen das Wort lesen konnte. Wenn er das Wort sah, setzte er eine Uhr in Gang, stoppte, sobald ihm zwei Wörter dazu eingefallen waren. Diese Wörter klassifizierte er und fand heraus, daß 33% der Wörter visuelle Erinnerungen hervorriefen oder Vorstellungen mit vergangenen Ereignissen erzeugten. 22% waren eine Auslese von Ereignissen, die eine Gestalt von schauspielerischen Episoden besaßen. 45% der spontanen Einfälle waren verbale Verknüpfungen zu Namen, Sätzen oder Zitaten.

Eine erste, systematische Studie entstand 1901 von Thumb und Marbe. Versuchspersonen wurden 60 Wörter zugerufen, 10 Verwandtschaftsbezeichnungen, 10 Adjektive, 10 Personalpronomen, 10 Ortsadverbien, 10 Zeit- und Zahlwörter aus dem Bereich eins bis zehn. Wurden Verwandtschaftsbezeichnungen genannt, kam als Antwort eine Verwandtschaftsbezeichnung wie beispielsweise "Bruder-Schwester" oder "Sohn-Vater". Statistisch konnte bewiesen werden - und das erfolgte zum ersten Mal -, daß die von Reizwörtern ausgelösten Assoziationen nicht aus beliebigen Wörtern bestehen. Sie lassen sich jeweils einer bestimmten Klasse von Wörtern zuordnen. Für das einzelne Reizwort kann darüber hinaus eine Rangfolge der Auftretenshäufigkeit angegeben werden. Im "Gesetz von Marbe" wurde dieser Zusammenhang systematisch beschrieben, indem die Geläufigkeit, welche aufgrund der Häufigkeit des Auftretens gemessen wurde, mit der Latenzzeit in Beziehung gesetzt wurde. Der Zusammenhang ist in einem Kurvenverlauf anschaulich, bei dem auf die Abszisse die Geläufigkeit und auf die Ordinate die mittlere Latenzzeit aufgetragen wird. Die Assoziationsdauer nimmt mit zunehmender Geläufigkeit zuerst sehr schnell ab, dann verlangsamt sich diese Abnahme bis zu einem Punkt, der fast konstant bleibt.

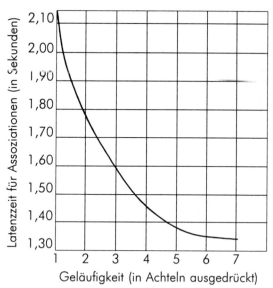

Abb. 3

Latenz- (d.h. Reaktions-)Zeit für Assoziationen als Funktion der Häufigkeit des Auftretens (nach A. Thumb und K. Marbe). Hörmann (1970, 120)

Die Psychologie befand sich in einer Phase, in welcher sie aufgrund der sich entwickelnden Methodik zunehmend an Eigenständigkeit gewann. Das war möglich, weil sie sich den methodischen Zugang zur Darstellung geistiger Prozesse systematisch erschloß. Die Entdeckung der Regelmäßigkeit eines Assoziationsnetzes unter den Individuen einer Sprachgemeinschaft und die darüber hinausgehenden Ergebnisse, daß es interkulturell vergleichbare Assoziationsnetze gibt - Russell/Mesek (1959) sowie Rosenzweig (1964) konnten im Vergleich deutscher, englischer und französischer Studenten zeigen, daß es deutliche Überschneidungen gab - , ließen es gerechtfertigt erscheinen, solche Projekte auszuweiten. Sie belegten die Möglichkeit eines objektiven Zugangs durch die Erhebung statistisch abgesicherter Daten. Sie boten Erklärungen, warum Worte stets mehr bedeuten als das Wort bezeichnet. Sie ließen erhoffen, daß im Gehirn Worte auf die ermittelte Weise organisiert sind. Zu klären blieb, wie sich die zu beobachtenden Organisationsformen begründen lassen.

Hörmann (1970, 121) zieht aus dem Experiment folgende drei Schlüsse: (i) Zwischen der Qualität des Reizwortes und der Antwort besteht eine formale Ähnlichkeit. (ii) Bestimmte Reizwörter lösen bei verschiedenen Versuchspersonen dieselben Antworten aus, und (iii) Latenz-, Reaktions- und Assoziationszeit zwischen Reiz und Antwort stehen in gesetzmäßigem Zusammenhang mit der relativen Häufigkeit des Auftretens eines Wortes.

2.3 Das Wort im Spiegel psychologischer Studien

Nachdem die Psychologie gezeigt hatte, daß und wie sog. geistige Vorgänge mit Methoden beschrieben bzw. beobachtet werden konnten, die sich einer Quantifizierung nicht mehr entziehen, war der Weg zu einer empirisch begründbaren Wissenschaft und Perspektive eines geisteswissenschaftlichen Faches frei. Der Sprache kam hierbei eine besondere Rolle zu, weil sie einerseits geistige Prozesse widerspiegelt und andererseits direkt beobachtet werden kann.

Mit den Experimenten über Assoziationen zu Wörtern war der Weg geöffnet, Versuche mit Personen durchzuführen, die zu objektiven Ergebnissen führten, d.h. daß bei Wiederholung unter denselben Bedingungen dieselben Ergebnisse auffindbar waren, so daß es möglich wurde, auf ursächliche Zusammenhänge zu schließen bzw. Annahmen darüber zu testen. Den Ausgangspunkt bot dabei die Vorstellung, das Wahrgenommene auf ein Schema von Reiz und Reaktion zurückführen zu können. Eine Assoziation galt als "Response" (=R) auf ein "Stimuluswort" (=S). Ein Stimuluswort wie "Vater" wird normalerweise von einer Mehrheit befragter Sprecher mit dem Responsewort "Sohn" beantwortet, was die Frage aufwirft, ob das immer der Fall ist oder ob es Unterschiede unter einzelnen Sprechern, zwischen den Geschlechtern oder Altersstufen gibt. Die übergeordnete Frage für den

Linguisten ist dabei, was es für die linguistische Theoriebildung bedeutet, wenn von einer assoziativen Beziehung "Vater-Sohn" gesprochen wird.

Eine erste Überraschung war die Tatsache, daß ein Stimuluswort immer zum selben Responsewort tendierte, d.h. ein und dasselbe Stimuluswort führte bei verschiedenen Versuchspersonen zur selben Responsewortklasse bzw. einer grammatisch identischen Kategorie von Wörtern, und dieses wiederum war über verschiedene Nationalitäten sowie über die beiden Geschlechter hinweg gleichmäßig verteilt. Zu einem unerwarteten Ergebnis führten Versuche, den Test auf Entwicklungsphasen zu beziehen. Zwar ist seit 1916 (Woodrow/Lowell) bekannt, daß die Assoziationen bei Kindern anders verlaufen, aber erst Arbeiten von Ervin (1961) und Entwistle/ Forsyth/ Muus (1964) haben eine Klärung des zugrundeliegenden Mechanismus gebracht. Assoziationen Erwachsener haben paradigmatischen Charakter, Assoziationen der Kinder hingegen sind syntagmatisch, d.h. Erwachsene reagieren auf Worte einer Wortart mit einem anderen Wort derselben Wortart, beispielsweise "Haus - Tür", "laufen - springen" oder "gelb-rot". Kinder assoziieren hingegen syntagmatisch, d.h. das Stimuluswort "Tisch" bewirkt den Response "essen", "gehen - heim", "hoch-hüpfen" oder "der-Baum". Woodrow/Lowell (1916) haben beobachtet, daß der Wechsel vom 9. zum 12. Lebensjahr stattfindet.

Zu interessanten Ergebnissen kamen Studien zum Jugendalter von Riegel/Riegel (1964). Sie beobachteten Jugendliche und ihr Assoziationsverhalten und entdeckten dabei, daß zwischen dem 17.-19. Lebensjahr ein Wechsel zu syntagmatischen Assoziationen festzustellen ist. Nach Hörmann (1970, 144) sind Hintergründe oder Erklärungen dafür bisher nicht angebbar. Die Beobachtungen von Riegel/ Riegel (1964) haben deutlich gemacht, daß das Geflecht von Assoziationen zwar eine hohe Stabilität besitzt, indes ist zugleich auch von einer eigenständigen Dynamik der Assoziationsbildungen auszugehen.

Daher ist in eigenständigen Studien versucht worden, herauszufinden, welche Bedingungen zu erwarten sind, um Assoziationen zu verändern, und welche Schlüsse daraus für die Modellbildung geistiger Prozesse gezogen werden können. Bock (1978, 14-28) referiert über eine Vielzahl von Versuchen, Näheres über die Art von Assoziationen zu erfahren, indem eine ganze Reihe von Gedächtnisexperimenten durchgeführt worden ist. Einer Versuchsperson wurde beispielsweise eine Liste von Wörtern vorgelegt, die sie sich einprägen sollte. In der Liste befanden sich Wörter wie z.B. "Katze, Gras, gelb, getupft, der, Rose, Pferd, ABC, liegen, Tulpe, suchen ...". Die Versuchsperson wurde sodann gebeten, die Wörter in der Reihenfolge, wie sie sich erinnern konnte, wiederzugeben. Bredenkamp/ Wippich (1977) berichten nun, daß die Versuchspersonen sich völlig anders an die Wörter erinnerten, als diese ihnen dargeboten worden waren. Es ist statistisch signifikant belegbar, die Wörter sind bei der Wiedergabe sortiert, "Katze" und "Pferd", "Tulpe" und "Rose" werden zusammen genannt oder dort, wo vom "Artikel" die Rede war, ist der Bezug zum "der" hergestellt worden. Bousfield (1953) hatte dies bei seinen Assoziationsexperimenten schon herausgefunden und von einem "Clustering" gesprochen. Wurden Versuchspersonen gebeten, Blumennamen und Musikinstrumente zu nennen, dann zählten sie etwa 6 Blumennamen, bis zu 4 Instrumente und wieder um die 5 Blumennamen auf, d.h. die Aufzählung selbst ließ eine innere "Anordnung" erkennen, welche sich um bestimmte inhaltliche Kernpunkte gruppiert.

Dieser Umstand wurde mit dem Begriff der Assoziation zu fassen versucht; diese engen Bindungen bewirken beim Gebrauch eines Wortes die Stimulusfunktion, durch die andere sofort "mitklingen". Auf diese Weise entsteht der Effekt des Sortierens der unterschiedlichen Wörter, und automatisch werden Assoziationsverbindungen aktiv, die von einzelnen Individuen beherrscht werden. Dafür spricht auch das falsche Erinnern, wenn beispielsweise statt "Katze" "Hund" wiedergegeben wird. Bredenkamp/ Wippich (1977, Bd. 2) berichten, daß um so mehr Wörter korrekt erinnert wurden, je ausgeprägter das Clustering - d.h. ein assoziativ verbundenes Netz von Wörtern - war. Eine Kontrollgruppe mit willkürlich gewähltem Wortmaterial schnitt eindeutig schlechter in der Behaltensleistung ab.

Ein Cluster war von den folgenden Faktoren abhängig: je häufiger eine Wörterliste dargeboten wurde, um so stärker bildete sich ein assoziativer Zusammenhang heraus. Es zeigte sich dabei, daß Wörter derselben Kategorie eine höhere assoziative Verknüpfung bildeten. Die Kategorien sind paradigmatisch definiert, sie gehören formalgrammatisch und inhaltlich bestimmten Klassen an. Die Behaltensleistungen erhöhten sich zusätzlich, wenn ein Wort darunter war, das als Oberbegriff einzelner Wörter fungieren konnte. Bock (1978, 14) interpretiert diese Ergebnisse auf der Basis von Recodierprozessen beim Behalten der Wörter. Die Versuchspersonen behalten Wörter einer Kategorie, weil sie diese zu Gedächtniseinheiten zusammenfassen. Das diese Einheiten verbindende Element muß in der Kategorie gesehen werden, die den einzelnen Wörtern gemeinsam ist. Beim Lernen einer dargebotenen Wörterliste ist dieses Lernen so vorstellbar, daß die einzelnen Wörter in assoziativer Verbindung zu "höheren" oder "niedrigeren" Wörtern stehen, es erfolgt ein Impuls, der in diese Richtungen sucht und dabei ein Wort findet, das dann für die anderen eine Art Zentrum darstellt.

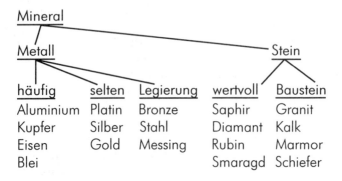

Abb. 4
Begriffshierarchie nach Bower et al. (1969)

Im Versuch wurden den Versuchspersonen Wörter in einer Liste simultan dargeboten, wobei die Namen möglicher zusammenfassender Kategorien enthalten waren. Variiert wurde die Anordnung der Wörter. Wenn die Anordnung begriffshierarchisch angelegt war, verbesserte sich die Wiedergabeleistung um fast das Dreifache (Matthews/ Waring 1972; 1975). Die Wiedergabe selbst erfolgt an den Kategorienamen orientiert.

Die Studien von Bousfield und seinen Mitarbeitern (1953-64) belegen, daß die Überordnung erkannt werden muß, nur dann verbessert sich die Behaltensleistung signifikant, andernfalls gelten die von Miller (1956) beschriebenen Gedächtnisbeschränkungen im Umfang der sog. magischen Zahl 7. Für die Versuchsteilnehmer ändert sich die Situation schlagartig, das haben Epstein/Philips/ Johnson (1975) belegt, wenn ihnen bei der Darbietung der Wörterliste gesagt wird, sie sollten doch auf semantische Ähnlichkeiten achten. Bock (1978, 15) führt dieses Resultat auf den Umstand zurück, daß Recodiervorgänge nicht von sich aus diese Richtung nehmen, weil das zusätzliche Aufmerksamkeit bindet. Thompson/ Hamlin/Roenker (1972) sehen im Ergebnis eine Erklärung für die Tatsache, daß der Umgang mit Wörterlisten zur breiten Streuung einzelner Werte bei den Personen führt.

Diese Beobachtungen bieten Hinweise darauf, daß die einzelnen Wörter nicht irgendwie im Kopf einer Person vorhanden sind oder gemerkt werden, sondern eine Verbindung zueinander eingehen, die sich als Beziehung bzw. Relation erklären läßt. Es besteht kein Zweifel mehr, daß Assoziationen weder willkürlich entstehen noch individuelle und idiosynkratische Gebilde sind. Damit wird ein Zusammenhang zwischen der Sprache und dem einzelnen Sprecher herstellbar. Wörter einer Sprache werden als Wortschatz aus der Perspektive eines individuellen Sprechers beschreibbar. Es lassen sich empirisch begründete Aussagen über mögliche Organisationsprinzipien machen, wie im Gehirn Ausschnitte des Wortschatzes einer Sprache in speziellen Testsituationen bearbeitet worden sind. Es lassen sich Theorien über spezielle Gebrauchsformen der Sprache aus Experimenten der zitierten Art entwickeln, die über die Funktion des Gehirns etwas aussagen können, die aber zugleich auch Anhaltspunkte für Prinzipien bieten können, denen Sprache als komplexes System folgt.

Aus der linguistischen Diskussion ist seit Mitte/Ende der 60er Jahre bekannt, daß sich Wörter mit Hilfe sog. semantischer Merkmale charakterisieren lassen. Wörter sind sich umso ähnlicher, je mehr semantische Merkmale sie miteinander teilen. Untersuchungen von Sanford/Seymour (1974) haben nachgewiesen, daß semantische Ähnlichkeit im genannten Sinn ein signifikant nachweisbarer Faktor für die Behaltensleistung von Wörtern ist. Wörter, so Ausubel (1963), die einen Oberbegriff teilen und somit in einem Grundmerkmal identisch sind, werden wesentlich besser behalten als Wörter, die unterschiedliche Oberbegriffe zulassen. Tulving/ Thomson (1973) formulierten das Prinzip der Encodier-Spezifität, das besagt: die Behaltensleistung verbessert sich, wenn zum Zeitpunkt der Reproduktion ein sog. Retrieval-Cue dargeboten wird, d.h. wenn der Versuchsperson eine Reproduktionshilfe zur Verfügung steht. Ergebnisse von Glanzer/ Schwartz (1971) oder Bock (1972) belegen, wie sich sog. Begriffshierarchien bei der Wiedergabe widerspiegeln. Sie stellten fest, daß ein Wort dann besser behalten wurde, wenn innerhalb einer Hierarchie die Distanz gering ist. Bock (1972) spricht daher auch von einem Distanzeffekt. Die Liste "Katze, Hund, Pfeil, Bogen, Tisch, Stuhl" wird völlig anders behalten als "Katze, Boden, Stuhl, Hund, Pfeil, Tisch". Das Experiment von Bower et al. (1969) hatte bereits in diese Richtung gewiesen. Personen, denen man die Wörter als Begriffshierarchie angeboten hatte, erinnerten diese fast vollständig; Personen, denen eine durch Zufall geordnete Liste vorgegeben wurde, konnten die Wörter nur sehr begrenzt wiedergeben.

Wortschatz kann aufgrund der Ergebnisse aus der Assoziationsforschung als ein Netzwerk interpretiert werden. Wenn die Knoten ein Wort zum Inhalt haben, dann können sie über Kanten mit bestimmten Inhalten in Verbindung zu anderen Knoten bzw. Wörtern stehen. Die Kanten können auf Inhalte verweisen, die sich aus den semantischen Merkmalen herleiten, so daß die Beziehung von Wörtern zueinander definierbar ist. Einfache formale Merkmale leiten sich aus der Unter- und Über- oder Nebenordnung her, qualitativ komplexere Inhalte können aus den spezifischen Gebrauchsweisen bestimmen lassen. Während im ersten Fall vorrangig paradigmatische Netzwerke entstehen, können im zweiten syntagmatische gebildet werden.

Wenn beobachtet wird, daß die Liste "Katze, Hund, Pfeil, Bogen, Tisch, Stuhl" anders wiedergegeben wird als "Katze, Bogen, Stuhl, Hund, Pfeil, Tisch", dann offenbart das Netzwerk sogleich den Grund: *Nebenordnung* (Katze, Hund) und *Überordnung* (Tier), *Nebenordnung* (Pfeil, Bogen) und *Überordnung* (Jagdgerät), *Nebenordnung* (Tisch, Stuhl) und *Überordnung* (Möbel). Wird nun der zweiten Liste gefolgt, dann müssen die möglichen Kanten zwischen Katze und Bogen auf eine gemeinsame Verbindung abgesucht werden, findet sich eine solche nicht, kann eine qualitative Verbindung hypothetisch angenommen werden wie "sich am selben Ort befinden", so daß ein Netzwerk entsteht: *Ort* (Katze, Bogen), *Ort* (Stuhl, Hund), *Ort* (Pfeil, Tisch). Das ändert sich, wenn den Versuchspersonen gesagt wird, sie sollen auf die Ähnlichkeit achten, dann nämlich können Netzwerke offen organisiert werden, so daß mit der Nennung eines Wortes eine *Überordnung* (?) angenommen werden kann: *Überordnung* ((Katze, ?) ?), *Überordnung* ((Bogen, ?) ?). Tritt nun das Wort Hund auf, kann die Leerstelle der Verbindung *Überordnung* ((Katze, ?) Tier) gefüllt und das Netz komplettiert werden: *Überordnung* ((Katze, Hund) Tier). Vorgänge dieser Art bedürfen besonderer Verarbeitungszeit, so daß Unterschiede in der Reproduktionsleistung zu erwarten sind und die Ergebnisse aus den Assoziationsversuchen linguistischen Interpretationen von Wörtern und ihren Beziehungen zueinander nicht widersprechen.

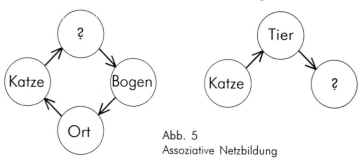

Abb. 5
Assoziative Netzbildung

2.4 Vom Wort zum Satz

Es gibt aber auch andere Organisationsprinzipien, die Behaltensleistungen beeinflussen. Eine entscheidende Rolle spielt hierbei der Satz. Die psycholinguistische Forschung hatte mit Beobachtungen zum Wort, Wortlisten und den Tests, diese zu erlernen, in den frühen 70er Jahren ihren Ausgang genommen und dabei entdeckt, daß Wörter signifikant besser behalten werden, wenn sie im Satzzusammenhang dargeboten werden. Schon der Hinweis an die Versuchsperson, man möge sich die Wörter in einen Satzkontext vorstellen, führt zu signifikanten Leistungsverbesserungen. In Experimenten konnte Rosenberg (1968, 1969) aufdecken, daß die Behaltensleistung vom Wirklichkeitsausschnitt abhängig ist, auf den sich der Satz bezieht. Der Satz "Der Arzt, der den Pförtner einließ, heilte den Patienten" konnte deutlich besser behalten werden, als der Satz "Der Arzt, der den Pförtner entließ, erschreckte den Autor." Das Ergebnis wird damit erklärt, daß der erste Satz auf eine nicht ungewöhnliche Situation Bezug nimmt. Bock interpretiert den Befund dahingehend (1978, 30), der Hörer kann den Matrixsatz schnell mit bekannten Situationen verknüpfen und bringt daher mehr Zeit für den eingebetteten Satz auf, was im Endeffekt zur besseren Behaltensleistung beiträgt.

Wichtig sind die Studien, in denen herausgefunden worden ist, daß Subjekt, Prädikat und Objekt besser behalten werden als andere Elemente in einem Satz (Martin et al. 1968, 1969). Die Autoren ließen Sätze lernen, wobei gleichzeitig gestellte Zahlaufgaben den Lernvorgang "störten". In einem Satz wie "Der gereizte Löwe hat das Kleid des Mädchens vollständig zerfetzt." erinnerten alle, daß ein Löwe ein Kleid zerrissen hatte. Weitere Untersuchungen machten klar, daß dem Subjekt dabei eine Schlüsselrolle zukommt.

Die genannten Versuche machen deutlich, der Umgang mit Sprache ist eigentlich Umgang mit "Welt", d.h. der Hörer von Äußerungen formt das sprachlich Wahrgenommene sofort in Bedeutung um und verbindet dies mit seinem Wissen über die Welt. Für diese Annahme sprechen Versuche zur Behaltensleistung abstrakter und konkreter Sätze. Holmes/Langford (1976) wiesen nach, daß Sätze mit konkreten Inhalten schneller und sicherer rück-erinnert werden. Daß dies ein Effekt auf der Ebene der Wissens-repräsentation ist, geht daraus hervor, daß die Behaltensleistung einzelner Wörter keinen Unterschied bewirkt. Die Differenz basiert auf den schlechter wiedergegebenen Sachverhalten. Es ist festzustel-len, daß sprachliche Äußerungen unverzüglich in Bedeutung umge-wandelt werden. Festzuhalten ist aber auch, daß dieser Umwand-lungsprozeß in hohem Maße von der Syntax abhängig ist, welche den Erfolg der korrekten Wiedergabe beeinflußt.

Zu wichtigen Hinweisen kamen Fodor/ Garrett (1967) mit Studien über den Relativsatz im Englischen. Sie fanden heraus, daß Sätze ohne Relativpronomen schlechter wiedergegeben wur-den. Relativpronomen - so die Schlußfolgerung der Autoren - verdeutlichen dem Rezipienten die semantischen Relationen und erleichtern den Aufbau einer Bedeutungsstruktur. Das, was an Relativsätzen beobachtet werden konnte, stellte Lesgold (1972) ebenfalls in einer Studie fest, in der es um die Rolle koreferenter Subjekte ging. Hier zeigt sich, daß Sätze mit identischen Subjek-ten besser wiedergegeben werden und daß sich die Wiedergabe eindeutig verbessert, wenn der Bezug zum vorausgegangenen Subjekt von Pronomen geleistet wird.

Geht man davon aus, daß ein Satz zu einer Gedächtniseinheit recodiert wird, dann kommt Formen besondere Bedeutung zu, die eine schnelle Verflechtung arrangieren können. Pronomen sind Formmittel, die unmittelbar zum Bezugswort weisen und keine Recodierzeit beanspruchen. Lesgold (1972) beschreibt, wie auch Konjunktionen eine besondere Rolle spielen und die Wiedergabegenauigkeit beeinflussen. Diese Umstände müssen zusammen mit Ergebnissen von Sachs (1967, 1974) interpretiert werden, die besagen, daß syntaktische Strukturen schlecht behal-ten werden. Wiedergaben eines Satzes sind in der Regel nicht wörtlich. File/ Jew (1973) haben bei Flugpassagieren beobachtet, daß sie die Verhaltensinstruktion im Aktivsatz und affirmativ wiedergeben. Der Originaltext ist passiv und negativ formuliert. Fillenbaum (1966) spricht daher von der Hilfsfunktion Syntax. Sie diene nur dazu, semantische Verhältnisse zu ordnen. Für diese Einschätzung sprechen die Untersuchungen von Sentis/Klatzky (1976), die gezeigt haben, daß die Satzverarbeitung nicht von sog. Funktionswörtern belastet, sondern durch die Anzahl der semantisch wirksamen Lexeme beeinflußt wird. Je umfangreicher die Zahl solcher Wörter ist, desto schwerer tun sich Versuchspersonen, den beschriebenen Sachverhalt korrekt wiederzugeben.

Faßt man die vorliegenden Ergebnisse zusammen, so zeigt sich, daß der Syntax für die semantische Verarbeitung eine Steuerfunktion zukommt. Dies deutet darauf hin, daß der Sprachrezipient syntaktische Probleme auf möglichst niedrigem Niveau bearbeitet. Syntax wird nach Möglichkeit nicht im Speicher verarbeitet, sondern nach dem Identifizieren der damit organisierten semantischen Struktur sofort wieder vergessen, um Speicherplatz zum Aufbau auch komplexerer semantischer Strukturen zu erhalten. Der Sprachrezipient analysiert syntaktische Informationen nur soweit, wie er diese zur semantischen Rekonstruktion braucht, das legen Ergebnisse aus Untersuchungen von Graesser/Mandler (1975) nahe.

Die psycholinguistischen Ergebnisse nun legen nahe zu prüfen, inwieweit sich diese mit anderen psychologischen Resultaten zur Verarbeitung mentaler Einheiten decken. Untersuchungen zur räumlichen Vorstellung oder zu linearen Ordnungen belegen, daß vergleichbar den Beobachtungen zur Syntax, die Grundinformation systematisch umgeformt wird. Zwar wird die Position eines Objektes im Raum beibehalten, die damit verbundenen Umstände aber gehen verloren. Ganz ähnlich ist es, wenn lineare Ordnungen getestet werden, wie es mit Buchstabenfolgen gemacht worden ist (Anderson 1988, 96-98). Auch hier geht alles verloren, was die Umstände anbelangt, übrig bleibt die Abfolgeinformation. Ebenso ist festzustellen, daß die eingehende Information zu sog. Chunks verarbeitet wird, das sind kleine semantisch wirksame Einheiten. "Es scheint, daß das menschliche Gedächtnis die Welt in Form kleiner, leicht zu verarbeitender 'Pakete' kodiert; und wenn zu viele Items existieren, erzeugt es Pakete innerhalb von Paketen (Anderson 1988, 101)."

Eine Reihe von Experimenten über die Wiedergabeleistung von Sachverhalten scheint diesem allerdings zu widersprechen. Shepard (1967) bot Versuchspersonen Bilder an und prüfte die Korrektheit der Wiedergabe. Die fehlerhaften Wiedergaben lagen bei 1,5%. Dann bot er den Sachverhalt sprachlich dar. Die Fehlerquote stieg auf 11,8%. Das Ergebnis konnte von Standing (1973) bestätigt werden. Der Schluß, der Mensch sei mit der besonderen Fähigkeit ausgerüstet, räumliche Vorstellungsbilder zu bilden, läge nahe, läßt sich so jedoch nicht beweisen. Es zeigt sich, daß nicht das Bild an sich erinnert wird, sondern die Versuchsperson merkt sich seine Bedeutung. Daher werden räumliche Verhältnisse nicht behalten, wenn sie nicht Thema des Bildes sind, ebenso ist es mit den unterschiedlichen Details auf einem Bild. Die Behaltensleistung wird umso schlechter, je unsinniger ein Bild in seinen Inhalten empfunden wird.

Bower/Karlin/Dueck (1975) haben ein Experiment durchgeführt, in dem Versuchspersonen Zeichnungen vorgelegt wurden, deren Bedeutung unbestimmt war. Einer Gruppe hatten sie die vermeintliche Bedeutung erklärt, der anderen nicht. Das Ergebnis war eindeutig. Die Gruppe, welcher ein Bedeutungskonzept angeboten worden war, schnitt mit einer korrekten Wiedergabe von 70% deutlich besser ab als die andere, bei der nur 51% korrekte Wiedergabeleistungen festzustellen waren. Im gleichen Sinn lassen sich Versuche von Mandler/Ritchey (1977) deuten, die Versuchspersonen Bildfolgen dargeboten hatten, in denen Details verändert worden waren. Bewegten sich die Veränderungen im Bereich der peripheren Merkmale, wie beispielsweise das Muster des Rocks der Lehrperson u.ä., so blieb dies unbemerkt. Wurden Veränderungen an der Grundaussage vorgenommen wie beispielsweise "Unterricht vor einer Landkarte" versus "Unterricht vor einem Gemälde", so wurde diese eindeutig bemerkt. Ähnliche Ergebnisse liefern vergleichbare Experimente zu Modifikationen in Satzaussagen, wie sie Wanner (1968) gemacht hat. Er konnte belegen, daß Konstruktionsveränderungen weitgehend unbemerkt bleiben. Sobald an der Satzbedeutung etwas verändert wird, wird dies erkannt. Grundsätzlich ist also davon auszugehen, daß die eingehenden

Informationen in bedeutungshaltige Information umgeformt werden.

Ein Konzept zur formalen Darstellung solcher Informationen stellt die Proposition dar. Bei der Einführung des Propositionenbegriffs geht Engelkamp (1976) vom Begriff der Satzbedeutung aus und stützt er sich auf einen Begriff, der in den frühen 60er Jahren aus der wahrheitswertigen Semantik hergeleitet worden ist. Dort wurden Ansätze vorgestellt und diskutiert, die es ermöglichten, von der syntaktischen Analyse her auf die Satzbedeutung zu schließen und somit aus sprachlichen Äußerungen semantisch interpretierbare Propositionen zu konstruieren (Montague 1970, Cresswell 1973). Dieser satzsemantisch abgeleitete Propositionenbegriff wurde in der Psychologie nicht aufgenommen, sondern man stützte sich auf einen Propositionsbegriff (Kintsch 1974; Engelkamp 1976; Thorndyke 1977), der bei Fillmore (1968) zu finden war und den dieser eingeführt hatte, um einen Fachterminus zu besitzen, der zwischen einem geäußerten und einem syntaktisch-semantisch interpretierten Satz zu unterscheiden erlaubte.

Eigentlich interessierte sich die Psychologie für ein semantisch angelegtes Organisationsprinzip. Es sollte einen Bezugsrahmen dafür bieten, aus einer linearen Abfolge von Elementen auf eine "chunk"-ähnliche Konstruktion schließen zu können, wobei diese in sich so strukturiert sein sollte, daß die Interpretation mehr als nur einen ungeordneten "Assoziationshaufen" abzuleiten erlaubt. Die Elemente sollten sich als geordnet erfassen lassen und in hierarchische Ordnungen überführbar sein. Denn alle bisherigen Befunde weisen ja darauf hin, daß Äußerungen mit semantischen Interpretationen verbunden auftreten. Der Begriff der Proposition bot einen Lösungsweg an.

Für die Linguisten bestand in den 60er Jahren die Schwierigkeit, im Rahmen einer formalen Grammatik Aktiv- und Passivsätze so darzustellen, daß ihre Identität hinsichtlich des Referenzbereichs erkannt werden konnte. In dieser Situation schlug Fillmore (1968) vor, die den Wortarten entlehnten kategorialen Beschreibungen durch Kategorien zu benennen, die den Charakter der jeweiligen Konstituente inhaltlich charakterisieren. Seit den großen sprachhistorischen Grammatiken von Behaghel oder Paul ist hinreichend bekannt und wurde immer wieder darüber nachgedacht, daß Kasus bestimmte inhaltliche Implikationen besitzen. Da gab es den Lokativ zur Bezeichnung für Ortsverhältnisse, den Ablativ, um Quelle und Ziel zu bezeichnen, einen Instrumentalis zur Kennzeichnung eines instrumentellen Verhältnisses zu einer bzw. in einer Sachverhaltsdarstellung oder den Soziativ, um begleitende Personen einzuführen. Es gibt den Genitiv als Possessivus, der Besitzverhältnisse markiert, oder den Dativ, um das besondere Interesse gegenüber dem im Subjekt bezeichneten auszudrücken, und jedes Schulkind weiß darum, daß das Subjekt meist die handelnde Person oder Ursache für etwas darstellt (Brünner 1982).

Fillmore arbeitete diese Zusammenhänge (1968; 1971; 1977) auf und schlug vor, die syntaktische Analyse in eine Darstellung von sog. Tiefenkasus zu überführen, so daß die Interpretation eines Satzes mit einer Kasusinterpretation einzelner Konstituenten endet. Ein Satz wie "Inge küßt Peter auf den Mund" läßt sich vom Verb küssen als einem durch Tiefenkasus organisierten Strukturzentrum her interpretieren. Küssen besitzt einen Kasusrahmen: küss- (Agent, Patient) und ist erweiterbar durch (Ziel). Die Tätigkeit des Küssens vollzieht sich zwischen zwei Entitäten und kann aufgrund einer Zielangabe weiter präzisiert werden. Die in den Nominalphrasen bezeichneten Entitäten werden durch das Prädikat küss- in eine spezifische Relation zueinander gebracht, die sich inhaltlich als Tiefenkasus näher umschreiben läßt und die Phrasen deutet: *Agent* (Inge (NP)), *Patient* (Peter (NP)), *Ziel* (auf den Mund (PP)).

Wenn das Verb als Knoten eines Netzwerkes gedacht wird, und wenn der Inhalt des Knotens ein konkretes Wort ist, dann entsteht ein Netz, wenn von diesem Knoten spezifische Kanten ausgehen können, welche auf Knoten verweisen, die in der Regel einen Inhalt "nehmen", der von der Kategorie einer Nominalphrase ist. Welchen Inhalt nun die Kante selbst annimmt, das hängt vom jeweiligen konkreten Verb ab, so daß einzelne Verben als assoziatives Netzwerk dargestellt werden können, in dem ausgehend vom Verb-Knoten fest definierte Kanten zu Nominalknoten hinführen, deren Inhalt dann wiederum von den jeweils im Nominalknoten realisierten Worten abhängt.

Ein Verb wie "besuchen" kann als ein Quellknoten für ein Netzwerk des Typs beschrieben werden, das zwei Nominalphrasen besitzt. Eine Kante verweist auf eine Nominativ-, die andere auf eine Akkusativmarkierung bei der morphologischen Realisation der Nominalphrasen. Ein anderer Netzwerktyp wäre aus drei Nominalphrasenknoten vorstellbar, wobei die Kanten auf einen Nominativ, Akkusativ und Genitiv hinweisen könnten, wenn der Inhalt des Verbknotens z.B. das Verb anklagen ist. Dabei muß der Inhalt der Kante nicht oder nicht nur ein Kasus sein. Wenn Verben im Sinne spezieller Prädikate, wie sie die Prädikatenlogik benutzt, angesehen werden, dann lassen sich diese mit Netzen darstellen, deren Kanten inhaltliche Eigenschaften, wie sie durch sog. Tiefenkasus vorschlagen werden, kennzeichnen. Einer solchen Idee folgte Engelkamp (1976, 21-24) und schlug drei Grundtypen möglicher Prädikatsklassen vor. Er unterschied "attributive", "prozessuale" und "aktionale" Prädikate.

Attributive Prädikate sind solche, die an einer Gegebenheit einen bestimmten Zustand hervorheben. Zustände lassen sich als überdauernde Merkmale an Gegebenheiten beschreiben, der Satz "Ein Stein liegt auf dem Weg." wird dann durch ein Netz darstellbar, dessen Quellknoten ein Prädikat ist, das "liegen" zum Inhalt hat. Von diesem Knoten führen zwei Kanten zu Knoten, die inhaltlich auf eine Entität verweisen: Entität: ein Stein, Entität: ein Weg. Die Kanten, die vom Quellknoten wegführen, sind "eingefärbt", d.h. sie verweisen auf Inhalte wie *Patient* und *Lokalität*. Auf diese Weise entsteht ein Netzwerk:

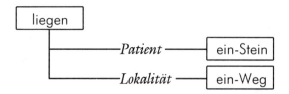

Prädikat= liegen (*Patient* (Entität= ein Stein)) und (*Lokalität* (Entität= ein Weg))

Als prozessuale Prädikate werden solche Prädikate klassifiziert, die anzeigen, daß an einer Gegebenheit eine Zustandsveränderung hervorgehoben wird. Das zugrundeliegende Netzwerk hat die Gestalt:

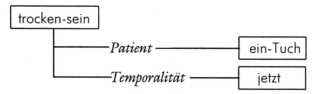

Prädikat= trocken-sein (*Patient* (Entität= ein Tuch)) und (*Temporalität* (Entität= ein Zeitpunkt zur Zeit des Sprechens))

Aktionale Prädikate sind solche, die Zustandsänderungen von Gegebenheiten bezeichnen, wobei diese durch die Gegebenheit selbst bewirkt werden. Der Kasusrahmen wird stets mit einer Kante *Agent* eröffnet und kann in Abhängkeit weiterer Untergruppen durch die Kante *Patient, Instrument, Ziel* oder *Herkunft*.

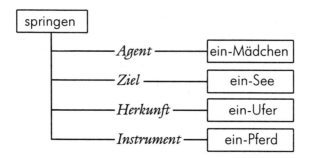

Prädikat= springen (*Agent* (Entität= ein Mädchen)) und (*Ziel* (Entität= ein See)) und (*Herkunft* (Entität= ein Ufer)) und (*Instrument* (Entität= ein Pferd))

Aus einem solchen Netz wären Äußerungen konstruierbar wie "das Mädchen springt auf einem Pferd vom Ufer in den See". Bestimmte Wortarten bedingen spezielle Strukturen. Neben den Verben organisieren Präpositionen oder Konjunktionen zwischen Nominal- und Satzphrasen feste Verbindungen. Sie arrangieren zwischen Nominal- und Satzphrasen Verbindungen, die aus der Sicht assoziativer Netze als besonderer Kantentyp betrachtet werden können, dessen Kanteninhalt aus der spezifischen Semantik der konkreten Worte und übergeordnet auch aus Tiefenkasus herleitbar sein können. In der Phrase "das Kind von Christine" wird zwischen den Inhalten der Nominalphrasenknoten durch die Präposition eine Kante *Possessiv* installiert, die ein Netzwerk erzeugt: *Possessiv* (Entität, Entität). Ähnlich wirkt sich eine Konjunktion aus. Im Satz "Peter besucht Maria, weil er sie liebt." bewirkt die Konjunktion eine feste Verbindung zwischen zwei Sätzen: *Kausalität* (Sachverhalt, Sachverhalt).

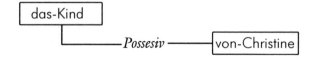

Mit einer Erweiterung des Assoziationsbegriffs im Sinne geordneter Assoziationsstrukturen, durch die sich paradigmatisch und/oder syntagmatisch angelegte Felder abzubilden erlauben, gewinnt eine Vielzahl von Forschungsergebnissen der Psycholinguistik einen sinnvollen Erklärungshorizont aus der Linguistik, so daß sich weiterführend die Frage stellt, ob und wie neurolinguistische Daten mit dem bisher Beobachteten verträglich sind.

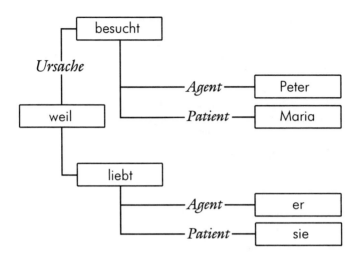

3 Sprache aus neurologischer Sicht

3.1 Neurowissenschaft und neurolinguistische Konzepte

Das Gehirn als Zentrum des menschlichen Geistes ist erst eine Entdeckung der Neuzeit. Im alten Griechenland galt das Zwerchfell als Sitz unserer Gedanken. Daß und wie das Gehirn organisiert und funktionell zu sehen ist, beschäftigt die Mediziner erst seit der Entdeckung von Broca (1861). Er fand, daß die zwei Hirnhälften asymmetrisch organisiert sind, und er konnte erstmals plausibel machen, daß die motorische Sprachfunktion im sog. anterioren Teil des Gehirns und die eigentliche Sprachfunktion allein in der linken Großhirnhemisphäre anzusiedeln sei (Broca 1865). Seit dieser Zeit spricht man davon, daß Sprache links lateralisiert sei bzw. Sprache dominant in der linken Hemisphäre existiere.

Diese Meinung wurde fast hundert Jahre unangefochten beibehalten, bis sich Forschungstechniken methodisch eröffneten, die eine Differenzierung der Sichtweisen ermöglicht haben. Zwei Techniken waren bahnbrechend: Die Technik des dichotischen Hörens und die Technik simultaner Stimulierung beider Gesichtshälften, kurz die D-Technik und die VHF-Technik genannt. Ferner ließen sich Beobachtungen mit Patienten machen, denen der sog. Balken im Gehirn durchtrennt worden war, es wird von den Split-Brain-Patienten gesprochen. Diese Technik wandten Neurologen vielfach an, um schwere Epilepsie zu unterbinden.

Die Technik des dichotischen Hörens kann man sich so vorstellen: einer Versuchsperson werden zur selben Zeit auf beide Ohren zwei verschiedene akustische Stimuli angeboten. Kimura (1961) hatte als erster nachweisen können, daß es einen sog. Rechts- bzw. Links-Ohr-Effekt gibt, auch Broadbent (1954) hatte seine Versuche auf diese Weise durchgeführt. Werden auf beide Ohren verbale Reize eingespielt, gibt es einen Rechts-Ohr-Effekt. Das rechte Ohr verarbeitet die Lautstruktur besser und identifiziert sie signifikant genauer. Sind die Reize hingegen nonverbal, erweist sich das linke Ohr als überlegen und die Lautstruktur wird besser zerlegt. Die Technik der Stimulierung der beiden Gesichtshälften funktioniert analog. Da beim Sehen nur kontralaterale Wege vorhanden sind, ist diese Technik noch geeigneter, Aussagen über Dominanzverhältnisse zu erlangen. Auf diese Weise bewies Zaidel (1972; 1978), daß der rezeptive Wortschatz in der rechten Hemisphäre den Umfang eines 14jährigen haben kann, im Gegensatz zur syntaktischen Fähigkeit dieser Hemisphäre, die der eines 2jährigen entspricht.

Aufgrund der Versuche dichotischen Hörens, Beobachtungen an sog. Split-Brain-Patienten sowie rechts- oder linksseitig geschädigten Patienten war ein großer Kreis von Neurologen vom Faktum überzeugt, daß die linke Hemisphäre analytisch-sequentiell operiere, während die rechte Wahrnehmungen globalistisch verarbeite bzw. gestalthaft organisiert sei. Über die rechte Hirnhälfte habe ein Sprecher zu einem umfangreichen Wortschatz Zugriff, doch sei dieser nicht als Untermenge des Wortschatzes aus der linken Hemisphäre zu verstehen, sondern er sei qualitativ anders angelegt, d.h. die Wörter stehen links- und rechtshirnig in anderen Beziehungen zueinander, wie Heeschen (1979) dargelegt hat.

Der Wortschatz, wie er aufgrund von Funktionen der linken Hemisphäre erschlossen werden kann, folgt eher einer taxonomischen Ordnung, die von Ober- und Unterbegriffen geprägt ist (Ellis/ Shephard 1974; Hines 1976; Day 1977; Elman, J.L. et al. 1981; Bub/ Kertesz 1982; Young/ Ellis 1985). Beziehungsstrukturen, die sich auf die Arbeitsweise der rechten Hemisphäre zurückführen lassen, organisieren Wörter kontextuell und situativ, sie sind in episodische Zusammenhänge eingebettet (Coltheart 1980) und erzeugen innere Bilder (Bradshaw 1980; Paivio 1971). Heeschen fand heraus, daß "Adler" und "Hirsch" leicht verbindbar waren, wenn es linkshemisphärisch keine Beeinträchtigung gab. Dagegen fiel es den Personen schwer, sofern eine Schädigung vorlag, beide Wörter zueinander in Beziehung zu setzen. Anders verhielt es sich beim Paar "Bier" und "durstig". Wie Heeschen/ Reischies (1981, 13) berichten, konnte zwischen "Bier" und "durstig" kein Zusammenhang erkannt werden, wenn das Gehirn rechtshemisphärisch geschädigt war.

Wichtig sind Erkenntnisse, wie Metaphern verstanden werden. Wenn über "das schwere Herz" oder "die stehengebliebene Uhr" gesprochen wird, dann tat sich ein Patient rechtsseitiger Verletzung schwer, die obengenannten Phrasen zu verstehen. Er tendierte zur wörtlichen Lesart und konnte nicht erkennen, daß "ein schweres Herz" nicht ein "gewichtiges" Herz ist, bzw. er stellte die Frage, wieso eine Uhr "rollt" oder "fährt". Bei einer Inaktivierung der linken Gehirnhälfte erleiden Verben einen starken Einbruch sowie alle sog. Hilfsverben (Jakobson 1981, 29). Nomen bleiben lange resistent. Sie scheinen situativ rechtsseitig und begriffshierarchisch linksseitig angelegt zu sein. Die Verletzung der linken Hemisphäre bedingt allerdings bei den Nomen einen Bedeutungsverlust. Ivanov (1978, 39) untersuchte die Veränderungen im Synonymen-, Antonymen- und Homonymenverständnis bei Patienten. Die Kraft zur Diskriminierung läßt signifikant mit dem Verlust der linken Hemisphärenaktivität nach.

Über die Rolle der rechten Hemisphäre ist sich die Forschung indes keineswegs so einig, wie die zitierten Phänomene nahelegen könnten (Gazzaniga 1983; Levy 1983; Zaidel 1983; Myers 1984; Patterson/ Besner 1984; Rabinowicz/ Moscovitch 1984; Zaidel/ Schweiger 1984). Schon in frühen Arbeiten (Ellis/ Shepherd 1974; Cohen/ Freeman 1978) wurde darauf aufmerksam gemacht, daß die Ergebnisse aus Versuchen zum dichotischen Sehen keineswegs eindeutige Rückschlüsse auf die Funktion der rechten Hemisphäre erlauben (Rabinowicz/ Moscovitch 1984). Der Grund liegt in der bereits vorauszusetzenden großen Anzahl von Prozessen, die aktiv werden müssen, damit ein Wort überhaupt erkannt werden kann (Chiarello 1988, 41). Ein Wort muß als Wort "gesehen", "gehört" und innerlich "nachgesprochen" werden, in seiner syntaktischen Rolle erkannt, aus dem pragmatischen Kontext "herausgefiltert", zu anderen Wörtern in Beziehung gebracht und mit einer semantischen Information aufgefüllt werden. Es muß damit gerechnet werden, daß durch diese Vorgänge unterschiedliche Bereiche des Gehirns gefordert sind und die beschriebenen rechts- und linkshemisphärischen Effekte spezielle

Reaktionen unterschiedlicher Teilfunktionen darstellen können (Chiarello et al. 1984; 1986; Babkoff et al. 1985).

Versuche zur Stimulierung der Gesichtshälften ergaben keine homogenen Ergebnisse (Patterson/ Besner 1984). Es spricht einiges dafür, daß linksseitig repräsentierte Wörter über einen schnelleren Decodiermechanismus bei der Wahrnehmung verfügen. Rechtsseitig scheinen Wörter seriell entziffert zu werden (Regard et al. 1985; Sergent 1984; Boles 1985), was zu zeitlichen Nachteilen bei langen Wörtern führt. Die Wörter werden gleichbleibend bearbeitet, nachdem sie identifiziert worden sind. Strategien, die zur raschen Erkennung, Verbindungsorganisation oder allgemeinen Übetragung beitragen, lassen sich nicht erschließen. Rechtsseitig werden Wörter schneller verarbeitet, wenn die Präsentation verfremdet ist. Grundsätzlich ist anzunehmen, daß beide Hemisphären über dieselbe semantische Information verfügen (Chiarello 1988). Unterschiede entstehen aufgrund der jeweiligen Aufgaben- bzw. Problemstellungen.

Eine Sichtweise, die von speziellen Verhaltensformen auf Orte, die ein solches Verhalten auslösen könnten, schließt, setzt die Vorstellung voraus, das Gehirn könne als eine Art "Landschaft" betrachtet werden, innerhalb derer einzelne Regionen interagieren. Dem liegt die ursprüngliche Idee der "Faserlehre" von Meynerts zugrunde. Sie ging davon aus, das Gehirn bestehe größtenteils aus Faserverbindungen. Wernicke (1874) leitet daraus seine Theorie der Repräsentation von Sprache im Gehirn ab. Die Idee fand ihre Bestätigung, als Broca (1865) belegen konnte, daß bestimmte Sprachbeeinträchtigungen vornehmlich dann eintreten, wenn die linke Hirnhälfte betroffen war. Aus dieser Idee, die modellhafte Funktion hatte (Wernicke 1874, 18-19), entstand durch Lichtheim (1885) die Vorstellung von "Gehirnkarten". Ein Exponent dieses Denkens war Kleist (1934). Die bereits damals beobachteten Unklarheiten (Kussmaul 1877; Freud 1891; Pick 1913) stellte Kleist als Defizit der Methode hin. Ganz in dieser Tradition entwickelte sich nach der Entdeckung der Neuronen die Annahme, daß das Gehirn aus zellulären Einheiten bestehe, die ein Verbundsystem darstellten (Ramon y Cajy 1894; Sherrington 1910).

Die unterschiedlichen Aussagen lassen sich demnach einem umfassenden Theorieansatz zuordnen, wenn zwischen der funktionalen und strukturalen Ebene unterschieden wird (Arbib 1989, 12-13). Denn es ist erwiesen, daß ein unmittelbarer Schluß aus Beobachtungen zum Verhalten auf spezielle Regionen im Gehirn nicht möglich ist. Regionen werden zwar, wenn die strukturale Ebene betrachtet wird, als solche angesprochen, sie stellen sich indes eher als sekundär abgeleitete Phänomene dar, weil über das, was im Detail vor sich geht, konkrete Annahmen nur schwer bzw. in vielen Fällen bisher nicht gebildet werden können. Mit zunehmendem Wissen über die neuronalen Prozesse ist diese Zurückhaltung noch größer geworden.

Nach Arbib sind zwei Richtungen des Fragens sinnvoll. Es kann nach Funktionsweisen gefragt werden, und es können physiologische Gegebenheiten des Gehirns untersucht werden. Die physiologische Struktur und der Aufbau des Gehirns ist ein in sich abgeschlossener Fragenkomplex. Die Herstellung eines Zusammenhangs zwischen menschlichem Verhalten, zu dem das Sprechen gehört, setzt systematisches Beobachten dieses Verhaltens und Methoden voraus, die ein solches Verhalten zu beschreiben erlauben. Erst wenn differenzierte Annahmen für die Funktionsweise von Sprache entwickelt vorliegen, kann man versuchen, einen Zusammenhang mit Erkenntnissen über die Struktur herzustellen und daraus Rückschlüsse zu ziehen, ob die funktionalen Erklärungen und die hirnphysiologischen Vorfindlichkeiten ein Bild ergeben, das einen Zusammenhang wahrscheinlich erscheinen läßt. Ein solcher Zusammenhang setzt allerdings mehr theoretische Implikationen voraus, als aufgrund der Formulierungen vermutet werden könnte.

Das Problem entsteht dadurch, daß aus dem biochemischen Vorgang innerhalb einer Gehirnzelle grundsätzlich nicht auf eine entsprechende mentale Einheit geschlossen werden kann. Die erste Schwierigkeit liegt bereits in der "mentalen Einheit", von der unklar ist, was sie beinhaltet, vorausgesetzt, sie wird überhaupt als wirklich gedacht. Der Behaviorismus versuchte, methodisch ohne mentale Einheiten auszukommen. Aus dieser Tradition heraus entwickelte Ryle (1969) die Vorstellung, die mentalen Zustände seien eigentlich nur sprachliche Ausdrücke, die auf Dispositionen zum Verhalten Bezug nehmen. Eine Handlung verstehen bedeutet nicht, einen mentalen Akt zu vollziehen, sondern besagt, daß jemand über eine eigene Kompetenz von solchen Handlungen verfügt (Ryle 1969, 66). Sinn besteht in der Art und Weise einer bestimmten Disposition und ist nicht als Ereignis einer Erkenntnishandlung zu sehen (Ryle 1969, 405). Damit wird zumindest für den Sprachgebrauch deutlich, daß der Ereignisbegriff und die Rede von mentalen Zuständen klärungsbedürftig sind. Daß es keine kognitiven Aktivitäten gibt, ist durch eine solche Analyse nicht widerlegt.

Ein anderer Weg wird darin gesehen, mentale Erklärungen zuerst einmal als Erfindungen zur Deutung von Verhaltensweisen zuzulassen (Feyerabend 1963; Rorty 1965; Churchland 1981; 1984). Mit dem Fortschreiten der physiologischen Forschung wird die Hoffnung verbunden, daß diese Erklärungen durch physiologische ersetzt werden können. Während Ryle zu einem differenzierteren Verständnis dessen beitragen konnte, was unter mentalen Zuständen verstanden werden könnte, wird hier lediglich ein Erklärungsansatz an die Stelle eines anderen gesetzt und die Überlegenheit der zweiten Erklärung gegenüber der ersten postuliert. Handlungen auf der physiologischen Annahme zu erklären, ist bisher nicht möglich (Fodor 1968; 1987; Pylyshyn 1984).

Das Ziel der Forschungsarbeit sollte nicht die operationale Definierbarkeit eines mentalen Zustandes (Putnam 1960) sein, sondern die Erfassung der funktionalen Organisation. Eine Überlegenheit der Frage, ob eine aufgetretene Anomie wegen einer Störung in der linken zerebralen Hemisphäre besteht, oder weil die psychischen Prozesse, welche das Auffinden von Wörtern mediieren, zerstört sind, ist nicht zu erkennen (Ellis/ Young (1991,13-14). Entscheidend ist, ob mentale Prozesse, die den Alltag begleiten, wie das Erkennen von Objekten und Personen, das Sich-in-der-Welt-Zurechtfinden, Sprechen, Schreiben oder Planen und Entscheiden (Eysenck 1984; Smyth et al. 1987) Gegenstand der Erklärungen sind oder ob die subzellulären

Einheiten der Neuronen Gegenstand der Aussagen sein müssen. Wenn Mechanismen kognitiver Funktionen zu erklären sind, dann sind zwei Ziele sinnvoll (Ellis 1983; Coltheart 1986): Zu beobachten sind strukturelle Besonderheiten beeinträchtigter kognitiver Leistungen, wie sie bei gehirnverletzten Personen auftreten, und Strukturen bei intakter kognitiver Leistung. Letztere müssen durch die Entwicklung einer Theorie beschrieben werden. Fehlende oder fehlerhaft auftretende Prozesse sind dann als "Zer"-"Störung" gegenüber der normalen Funktion zu deuten.

Aufschluß über die Anlage eines intakten mentalen Prozesses läßt sich aus Beobachtungen zu sog. Dissoziationen gewinnen. Nehmen wir einen Patienten, der eine Aufgabe A nicht lösen kann, aber bei einer Aufgabe B normale Lösungen erbringt. Aus den Eigenheiten der jeweiligen Aufgaben kann u.U. auf Besonderheiten der Schädigung geschlossen werden. Wenn Aufgabe A das Lesen von Wörtern beinhaltet und Aufgabe B das Benennen von bekannten Personen auf Fotos zum Thema hat, dann ist es möglich, auf unterschiedliche Vorgänge beim Erkennen von Fotos und Wiedererkennen von Wörtern zu schließen. Grundsätzlich wäre aber auch die Annahme vorstellbar, daß der Effekt eintritt, weil es leichter ist, auf einem Foto die Person wiederzuerkennen als ein Wort. Um die Komplexitätserklärung zu falsifizieren, bedarf es eines Falles, in dem das Erkennen der Wörter vorliegt, Personen auf Bildern aber nicht identifiziert werden können. Aus Beobachtungen dieser Art ist der Schluß möglich, daß zur Lösung der Aufgaben unterschiedliche kognitive Prozesse anzunehmen sind (Shallice 1979; Teuber 1955; Weiskrantz 1968; Ellis/ Young 1991,15).

Doppelte Dissoziationen besitzen einen hohen Grad von Aussagekraft. Ellis/ Young (1991,16) sehen in ihnen aber eher einen Spezialfall. Normalerweise sind die Dinge komplizierter und nicht ohne weiteres durchschaubar. Kognitive Prozesse bauen auf Teilvorgängen auf, so daß ein Patient Aufgaben lösen kann, wenn einzelne Teilvorgänge nicht erforderlich sind. Ein anderer Aspekt wird von Brain (1964, 7) angesprochen. Eine Gehirnverletzung kann verschiedene Störungen bewirken, die nicht nur kognitive

Prozesse betreffen und nur bei sehr unterschiedlichen Problem- bzw. Aufgabenstellungen wirksam werden, so daß ein Zusammenwirken gar nicht oder nur schwer durchschaubar ist. Doppelte Dissoziationen verweisen auf autonome kognitive Prozesse. Es liegt daher nahe zu vermuten, daß es selbständig arbeitende Areale im Gehirn gibt, die für spezielle Aufgaben und ihre Lösungen ausgestattet sind. Marr (1976; 1982) brachte den Begriff des Moduls bzw. der Modularität ins Spiel. Das zitierte Beispiel von der Wort- und Bilderkennung, wird innerhalb eines solchen Ansatzes als Schädigung eines Moduls interpretiert, wobei angenommen wird, es gebe für die Bild- bzw. Worterkennung voneinander unabhängig arbeitende Module.

Ein Konzept der Modularität hatte Fodor (1983) entwickelt, dessen besonderes Kennzeichen die Eigenschaft der Verkapselung von Information war. Gemeint war damit, daß jedes Modul seine ihm eigene Form der Verarbeitung besitzt, die kein anderes Modul teilt. Er nahm an, daß eine bereichsspezifische Verarbeitung erfolgt, so daß jeweils ein eigener Informationseingang besteht. Während bezüglich einer spezifischen Verarbeitung und ihrer möglichen Bindung an Teilaufgaben Konsens besteht, wird die Berechtigung der Annahme angezweifelt, daß zwar die Informationsaufnahme von Außenweltwahrnehmungen modular angelegt sei, mentale Vorgänge höherer Ebene hingegen wie die des Denkens, Entscheidens oder der Glaubensbildung nicht modular organisiert seien (Roth 1994, 179). Da es nach Einschätzung von Ellis/ Young (1991, 28) schwer fallen dürfte, ein Verfahren zur Falsifikation der Modularitätsannahme zu entwickeln, verweisen sie darauf, daß Dissoziationen unabhängig von der Annahme von Modulen beschrieben werden können und sich auch bei höheren mentalen Prozessen feststellen lassen (Shallice 1982; Duncan 1986).

Neben der Methode der Dissoziation besteht als Weg die Fehleranalyse (Meringer/ Meyer 1895; Wells 1951; Lashley 1951; Kainz 1956; Bierwisch 1970). Fehlerarten geben Hinweise auf Arbeitsweisen und erlauben Rückschlüsse auf Störungen auch höherer geistiger Funktionen (Fromkin 1971; 1973). Dabei ist für die Arbeit wesentlich, daß die beobachtbaren pathologischen Leistungen das Fundament darstellen, von dem aus Annahmen im Hinblick auf ein Gesamtbild von gestörten und intakten Leistungen erfolgen (Caramazza 1984).

Diese Art der Betrachtungsweise unterscheidet sich von der traditionellen Vorgehensweise, bei der die beobachteten Symptome zum Ausgangspunkt für die Erstellung von Syndromgruppen gewählt werden. Durch Gehirnverletzungen bedingte Sprachstörungen werden dort als Broca-, Wernicke- oder Leitungs-Aphasie bezeichnet. Diese Forschung hat bis heute ihre Tradition (Dittmann u.a. 1988,1) bewahrt.

Als 'Aphasie' wird in dieser Tadition "eine zentral bedingte Störung des Umgangs mit Sprache" bezeichnet (Friederici 1984, 37) und aufgrund von Funktionsstörungen, die an den am Sprechvorgang beteiligten Organen auftreten, unterschieden. Aphasie ist mit einer Schädigung des Gehirns verbunden und tritt nicht nur als Störung bei der Sprachproduktion, sondern als Beeinträchtigung beim Verstehen von Äußerungen auf. Diese kann als Veränderung im phonologischen, lexikologisch-semantischen und syntaktischen System erfaßt werden und zeigt unterschiedliche Krankheitsbilder, welche im Rahmen dieses Paradigmas zwischen der Broca- und Wernicke-Aphasie differenzieren. Im ersten Fall wird als Symptom das schleppende und mit viel Kraft verbundene Sprechen genannt. Bei der Wernicke-Aphasie wirkt die Sprache des Patienten normal, die Formulierungen werden zunehmend paraphrastisch, es kommt zu andauernden Verbesserungs- und Präzisierungsversuchen. Dabei verändert sich der Wortschatz befremdlich: "Die Kerze brennt, nein blaut." Dieser Sichtweise haftet etwas sehr Flächenhaftes und Oberflächliches an. Die genannten Symptome basieren auf einer anatomischen Sicht (Poeck 1983) und weniger auf funktionsbegründeten Erkenntnissen. Praktisch wäre die Vorgehensweise, Symptome zu sammeln und zusammenzustellen, weil sie sich auf die Erforschung eines Syndroms beschränken könnte. Wissenschaftlich war es aber bisher nicht möglich (Caramazza 1984; 1986; Ellis 1987), Kategorien zu definieren, welche die erwünschte Homogenität im angedeuteten Sinn besäßen. Immer wieder treten Fälle auf, in denen

Patienten innerhalb einer Kategorie Unterschiede erkennen lassen, so daß als Konsequenz die Notwendigkeit erhalten bleibt, vom Einzelfall her nach Erklärungen zu suchen. Diese bewahren ihre Gültigkeit solange, bis ein Fall den bisher erkannten Annahmen widerspricht.

3.2 Sprachproduktionsbedingungen bei aphasischen Störungen

Aufgabe von Sprache ist es, eine innerlich konzeptionell aufgebaute Repräsentation anderer mitzuteilen. Das setzt das Erkennen von Objekten und Identifizieren von Sachverhalten voraus. Unabhängig davon wird etwas aktiviert, was als Sprachlexikon betrachtet werden kann. Dieses realisiert die entsprechenden Lexeme und überführt diese in ihnen zugehörende lautliche Formen, die als Äußerung der Person zugänglich sind. Der Vorgang läßt sich an einem einfachen funktionalen Modell darstellen (Ellis/Young 1991, 134) :

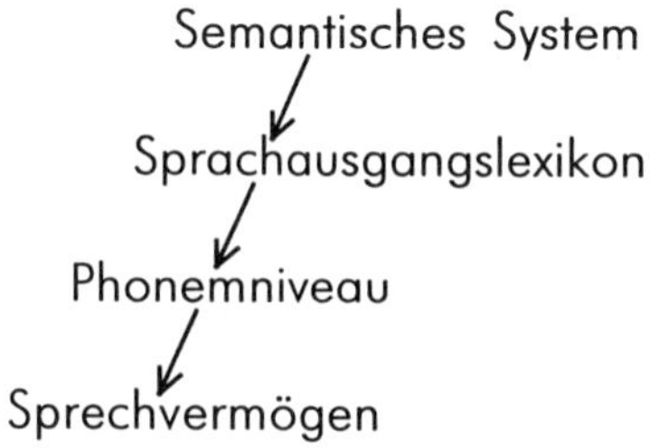

Semantisches System

Sprachausgangslexikon

Phonemniveau

Sprechvermögen

Abb. 6
funktionales Modell

Die Annahme eines solchen Konzeptes läßt sich schrittweise aus beobachteten Störungen bei Patienten begründen. Zwischen dem semantischen System und einem Lexikon muß unterschieden werden, weil Patienten beobachtet wurden, die leblose Gegenstände besser als belebte Objekte benennen konnten (Warrington/Shallice 1984) bzw. Probleme bei der Zuordnung von Früchten und Gemüsesorten zeigten (Hart/Berndt/Caramazza 1985). Ein Patient hatte keine Probleme, einen Abakus zu benennen oder Tiere und Fahrzeugtypen zu klassifizieren. Ihm war es aber nicht möglich, einen Pfirsich oder eine Orange mit ihrem Namen zu bezeichnen. Das legt die Vermutung nahe, es komme zu einer allmählichen Auflösung der semantischen Repräsentation bzw. eines Teilbereichs derselben. Dies führt zur Verunsicherung bei der davon betroffenen Person und endet schließlich in der Unfähigkeit, Objekte aufgrund des semantischen Repräsentationssystems zu klassifizieren und mit Hilfe eines Lexems dem anderen erkennbar zu machen.

Daß die Lexeme für sich ein eigenes, zu lösendes Problem darstellen, belegt der Fall eines Patienten, der um seine Gedanken sehr wohl wußte, dem es aber nicht möglich war, die dazu passenden Wörter zu erinnern (Kay/Ellis 1987). Er mußte jeweils auf allgemeine Wörter zurückgreifen. Obwohl er Bilder erkannte, war er sehr oft nicht in der Lage, diese zu benennen. Daß die semantische Repräsentation keine Mängel aufwies, ging aus Zuordungstests hervor, bei denen Bilder kategorial geordnet werden mußten (Oldfield/Wingfield 1965). Dabei ist nicht gesagt, daß das Lexikon bereits verlorengegangen ist. Franz (1930) beschreibt einen Fall, in dem der Patient über Erdbeeren sprechen will, das Wort nicht finden kann, doch nach einer langen Pause plötzlich wieder verfügbar hat.

Das Phänomen der Unzugänglichkeit (Benson 1979) läßt vermuten, daß nach einer Gehirnverletzung der interaktive Austausch zwischen semantischer Repräsentation und Sprachausgangslexikon stark beeinträchtigt ist (Rochford/ William 1965). Das würde erklären, warum häufig benötigte Wörter verfügbarer bleiben als andere, die selten verwendet werden. Im Modell von Stemberger (1985) wird die Vorstellung entwickelt, daß Aktivitäten aus dem semantischen System zum phonologischen hin geleitet werden und in der Bildung einer Phonemkette enden. Diese Ketten entsprechen Wortformen, so daß eine Aktivierung der "Semantik" zugleich zum Aktiv-Werden der "Phonetik" führt. Dabei kommt den häufig verwendeten Anteilen ein höheres Ruheniveau der Aktivierung zu, so daß eine semantische Aktivierung schneller zur Äußerung hinführt. Das würde erklären, warum normale Sprecher beim Auffinden von Wörtern deutliche Unterschiede in der Schnelligkeit zeigen, sobald weniger gebräuchliche Vokabeln benötigt werden (Oldfield/ Wingfield 1965; Beattie/ Butterworth 1979).

Neu- und Umbildung der äußeren Gestalt von Wörtern sind ein weiteres Phänomen bei Aphasie-Patienten. Bei der Äußerung "A bun, bun (*bull*) .. a buk (*bull*) is schching (*chasing*) a boy or skert (*scout*)" werden Störungen des semantischen Systems und beim Sprachausgangslexikon ausgeschlossen (Ellis/ Young 1991, 143). Geschriebene Wörter und Bilder wurden korrekt zugeordnet, geschriebene Wortpaare konnten sinngemäß geordnet werden, ebenfalls funktionierte das Verstehen von geschriebenen Sätzen. Probleme der unmittelbaren Artikulation wurden nicht vermutet. Die Neologismen reduzierten sich, sobald gebräuchliche Wörter erfragt wurden. Auch die Rolle der Wortlänge war unbedeutend (Miller/ Ellis 1987).

Die Störung wird auf der Ebene des Sprachausgangslexikons vermutet. Es scheint so, als hätten die Patienten den Zugang zu den phonologischen Repräsentationen der jeweiligen Wörter teilweise oder ganz verloren (Buckingham/ Kertesz 1976; Butterworth 1979). Der Umgang mit geschriebenen Wörtern, Sätzen oder Texten bereitete keine Schwierigkeiten (Caramazza et al. 1983). Daraus würde sich erklären, warum die Fehler bei gebräuchlichen Wörtern wie den Funktionswörtern beispielsweise weniger abweichend erscheinen als bei den ungebräuchlichen, deren Gestalt meist keinen lautlichen Zusammenhang zum Ausgangswort besitzt (Butterworth 1979). Bei einer Reihe von Patienten scheint es im Sprachausgangslexikon keine verwendbaren phonologischen Informationen mehr zu geben, so daß ihre Sprache wie eine unbekannte fremde Sprache (Perecman/ Brown 1981) oder leicht verfremdet klingt. Butterworth (1979) verwendet dafür den Ausdruck eines "zielbezogenen Neologismus".

Unregelmäßigkeiten in der Aussprache müssen auch im Zusammenhang mit dem Sprachverständnis gesehen werden. So gibt es die Gruppe von Patienten, die Sprache korrekt verstehen und wahrnehmen, aber Störungen im Zugriff auf die lautlichen Strukturen haben. Von ihnen sind die zu unterscheiden, bei denen das Wahrnehmen nicht möglich ist, so daß eine Produktion mißlingt (Miller/Ellis 1987; Joanette et al. 1980). Ellis/ Young (1991, 146) unterscheiden daher zwischen Patienten mit Anomie und solchen mit neologistischer Jargon-Aphasie. Für letztere gilt es, ein Phänomen zu berücksichtigen, welches die Unterscheidung zwischen Stamm-Morphemen und grammatischen Morphemen als eigenständigen Verarbeitungseinheiten erkenntlich macht. Störungen der Stamm-Morpheme sind nicht ungewöhnlich, erhalten bleiben aber die grammatischen Morpheme (Buckingham/Kertesz 1976; Butterworth 1979). Aufschlußreich bezüglich der Funktionsweise ist, daß bei der Verwendung der grammatischen Morpheme deren lautliche Anpassungsregeln beachtet werden. Auch die neologistischen Stamm-Morpheme werden durch die Endung eines Vergangenheits- oder Kasus- oder Pluralmorphems nach der Regel des Auslauts grammatisch flektiert (Buckingham/ Kertesz 1976; Butterworth 1979; Caplan et al. 1972; Garrett 1982). Aus dieser Tatsache ließe sich die Annahme ableiten, daß der Zugriff auf das Sprachausgangslexikon das Problem darstellt, da hierbei die grammatischen Formen noch keine Rolle spielen.

Etwas ganz Ähnliches läßt sich bei Versprechern beobachten, wo die Endungen an einen verkehrten Stamm angefügt werden, so daß ein Nomen konjugiert oder ein Verb dekliniert wird. Vergleichbares geschieht durch Vertauschung der syntaktischen Funktion, wenn statt vom "Haus voller Katzen" von einer "Katze voller Häuser" gesprochen wird (Garrett 1975; 1980). Die korrekte grammatikalische Verarbeitung legt daher die Vermutung nahe, daß dieser Prozeß erfolgt, wenn die Lexikalisierung der semantischen Konzepte bereits abgeschlossen ist. Zu berücksichtigen ist auch der Umstand, daß grammatische Morpheme eine hohe Häufigkeit besitzen und somit weniger störanfällig sind. Typisch für normale Sprecher ist das Suchen nach einem bestimmten Wort (Ogle 1867, 94). Untersuchungen zu der Situation, in der einem das Wort auf der Zunge liegt, haben gezeigt, daß der Sprecher so nahe an ein solches Lexem kommen kann, daß er sogar weiß, wie das Wort beginnt (Brown/ McNeill 1966; Reason/ Lucas 1984; Wood-worth 1938).

Die Grundsituation des Wortfindungsproblems wird dahin-gehend beschrieben, daß ein deutliches Gefühl dafür besteht, welches Wort gesucht wird, aber es gelingt nicht, das Lexem zu fassen. Die Bedeutung ist klar. Es gibt einen Zugang zum Sprachausgangslexikon. Was nicht gelingt, ist der Abruf des Lexems. Der Unterschied zwischen Aphasikern und normalen Sprechern liegt nicht im semantischen Fehler, sondern in beiden Fällen wird ein falscher Eingang ins Sprachausgangslexikon aktiviert. Sichtbar wird dies dann durch den Versprecher. Der Unterschied zum Aphasiker liegt in der Systematik des Auftre-tens und bei Jargon-Aphasie in der Unfähigkeit, diesen Fehler selbst zu erkennen.

Fehler treten bei Aphasikern, das gilt für alle Gruppen (Blumen-stein 1973), bei der Sequenzierung und Artikulation von Phonemen in Worten auf. Typisch sind Substitutionsfehler, wenn von "keams" gesprochen wird, aber "teams" gemeint sind. Dasselbe gilt für die Sequenzierungsfehler. Es ist von "bistory books" die Rede, wobei "history books" gesagt werden sollte, ähnliches geschieht innerhalb eines Wortes, wie das Beispiel "gedrees" statt "degrees" belegt. Die an Patienten beobachteten Fehlleistungen treten als Versprecher auch bei normalen Sprechern auf (Fromkin 1973; Lashley 1951; Potter 1980; Soderpalm 1979; Buckingham 1980). Diese Daten lassen den Schluß zu, daß für die phonematische Umsetzung eine eigene Funktion wahrscheinlich ist, die eine geordnete Umsetzung der Lautstruktur ermöglicht. Hierbei lassen sich nun aber Sprach-produktionsaphasien beobachten, bei denen die Artikulation selbst gestört wird (Alajouanine/ Ombredane/Durand 1939; Alajouanine et al. 1949; Lecours/Lhermitte 1976). Dabei haben Untersuchun-gen gezeigt, daß alle internen Sprachfunktionen weiterhin funktio-nieren (Shankweiler/ Harris 1966; Lebrun et al. 1973; Nebes 1975). Die Betroffenen besitzen klare Vorstellungen von den Klangbildern der Wörter. Sie sind indes nicht in der Lage, diese phonetisch in eine flüssige Artikulation zu übertragen. Das legt die Vorstellung nahe, von einer eigenständigen Verarbeitung der Klangbilder auszugehen, die das erinnerte klangliche Muster artikulatorisch umzusetzen hat.

Funktional ist es daher sinnvoll, wenn vier Bereiche der Verarbeitung voneinander unterschieden werden: Es ist von einem in sich wirksamen, semantischen System auszugehen. Von diesem läßt sich eine Verbindung zu etwas vermuten, was die semantisch erkannten und/oder klassifizierten Entitäten Lexemen zuführt, die dann lautlich organisiert und strukturiert werden, um artikulatorisch bewältigt werden zu können.

3.3 Funktionale Modellierung der Spracherkennung

Die Spracherkennung findet in zumindest zwei Bereichen statt. Sie kann aus einem Klangereignis her- oder aus einem Schriftbild abgeleitet werden. Das Klangereignis umfaßt ein weites Spektrum an Informationen, die nicht ausschließlich sprachlicher Natur sind. Es verweist auf das Geschlecht des Sprechers, seinen emotionalen Zustand und bietet sogar Hinweise auf sein Alter. Der Charakter ist so spezifisch, daß einzelne Individuen identifizierbar sind, obwohl man von ihnen weder etwas sieht noch andere Hinweise erhält. Neben diesen Informationen sind differenzierte Signale enthalten, welche Wort- und Satzgrenzen anzeigen können und die einen Themenwechsel oder die Illokution des Geäußerten deutlich machen.

Das Wissen und die Einschätzung hinsichtlich der Funktionalität der genannten Phänomene ist gegenwärtig noch sehr unterschiedlich. Ellis und Young (1991) erörtern vorrangig das Erkennen von Wörtern. Sie proklamieren ein auditives Eingangslexikon. Die Arbeitsweise eines solchen Lexikons ist als ein phonemorientierter Identifikationsvorgang denkbar oder als vorgeschaltetes allgemeines und noch wenig strukturiertes Klangereignis. Im ersten Fall müssen phonemerkennende Operationen und Klassifikationseinheiten angenommen werden (Rumelhart/ McClelland 1981). Der zweite Denkansatz muß erklären, wie aus den unstrukturierten Einheiten Wortgestalten ermittelt werden können (Klatt 1979; Marcus 1981). Ellis und Young (1991, 164) schlagen zur Veranschaulichung ein funktionales Modell vor, das bei der Hypothesenbildung hilfreich ist.

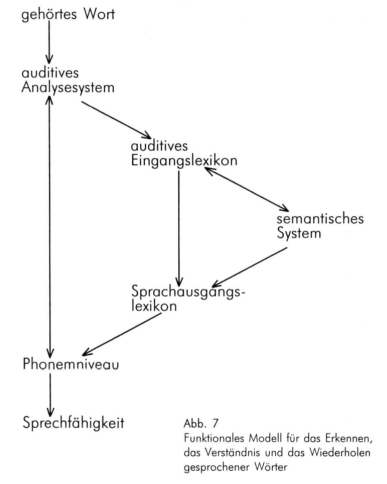

Abb. 7
Funktionales Modell für das Erkennen, das Verständnis und das Wiederholen gesprochener Wörter

Für die Annahme eines eigenständig wirksamen auditiven Analyse-systems spricht ein Symptom, welches darin besteht, daß der Patient völlig normal hört, ganz normal spricht, aber den Wörtern keine semantischen oder grammatischen Werte zuweisen kann (Hemphill/ Stengel 1940; Klein/ Harper 1956; Goldstein 1974). Das Phäno-men wird als "Worttaubheit" bezeichnet (Okada et al. 1963; Albert/ Bear 1974; Denes/ Semenza 1975; Saffran/ Marin/ Yeni-Komshian 1976; Shoumaker et al. 1977; Auerbach et al. 1982), wobei in den einzelnen Fällen Besonderheiten auftreten, wie der Umstand, daß die Sprechmelodie nicht wahrgenommen wird (Denes/ Semenza 1975). Ein sehr langsames und wiederholendes Sprechen ermög-licht einzelnen Patienten die Worterkennung (Okada et al. 1963; Albert/ Bear 1974; Auerbach et al. 1982). Auf die Bedeutung einzelner Laute verweist der Umstand, daß Patienten Schwierigkei-ten mit der Erkennung von Konsonanten und Vokalen haben können (Denes/ Semenza 1975). Berichtet wird, daß der Umgang mit Konsonanten besondere Schwierigkeiten verursacht (Auerbach et al. 1982; Miller 1987).

Das Phänomen der Konsonantenwahrnehmung wird beson-ders deutlich, wenn Testergebnisse aus Versuchen zum dichoti-schen Hören herangezogen werden. Konsonanten-Vokal- und Vokal-Konsonanten-Silben ergeben einen Vorteil für die Wahr-nehmung des rechten Ohres und sprechen somit für eine effekti-vere Verarbeitung in der linken Hemisphäre (Darwin 1971; Godfrey 1974; Haggard 1971; Shankweiler/ Studdert-Kennedy 1967; Weiss/ House 1973). Im Gegensatz dazu werden isolierte Konsonanten gleichmäßiger Frequenz von beiden Ohren glei-chermaßen gut wahrgenommen (Blumenstein et al. 1977; Shank-weiler/ Studdert-Kennedy 1967).

Daraus ließe sich einerseits auf eine sprachbezogene und anderer-seits auf eine allgemein auditive Wahrnehmungsstrategie schließen. Beide Hemisphären sind für die Wahrnehmung im allgemeinen auditiven Modus ausgerüstet. Wenn Strukturen mit Konsonanten wahrgenommen werden müssen, dann gewinnt die Verarbeitung über das rechte Ohr an Signifikanz. Der linksseitige phonetische Verarbeitungsmodus ist nach Shankweiler/ Studdert-Kennedy (1967) eine spezifische Fähigkeit dieser Hemisphäre. Daraus kann aber nicht unbedingt auf einen speziellen Sprachmodus geschlossen werden (Schouten 1980), auch wenn dies verschiedentlich getan wird (Mann/ Liberman 1983; Repp 1982).

Nicht unerheblich für die Klärung dieser Frage ist das Faktum, daß eine verlangsamte Darbietung die Chancen zur Erkennung wesentlich erhöht. Nachdem bekannt ist, daß zwischen den Hemisphären Verbindungen bestehen, ließe sich dieser Effekt daraus erklären, daß bei der langsamen Darbietung eine Chance für die rechte Hemisphäre eröffnet wird, Konsonantenstrukturen zu bearbeiten. Tests haben nun gezeigt, daß worttaube Patienten Wahrnehmungsprobleme auch bei schnell aufeinander dargebotenen Klick-Geräuschen haben. Ein normaler Sprecher unterscheidet Klicks, wenn sie 2 oder 3 msec. auseinanderliegen (Miller/ Taylor 1948; Patterson/ Green 1970). Worttaube Personen benötigen 15-30 msec., um die Klicks zu erkennen.

Daraus ließe sich folgern, daß die linke Hemisphäre zu schnelleren und differenzierteren Diskriminationsleistungen bei schnell wechselnden akustischen Signalen in der Lage ist. Die Störung ist dann nicht als sprachspezifisch anzusehen, sondern wirkt sich bei der Konsonantenstruktur hochgradig aus, weil hier extrem hohe Diskriminationsleistungen erreicht werden müssen. Das steht dann auch im Einklang mit der Beobachtung, daß aus Vokalfragmenten Worte erschlossen werden können, aus der Intonation auf Personen geschlossen wird und die Stimmhöhe eine Identifkation des Geschlechtes erlaubt. Selbst Sprachen sind so voneinander unterscheidbar (Denes/ Semenza 1975).

Eine Verbesserung der Wahrnehmungsleistung wird erzielt, wenn viel Aufmerksamkeit auf die Lippenbewegung verwendet wird (Albert/ Bear 1974; Dennes/ Semenza 1975; Saffran et al. 1976a; Auerbach et al. 1982). Das Phänomen ist auch bei normalen Sprechern festgestellt worden (Cotton 1935; Sumby/ Pollack 1954). Eine eigene Wahrnehmungsquelle für die Sprache kann im Lippenlesen aber nicht angenommen werden. Lippenbewegungen und Klangbild scheinen sich so früh zu vereinigen, daß in den Lippenbewegungen nur eine sehr schwache Kopie des

Klangereignisses vorzufinden ist (McGurk/ MacDonald 1976; Summerfield 1979).

Wenn Worte eines bestimmten und festen Themenkreises angeboten wurden, dann konnte eine Verbesserung des Verständnisses erreicht werden (Okada et al. 1963). Die Wahrnehmungsleistung verbesserte sich immer dann, wenn Kohärenz im semantischen oder diskurslinguistischen Sinn vorlag (Saffran et al. 1976; Liebermann 1963; Pollack/ Pickett 1964). Das spricht für die bisherigen Annahmen, daß die Diskriminationsschwäche der linken Hemisphäre durch Ableitungstechniken zu kompensieren versucht wird, d.h. der visuelle Kontext wird neben dem thematisch-sachlichen ausgeschöpft, um die Schwäche der Konsonanten-Identifikation zu überbrücken. Die Annahme eines spezifischen Sprachverarbeitungsmodus ist so gesehen nicht nötig.

Neben dem beschriebenen Phänomen, das ein auditives Analyse- und Wahrnehmungssystem nahelegt, gibt es eine Störung, die als Wortbedeutungstaubheit bezeichnet wird. Dieses Phänomen unterscheidet sich von der Worttaubheit in einem wesentlichen Punkt: Der Patient kann gehörte Worte nachsprechen und nachschreiben, aber er versteht sie nicht (Bramwell 1897; Lichtheim 1885; Goldstein 1915; Symonds 1953; Yamadori/ Albert 1973; Luria 1976; Kohn/ Friedman 1986). Wortbedeutungstaubheit ließe sich als eine Unterbrechung zwischen dem auditiven Eingangslexikon und dem semantischen System vorstellen (Ellis 1984).

Im funktionalen Modell zum Erkennen von Wörtern wurde eine Verbindung zwischen dem auditiven Analyseverfahren und dem Phonemniveau postuliert. Zu dieser Annahme führt die Beobachtung, daß ein Patient bei einem Diktat aus bekannten Wörtern keine Fehler machte, indes, sobald unbekannte Wörter auftraten, wurden diese nicht oder ganz schlecht wiedergegeben (Beauvois et al. 1980). Das Lesen dieser Wörter bereitete keine Schwierigkeiten. Die Störung muß daher bei der akustisch-phonemischen Übertragung oder der Übersetzung gehörter in gesprochene Phoneme erfolgen. Wenn eine Verbindung zwischen dem auditiven Analysesystem und dem Phoneminventar angenommen wird, was ein Testen erlaubt, inwieweit das Gehörte zum bekannten Inventar gehört, dann führt eine Behinderung dieser Verbindung dazu, daß bei Wiederholungen der Inhalt des Eingangs- ins Ausgangslexikon übertragen wird (McCarthy/ Warrington 1984), eine Interdependenz mit dem semantischen System aber ist nicht herstellbar, so daß über die Bedeutung der geäußerten Formen keine Aussagen möglich sind.

Eine Wortbedeutungstaubheit, die sich in bestimmten semantischen Kategorien auswirkt, beinhaltet zwar die Fähigkeit, Wörter wiederholen und auch lesen zu können. Sobald aber bestimmte semantische Bereiche angesprochen werden, versagt eine Bedeutungszuordnung zu den Wörtern (Yamadori/ Albert 1973; Kohn/ Friedmans 1986; Goodglass/ Klein et al. 1966; Warrington/ McCarthy 1983). Hierbei trat vereinzelt das Phänomen auf, daß einzelne Patienten Wörter nach gewissen Zeiträumen wieder bedeutungshaltig verstehen konnten (Coughlan/ Warrington 1981; Warrington/ Shallice 1979).

Mit dem Terminus "Tiefendysphasie" (Goldblum 1979; Michel/ Andreewsky 1983; Morton 1980) wird das Phänomen beschrieben, daß Patienten bei der Wiederholung von gesprochenen Wörtern semantische Fehler machen. Sie nennen Wörter, die in gewissen kategorialen Beziehungen zum vorgesprochenen Wort stehen, aber nicht identisch mit demselben sind. Wenn "rot" als Wort vorgegeben wurde, dann kam als Reaktionswort "gelb". Als vom "Ballon" gesprochen worden ist, kam als Erwiderung "Drachen". Diese Abweichungen werden nicht erkannt.

Es entsteht der Eindruck, daß die Wörter nur annähernd im konzeptuellen Gehalt aktiviert werden können, so daß der Patient nur "in die Nähe" des semantischen Bereichs gelangt und seine Wiedergabe entsprechend ungenau sein muß. Das erklärt, warum auf die Frage nach dem Gehirn mit Hinweisen auf Körperteile reagiert wird. Die Fehler traten nicht auf, wenn die Wörter laut vorgelesen wurden. Das legt die Vermutung nahe, daß es verschiedene Zugangswege zu geben scheint. Geschriebene Wörter oder Bilder müssen so gesehen einen eigenen Zugang zum semantischen System besitzen.

3.4 Schreiben und Lesen

Für die Linguistik ist das Schreiben lange kein Thema gewesen (Bierwisch 1972; Coulmas 1981; Günther 1988). Sprachdidaktiker setzten sich damit auseinander, wenn es darum ging, Hinweise auf den Erwerb der Schrift und das Erlernen von Textsorten zu erhalten (Hasler 1991). Daß die Zeugnisse einer Sprache in hohem Maße durch schriftliche Dokumente fixiert werden, die Analysen sich auch heute noch mit geschriebenen Quellen auseinandersetzen, hat mit der Vorstellung zu tun, daß die geschriebene Sprache das eigentliche sprachliche System repräsentiere. Erst die Erkenntnisse aus der Erforschung der gesprochenen Sprache haben deutlich gemacht, daß sich das System in Abhängigkeit zum Medium entwickelt. Mehr über das Schreiben zu erfahren, bedeutet daher auch, Einsicht in Funktionen der Sprache erhalten zu können, die bisher stillschweigend vorausgesetzt oder nicht reflektiert worden sind.

Zunächst ist zu klären, in welchem Verhältnis gesprochene Wörter zu ihren geschriebenen Repräsentanten stehen. Bis in die 70er Jahre herrschte die Vorstellung vor, beim Schreiben müsse vorausgesetzt werden, daß aus einem Kontinuum der Laute Wortsegmente gebildet, diese in Lautsegmente zerlegt und denen wiederum graphische Zeichen zugeordnet werden (Déjerine 1914; Luria 1970). Die moderne Forschung hat die Unhaltbarkeit einer solchen Sichtweise deutlich werden lassen (Bub/ Kertesz 1982; Caramazza et al. 1983; Ellis/ Miller et al. 1983; Levine et al. 1982). Gegen dieses Bild spricht, daß Wörter buchstabierbar waren, aber aus Lauten keine Buchstaben hergeleitet werden konnten (Shallice 1981).

Die Auswertung von Einzelfallstudien legt nahe, das Sprachausgangslexikon von einem graphemischen Ausgangslexikon zu trennen. Das hat zur Folge, daß vom semantischen System jeweils ein eigener Zugang zum Sprachausgangs- und zum graphemischen Ausgangslexikon besteht. Ein Hinweis auf eine Trennung der beiden Lexika läßt sich aus dem Verhalten einiger Patienten gewinnen, die zwar korrekt schreiben konnten, nicht aber in der Lage waren, die Objekte mündlich zu benennen (Levine et al. 1982). Das Fehlen einer lautlichen inneren Repräsentation wird erkennbar, wenn ein

Patient beispielsweise Objekte benennen soll, die lautlich Reime erzeugen, dies aber nicht kann (Bub/ Kertesz 1982a). Das Aufschreiben der Dinge bereitete keine größeren Probleme. Beobachtbar war andererseits ein korrektes Buchstabieren, obwohl diese Wörter nicht richtig ausgesprochen werden konnten (Caramazza et al. 1983; Ellis/Miller et al. 1983). Keine der beobachteten Verhaltensweisen kann als Ergebnis eines Übersetzungsprozesses von einem Lautsegment zu einem graphischen Zeichen interpretiert werden. Fehler, die beim Buchstabieren gemacht werden - es werden Wörter nur morphologisch ähnlich wiedergegeben oder in anderen morphologischen Repräsentationen (Caramazzaet al. 1983; Ellis et al. 1983) - erwecken den Eindruck, daß Informationen verlorengegangen sind, die als autonome und komplexe Einheiten existiert hatten und als graphisches Ausgangssystem unter verschiedenen Termini erörtert worden sind (Ellis 1982; Morton 1980; Allport/ Funell 1981; Allport 1983; Ellis 1984). Mit ihm ist die Vorstellung verbunden worden, daß beim Erwerb einer neuen Buchstabenfolge eines Wortes diese als Eintrag in einem dafür eigens bestehenden Gedächtnis wahrscheinlich ist. Eine eigene Frage ist dann, was gespeichert wird. Es könnten Muskelaktivitäten sein, die zum Erzeugen der Schriftzüge nötig sind. Angemessener erscheint die Vorstellung, daß es abstrakte Entitäten sind, die eine Basis für eine muskuläre und individuelle Umsetzung ermöglichen. Es ist belegt, daß das Schreiben von Wörtern beeinträchtigt war, das Buchstabieren derselben Wörter aber keine Probleme machte (Rosati/ Bastiani 1979) oder Fehler beim Buchstabieren auf lexikalische Detailkenntnisse schließen ließen (Ellis 1982).

Wenn Wörter als Lexeme geschriebener Form und als Klanggebilde gesprochener Form realisiert werden, und wenn ein Übersetzungsvorgang von einer in die andere Form nicht überzeugend nachgewiesen werden kann, sind Beobachtungen daraufhin zu prüfen, ob sie getrennte Lexika als wahrscheinlich erscheinen lassen. Hinweise darauf gibt es. Denn auf Fragen werden nur Antworten gegeben, wenn schriftlich geantwortet werden darf (Bramwell 1897). Es gibt Fälle, in denen die Wortfindung beim Schreiben weniger schwer fällt als beim Sprechen (Hier/Mohr 1977). Ein

Hinweis wird auch im Umstand gesehen, daß fehlerhaftes Buchstabieren aufgrund des lexikalischen Teilwissen wie regelgeleitet erfolgt (Caramazza et al. 1983; Ellis et al. 1983).

Es lassen sich Verbindungen zwischen dem semantischen System und einerseits dem Sprachausgangslexikon und andererseits dem graphemischen Ausgangslexikon annehmen. Beobachtet wurde, daß Verbindungen zwischen dem semantischen System zum graphemischen Ausgangslexikon besser erhalten waren als zum Sprachausgangslexikon-Zentrum (Bub/ Kertesz 1982a). Es wurde auf "Uhr" mit dem Wort "Zeit" reagiert. Auffallend war der Grad der Beeinträchtigung von phonemisch-graphemischen Konversionen. Nicht-Wörter waren so gut wie nicht darstellbar. Der Abruf ganzer Wörter aus dem graphemischen Ausgangslexikon erlaubt, über bekannte Wörter zu verfügen. Die Störung der phonemisch-graphemischen Konversion engt die Bewältigung durch ein Buchstabieren so ein, daß teilweise keine Reaktionen möglich sind (Roeltgen/Sevush/Heilmann 1983).

Für die eigenständige Funktionsweise der Komponenten kann ein weiterer Beobachtungskomplex herangezogen werden. Es wird nach Diktat völlig korrekt geschrieben. Dem Patienten ist es aber nicht möglich, eine semantische Interpretation des Geschriebenen zu leisten. Die Schreibleistung verweist auf einen Weg vom auditiven Eingangslexikon zum Sprachausgangslexikon, ohne daß das semantische System berührt wird (Patterson 1986). Die Wörter sind in den einzelnen Sprachen nur bedingt phonologisch aufgebaut. Der Erwerb der deutschen Orthographie muß beispielsweise wenigstens neben den phonologischen auch morphologische Besonderheiten berücksichtigen. Es spricht einiges dafür, daß diese Bearbeitung an unterschiedlichen Stellen erfolgt. Fehleranalysen bieten Hinweise darauf, daß es ein Verfahren gibt, Wörter beim Schreiben nach dem phonologischen Prinzip zu realisieren (Hatfields/ Patterson 1983). Auch innerhalb der graphemischen Realisation lassen sich Stadien voneinander trennen, welche die Differenzierung eines abstrakten Graphemniveaus zu einem allographischen Niveau und einem graphisch-motorischen Übertragungsmuster nahelegen, durch die erst das Schreiben ermöglicht wird.

Beobachtbar war, daß Buchstabenbildungen fehlerfrei möglich waren, dennoch wurden die Wörter falsch buchstabiert (Miceli et al. 1985; 1987). In einem anderen Fall war feststellbar, daß richtig buchstabiert wurde, in der Schrift aber Irregularitäten wie Ersetzen oder Hinzufügen von Buchstaben vorhanden waren, die jedoch nicht wahrgenommen wurden (Goodman/ Caramazza 1986 abc). Während im ersten Beispiel die Störung im Bereich der abstrakten Grapheme anzusiedeln ist, werden die Störungen im zweiten Fall im Bereich der graphisch-motorischen Übetragung vermutet. Wenn das graphisch-motorische Übertragungsmuster eine autonome Einheit darstellt, müssen Störungen zu erwarten sein, bei denen lautes Buchstabieren keine Schwierigkeiten bereitet. Das Umsetzen in die Schrift aber, d.h. das Führen eines Stiftes müßte Beeinträchtigungen zeigen. Berichtet wird über einen Patienten, der eine normale Sprache besaß, jedoch nicht in der Lage war, Buchstaben geordnet und korrekt zu schreiben, obwohl er die Worte völlig richtig buchstabieren konnte. Das deutet auf eine funktionstüchtige allographische Ebene. Das Kopieren von Wörtern und Buchstaben war möglich. Das Problem lag in der motorisch zu bewältigenden Abfolge. Andererseits gibt es Personen, die ein ausreichendes Wissen über die Abfolge besitzen. Ihre Schwierigkeit basiert auf der Einschränkung, mit den Raumverhältnissen auf einem Blatt Papier zurechtzukommen (Hécaen/ Marcie 1974). Sie lassen Fehler wie Weglassungen, Nicht-die-Linie-halten-Können und Eine-Seite-bevorzugendes-Beschreiben erkennen, die auch bei gesunden Personen beobachtet werden können, wenn diese in ihrem Gesichtsfeld experimentell eingeschränkt werden (Ellis 1979; 1982).

Um über den Prozeß des Lesens aus neurolinguistischer Perspektive etwas zu erfahren, kann auf Studien zu Leseschwächen als Folgen von Gehirnverletzungen Bezug genommen werden (Coltheart 1981; 1986; Patterson 1981; Newcombe/ Marshall 1981; Ellis 1984 b). Die als Dyslexien bezeichneten Störungen setzen sich mit Problemen auseinander, die erkennen lassen, daß Patienten Wörter nicht oder nur fragmentarisch und fehlerhaft erlesen können, wobei die Quellen für das Versagen Annahmen über unterschiedliche Bereiche der Verarbeitung nötig machen. Gehirnverletzungen können dazu führen, daß eine Hälfte des Gesichtsfeldes beeinträchtigt ist. Beim Erlesen von Wörtern ist festzustellen, daß nur die Wortenden erhalten bleiben (Kinsborne/ Warrington 1962; Friedrich et al. 1985) bzw. nur die Wortanfänge (Warrington/ Zangwill 1957). Die falsch gelesenen Worte wurden im erlesenen Sinn gedeutet (Ellis/ Flude et al. 1987). Eine Erklärung setzt ein Analysesystem voraus, das einerseits den Buchstaben identifiziert und andererseits die Position des Buchstabens enkodiert. Der Hinweis auf diese Funktionen läßt sich aus dem Umstand erschließen, daß um die Existenz der Position am Anfang oder Ende eines Wortes gewußt, aber ihr Inhalt nicht korrekt wiedergegeben oder die erste Position unbesetzt gelassen wurde. So kann aus "mein" ein "rein" oder aus dem "rein" ein "ein" werden. Über die Leistung des visuellen Analysesystems bietet ein weiteres Phänomen wichtige Hinweise. Verschiedentlich konnte beobachtet werden, daß Buchstaben zwar erkannt, aber bei der Wiedergabe an verkehrten Stellen eingefügt werden, so daß der Eindruck entsteht, als würden einzelne Buchstaben in andere Wörter wandern (Shallice/ Warrington 1977). Daraus ist zu schließen, daß nicht nur Positionen verarbeitet, sondern Gruppierungen gebildet werden müssen, die zum Erkennen von Wörtern nötig sind.

Eine wichtige Rolle kommt beim Lesen auch der lautlichen Seite zu. Welcher Zusammenhang hier herzustellen ist, wird an einem Phänomen deutlich, das als Lesen durch Buchstabieren charakterisiert wird (Patterson/ Kay 1982). Personen konnten ein Wort erst lesen, wenn sie die Buchstaben einzeln und laut identifiziert hatten. Die Störung ließe sich als das Fehlen eines Zugangs zum visuellen Eingangslexikon denken (Ellis/ Young 1991, 227). Zu diesem Zweck sieht das funktionale Modell den Weg vom geschriebenen Wort über das visuelle Analysesystem ins visuelle Eingangslexikon zum semantischen System vor oder verfolgt die Spur vom visuellen Analysesystem über die graphemisch-phonemische Konversion zum Phonemniveau, um von dort auf unterschiedliche Weise zum semantischen System zu gelangen.

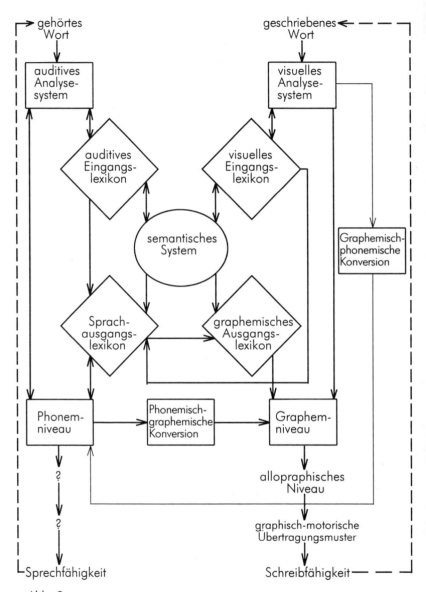

Abb. 8
Funktionales Modell des Erkennens und der Produktion gesprochener
und geschriebener Worte

73

Eine bisher nicht ausreichend erklärbare Erscheinung stellt die visuelle Dyslexie dar. Patienten ersetzen die zu lesenden Wörter durch optisch ähnliche Wörter (Marshall/ Newcombe 1973; Newcombe/ Marshall 1981). Aus einem "leiden" kann ein "laden" werden. Auf eine autonome Verbindung zwischen dem visuellen Eingangslexikon und dem Sprachausgangslexikon deuten Beobachtungen bei Patienten hin, deren Fähigkeit, Wörter zu verstehen, stark eingeschränkt ist (Schwartz et al. 1980). Diese können zwar Wörter laut lesen, verstehen aber deren Inhalt nicht. Daß die Dinge u.U. komplexer sind, machen Versuche deutlich, bei denen gezeigt worden ist, daß die Leseleistung auch inhaltlich beeinflußt wird, wenn Wörter angeboten werden, die semantisch einen Zusammenhang darstellen (Nebes et al. 1984). Ellis und Young (1991, 231-232) halten es für möglich, daß es eine Verbindung zum semantischen System noch gibt, diese aber keine Querverbindungen mehr erlaubt, so daß sich die Person des Inhaltes nicht mehr bewußt wird, von dem sie eigentlich noch weiß. Daß es nichtsprachliche Zugänge zum semantischen System gibt und daß diese sehr wirkungsvoll sind, ergaben Klassifikations- und Benennungstests (Potter/Faulconer 1975; Warren/ Morton 1982). Klassifikationen von Gegenständen, die als Bilder dargeboten wurden, erfolgten schneller als über die Darbietung von Wörtern. Benennungen andererseits erfolgten über Wörter schneller als über Bilder. Bilder scheinen so gesehen einen direkteren Weg zum semantischen System zu nehmen. Ein Kurzschließen des Eingangs- mit dem Sprachausgangslexikon würde die schnellere Leistung des Benennens erklären.

Eine Störung, die auf einen Weg der graphemisch-phonemischen Konversion hinweist, zeigt sich darin, daß die Wörter zerlegt und laut "zusammengelesen" werden (Shallice et al. 1983; Marshall/ Newcombe 1973). Die Sinnzuweisung erfolgte entsprechend der erlesenen Struktur, was nur z.T. korrekt geschah. Gestört erscheint das visuelle Eingangslexikon. Verständnisschwierigkeiten treten solange nicht auf, wie die auditive Worterkennung möglich ist (Newcombe/ Marshall 1975; 1981; 1984; Holmes 1978). Die Schwierigkeiten entstehen, wenn wenig bekannte Wörter vorgelegt werden. Dabei werden die Fehler oft erkannt (Holmes 1973).

Wenn die Hypothese von einem intakten visuellen Eingangslexikon und einer Verbindung zum semantischen System einerseits und andererseits einer Verbindung zur graphemischphonemischen Konversion zutreffend ist, müßten Buchstabierfehler auftreten, sofern diese Verbindung gestört ist. Es wurde beobachtet, daß es intakte visuelle Repräsentationen im Eingangslexikon gibt; Schwierigkeiten entstanden, sobald der Patient die Wörter laut lesen sollte (Howard/ Franklin 1987). Er wechselte seine Strategie und orientierte sich an Einheiten der graphemisch-phonemischen Konversion. Es schien die Kontrolle über das Sprachausgangslexikon zu fehlen.

Die Komponenten des Modells erwiesen ihre Eigenständigkeit dadurch, daß beobachtet werden konnte, wie Personen bei Teilstörungen dennoch zu Leseleistungen gelangten, indem sie alternative Wege ausnutzten. Kennzeichnend für ein neues und anders zu deutendes Problem ist eine Gruppe von Personen, bei denen auffällt, daß sie Nicht-Wörter gar nicht oder so gut wie gar nicht lesen konnten (Beauvois/ Dérousné 1979; Patterson 1982). Als Schwierigkeit wird die Übertragung von graphemischphonemischen Folgen auf Folgen von Buchstaben angenommen. Dabei ist wichtig, daß bekannte Wörter dennoch gelesen werden können, so daß daraus auf zwei unterschiedliche Wege geschlossen werden muß. Eine unbekannte Buchstabenfolge scheint mehrere Prozesse auszulösen (Coltheart 1986). Am Anfang steht die Segmentbildung von Buchstaben in Gruppen, es folgt das Überleiten in Phonem- und Silbeneinheiten und schließlich das Einbringen in das Artikulieren. Im zweiten Schritt scheinen die Schwachstellen zu liegen (Funnell 1983). Wörter als Ganzwörter wurden erkannt und über das visuelle Eingangslexikon verstanden. In anderen Fällen gab es keinen Zugang zum semantischen System.

Störungen zwischen dem visuellen Eingangslexikon und dem semantischen System führen dazu, daß ein vorgegebenes Objekt zwar umschrieben, aber lexikalisch nicht benannt werden kann

(Warrington/ Shallice 1980; 1984). Wenn Stichwörter geboten werden, verbessert sich die Erkennungsleistung. Vorstellbar ist, daß einerseits auf den visuellen Reiz hin ein semantischer Repräsentant aktiviert wird, dieser wird aber nicht genau erkannt. Andererseits ließe sich auf einen fehlenden Zugang zur Wortbedeutung von der vollständigen Repräsentation schließen. Ergänzend ist darauf hinzuweisen, daß die Erkennungs- und Wiedergabeleistungen stark in Abhängigkeit dazu variieren, ob die Vorgabe visuell und akustisch erfolgt.

Ein Phänomen besonderer Art ist das Lesen von Wörtern, die sich nur in der Bedeutung ähneln. So kann aus "Fahrrad" ein "Tandem" erlesen werden. Für eine Erklärung muß der Zusammenhang zwischen der graphemisch-phonemischen Konversion und dem semantischen System näher betrachet werden. Auffallend ist die Unfähigkeit, Nicht-Wörter lesen zu können (Newcombe/ Marshall 1980a; 1980b). Die Rolle der graphemisch-phonemischen Konversion scheint von grundlegender Art zu sein. Semantische Fehler treten auch bei normalen Sprechern auf, es kommt aber nicht zu Verlesern der genannten Art, weil keine phonologische Ähnlichkeit zwischen den Wörtern besteht, so daß vor einer Aktivierung der Artikulation das Klangmuster "Tandem" als Bezeichnung für "Fahrrad" ausscheidet. Es muß ein Zusammenhang angenommen werden, welcher der graphemisch-phonologischen Konversion eine Art Prüffunktion gegenüber der Semantik zuweist. Schwächen treten wohl auch an den Stellen auf, wo die Verbindung zwischen Ganz-Wort, visuellem Eingangslexikon und Sprachausgangslexikon anzunehmen ist. Die Beeinträchtigung eines solchen Weges zwingt dann, auf das semantische System zurückzugreifen.

Wenn Wörter "auf-" und "abgebaut" werden, dann stellt sich die Frage, welche Rolle der Morphologie zukommt, denn es wäre möglich, daß vor Aufnahme ins visuelle Eingangslexikon eine morphologische Analyse stattgefunden hat (Henderson 1985; Taft 1985). Typische Fehler bei der Tiefendyslexie, wo aus dem "Arbeiter" die "Arbeit" erlesen wird, ließen sich als Störung eines solchen Vorganges denken. Problematisch indes sind die tatsächlichen Befunde. Sie lassen nur erkennen, daß es Fehler gibt. Der Typ dieser Fehler oder mögliche Bedingungen lassen sich bisher schwer ausmachen. Worthäufigkeit und Vorstellungskraft des einzelnen besitzen Einfluß auf solche Fehlbildungen (Funnell 1987).

Eine Beobachtung eigener Art und damit verbunden ein eigenständiger Erklärungsansatz für die Tiefendyslexie besagt, daß sich bei den Patienten das visuelle Eingangslexikon in der rechten Hemisphäre befindet, die Aussprache und das Ausgangslexikon in der linken. Für diese Annahme sprechen Beobachtungen bei Split-Brain-Patienten, die Nicht-Wörter nicht lesen können (Zaidel/ Peters 1981), bzw. bei gesunden Testpersonen (Young/Ellis/Bion 1984). Letztere lassen erkennen, daß Abstrakta linksseitig besser verstanden werden (Bradshaw/ Gates 1978; Day 1977; Ellis/ Shepherd 1974; Hines 1976, 1977; Young/ Ellis 1985). Semantische Fehler traten nach einer linksseitigen Hirnoperation auf (Gott 1973). Daß diese Modellvorstellung u.U. zu einfach ist, geht aus Untersuchungen hervor, welche grundsätzlich eine Überlegenheit der rechten Hemispähre bei Split-Brain-Patienten festgestellt haben (Patterson/ Besner 1984). Nicht unproblematisch ist auch die Aussage über die Überlegenheit der linken Hemisphäre für abstrakte Wörter bei der visuellen Wahrnehmung (Lambert 1982; Patterson/ Besner 1984; Young 1987).

Das Lesen kann nicht ohne das Phänomen der inneren Sprache behandelt werden. Normales Lesen ist so vorzustellen, daß ein bekanntes Wort im visuellen Eingangslexikon erkannt, semantisch interpretiert und durch das Sprachausgangslexikon "ausgesprochen" wird. Der Effekt der inneren Sprache läßt sich dann dadurch erklären, daß die Realisation auf dem Phonemniveau erfolgt und ohne Aussprache ans Sprachausgangslexikon zurückverwiesen werden kann. Das Erkennen eines Wortes erfolgt zweifach, indem das visuelle Muster semantisch interpretiert und auditiv überprüft wird.

Störungen, die diese Rückkoppelung betreffen, zeigen die Bedeutsamkeit der inneren Sprache. Dies muß im Zusammenhang mit der Syntax gesehen werden. Beim Einzelwortverständnis fiel die innere Sprache nicht ins Gewicht. Wenn indes Sätze interpretiert werden mußten, war ein semantisches Verständnis sehr stark beeinträchtigt (Caramazza/ Basili et al. 1981; Bub et al. 1987). Wenn keine Schädigungen vorliegen, zeigt sich bei Lesern, daß syntaktische Abweichungen weniger erkannt werden als semantische. Das Verstehen einzelner Wörter ist also auch ohne die Lautmuster möglich. Die grammatischen Formen scheinen einen Weg zu nehmen, der die Überleitung in gesprochene Formen beinhaltet (Kleiman 1981; Baddeley/ Lewis 1981; Levy 1981).

Funktional gesehen wird das Lesen durch ein visuelles Analysesystem bewältigt, dieses zielt einmal auf ein visuelles Eingangslexikon und zum zweiten führt es entweder direkt zum Grapheminventar oder über eine graphemisch-phonemische Konversion zum Phonemniveau, um das Erkannte laut oder innerlich auszusprechen. Ein gedrucktes Wort erhält seinen Klang ohne semantische Interpretation, wenn über das visuelle Eingangslexikon sofort ins Sprachausgangslexikon oder über die graphemisch-phonemische Konversion zum Phonemniveau gegangen wird. Im ersten Fall werden bekannte Wörter in ihrem klanglichen Muster sofort aktiviert, simultan dazu erfolgt eine Aktivierung des semantischen Systems. Der zweite Weg übersetzt das "Bild" in Gruppen aus Buchstaben, die aufgrund des visuellen Analysesystems erkannt werden. Sie werden dann in Phoneme bzw. -gruppen überführt. Dabei wird geprüft, ob das so erlesene Wort den Regeln einer bekannten Buchstabenfolge entspricht. Ist dies nicht der Fall, wird die Lautkette "regularisiert". Eine Rückbindung in das Sprachausgangslexikon läßt sogar die Vorstellung von einer dritten Verbindung zu (Howard/ Franklin 1987; Patterson/ Morton 1985), allerdings gehen in diesem Punkt die Meinungen auseinander (Henderson 1985; Humphreys/ Evett 1985; Kay 1985; Patterson/ Coltheart 1987). Als Problem erweist sich aber, daß bei der Aussprache von Nicht-Wörtern ein

Einfluß von bestehenden Wörtern nachgewiesen werden konnte (Kay/ Marcel 1981), so daß die graphemisch-phonemische Konversion nicht als eigenständige Komponente vermutet werden kann.

3.5 Störungen bei grammatischen Phänomenen

Störungen der Grammatik werden in engem Zusammenhang mit der Broca-Aphasie diskutiert. Das Syndrom wird durch Merkmale wie angestrengte, gestörte Artikulation, einen zu beobachtenden reduzierten Sprachausgang und eine agrammatische Syntax charakterisiert (Goodglass/ Geschwind 1976). Nach Goodglass (1976, 237-239) bedeutet "Agrammatismus" ein Fehlen von Konjunktionen, Hilfsverben sowie einen Ausfall der grammatischen Morphologie. Die Syntax kann sich in besonderen Fällen auf Ein- bzw. Zwei-Wort-Konstruktionen reduzieren, die unverbunden nebeneinander realisiert werden. Sehr oft münden die Konstruktionen in Fragmenten, die als "Telegrammstil" bezeichnet werden.

Eine wichtige Frage ist nun, ob sich bei den Beeinträchtigungen systematische Effekte beobachten lassen, die Hinweise auf die Organisationsstruktur von Grammatik bieten. Beobachtet wurden bei englisch sprechenden Personen ein signifikanter Unterschied zwischen s-Endungen, wenn diese ein possessives Verhältnis anzeigten oder den Plural ausdrücken sollten. Der Possessiv war deutlich mehr betroffen (Goodglass/ Hunt 1958). Die Verbindung "-ed" wurde signifikant häufiger als das Plural-s oder das Partizip Präsens "-ing" weggelassen (Gleason et al. 1975). Das Plural-s fehlt eher, wenn es keine eigenständige Silbe bildet (Goodglass/ Berko 1960). Die Morphologie war am Anfang von Sätzen immer stärker beeinträchtigt (Gleason et al. 1975; Wales/ Kinsella 1981). Bedeutungsleere Präpositionen fehlten häufiger (Friederici 1982).

Neben der Tendenz eines Abbaus der Morphologie ist eine deutliche Beeinträchtigung der Verbalphrasen zu erkennen. Verben werden, wenn sie gebraucht werden, als nominalisierte oder nominalisierbare Konstruktionseinheiten verwendet (Myerson/

Goodglass 1972; Saffran/ Schwartz et al. 1980 b). Das eigentliche Problem liegt nun aber nicht im Wegfall von Formen, sondern in einer deutlichen Beeinträchtigung, Beziehungsstrukturen aus Folgen von Wörtern abzuleiten (Saffran/Schwartz et al. 1980 c). Das gilt für Folgen aus einzelnen Nomen wie für komplexe Nominalphrasen. Dabei ist ein zusätzliches Phänomen zu berücksichtigen; wenn Sätze verstanden werden sollten, in denen zweiwertige Verben verwendet wurden, entstanden Verständnisschwierigkeiten (Caramazza/ Zurif 1976; Saffran/ Schwartz et al. 1980 b). In Alltagssituationen fällt diese Schwäche nicht ohne weiteres auf, so daß diese Beeinträchtigungen oft nicht bemerkt oder als unwesentlich abgetan werden.

Von grundlegender Bedeutung ist die Beobachtung, daß die genannten Phänomene nicht etwa als Gesamtheit auftreten. Diese noch bis in die 80er Jahre vertretene Auffassung (Berndt/ Caramazza 1980; Kean 1977; 1979) wurde durch immer zahlreicher werdende Hinweise in Frage gestellt, die zeigten, daß Störungen vereinzelt auftreten können. Beobachtet wurde, daß zwar die Satzgliedfolge erhalten bleiben kann, die grammatische Morphologie indes weggelassen wird (Tissot et al. 1973). Bei einer anderen Gruppe dagegen tritt eine Störung in der Gliedfolge auf, so daß die Konstruktionen an der Oberfläche "chaotisch" wirken.

Es gibt klare Hinweise, daß die grammatische Morphologie eine eigenständige Komponente ist (Saffran et al. 1980b). Für die Annahme spricht bei einigen Patienten die Fähigkeit, grammatische Konstruktionen außerordentlich genau durchzuführen, ohne die Bedeutung der Sätze zu verstehen (Berndt 1987; Parisi 1987). Umgekehrt zeigten Patienten erhebliche Mängel bei der grammatischen Umsetzung der Formen, ohne daß zur selben Zeit vergleichbare Mängel im Verstehen offenbar wurden. Obwohl sehr oft Verständnisprobleme und Schwierigkeiten bei der Produktion von Sätzen zu beobachten sind, gibt es Fälle, bei denen, wie bereits angedeutet, das Verständnis unbeeinträchtigt, die Produktion aber in hohem Maße agrammatisch ist (Kolk et al. 1985; Berndt 1987; Howard 1985a). Aus den Studien insgesamt geht hervor (Ellis/ Young 1991, 284), daß voneinander getrennt zu erklärende Sprachstörungen vorliegen können, wenn morphologische Störungen auftreten, daß syntaktische Interpretationsschwierigkeiten beobachtbar sind, wenn beispielsweise Verbvalenzen nicht verstanden werden oder Schwächen bei der Bearbeitung der Strukturinformation auftreten. Dasselbe gilt in den Fällen, wo zwar die grammatische Flexion beherrscht wird, aber die Personen nicht mit Funktionswörtern umgehen können (Parisi 1987).

Als Erklärung werden für das erste Phänomen Schwächen im Sprachausgang vermutet (Stemberger 1984). Stemberger sieht in den Versprechern gesunder Personen Ähnlichkeiten zwischen normalen Sprechfehlern und typisch agrammatischen Fehlern. Auslassungen treten signifikant häufiger auf als Substitutionen oder ein Ersetzen von Funktionswörtern durch andere. Damit wird das Versagen im Sprachausgang nachvollziehbar, unerklärt bleibt das Problem der Wortfolgen und der Unfähigkeit, mit der Verbvalenz umzugehen. Hier zeigt sich, daß visuell dargebotene Zusammenhänge erkannt werden, eine syntaktische Umsetzung aber mißlingt (Schwartz et al. 1985). Unklar bleibt, wie die Beherrschung der Morphologie einerseits und andererseits ein Versagen in den Funktionswörtern zu deuten ist.

Ein weiteres Phänomen ist die "automatische" oder "nicht-satzbezogene" Sprache. Sie tritt besonders bei Patienten auf, denen die linke zerebrale Hemisphäre entfernt worden ist. Die Äußerungen solcher Patienten beschränken sich auf Phrasen wie "Vielen Dank", "Ja", "Nein, danke" oder "Alles in Ordnung" (Zollinger 1935) oder die Verwendung von allgemeinen Redewendungen (van Lanckcr 1987). Beobachtet wurde, daß es den Patienten möglich war, Liedtexte zu singen, und dies konnten sie ohne Beeinträchtigung (Yamadori et al. 1977; Smith 1966; Searleman 1983; Code 1987; van Lancker 1987). Mit den beschriebenen Beobachtungen verbindet sich die allgemeine Vorstellung, die satzbezogene Sprache sei mit der linken Hemisphäre zu verbinden, während eine nicht-satzbezogene Sprache das Charakteristikum der rechten sei. Als Problem einer solchen Vorstellung erweist sich eine unpräzise Begrifflichkeit, was "satzbezogen" bedeutet. Nachdenklich stimmen Befunde von Patienten, die nach der Operation der linken Hemisphäre auf Fragen so antworten, daß hier erkennbare Satzoperationen stattgefunden haben und idiomatisierter Sprachgebrauch ausscheidet (Smith 1966). Nicht bestritten werden kann, daß an voneinander getrennten Stellen satzbezogenes Sprechen und nicht-satzbezogenes Sprechen realisiert wird. Idiomatisierte Redewendungen, Lieder und ihre Melodie sowie das einfache Zählen haben rechtsseitig ihren Ort. Es lassen sich Hinweise finden, daß auch die rechte Hemisphäre zu rudimentären Konstruktionen im Satzbau in der Lage ist (Heeschen/ Reischies 1981).

Aufmerksamkeit wurde schon früh der Prosodie eines Satzes gewidmet (Mills 1912). Ein geäußerter Satz ist ein Klang- und Rhythmusereignis. Es kommt aufgrund des Ansteigens und Abfallens von Tonhöhen sowie durch die Verteilung von Pausen zustande. Der Stimmenklang an sich läßt Stimmungen erkennen, offenbart das Alter und Geschlecht. Die Prosodie zeigt Beeinträchtigungen bei Verletzungen der rechten zerebralen Hemisphäre, so daß festgestellt wurde, daß diese Patienten nicht in der Lage waren, aus der Stimme Rückschlüsse auf den emotionalen Zustand eines Sprechers zu ziehen (Tucker et al. 1977). Der Schluß, daß dann auch die linguistische Prosodie betroffen ist, konnte aufgrund von Einzelstudien nicht belegt werden (Emmorey 1987; Heilman et al. 1984). Schwierigkeiten traten auf, wenn zusammengesetzte Nomen unterschieden werden sollten, die aufgrund der Betonung zu differenzieren waren; ähnlich war die Situation, wenn Sätze nur aufgrund des Satzakzentes zu unterscheiden waren (Heilman et al. 1984). Als Konsequenz dieser Beobachtungen ergibt sich, daß in den Hemisphären Prosodie auf unterschiedliche Art verarbeitet wird; es kann die linguistisch bedingte Prosodie von der affektiven unterschieden werden.

Eine Reihe von linguistisch relevanten Beobachtungen liegen zu Patienten vor, deren rechtsseitige zerebrale Hemisphäre beeinträchtigt war. Abstrakte Sätze waren schwer ergänzbar (Eisenson 1962, Caramazza et al. 1976), und neue linguistische Phänomene zu erwerben, bereitete Schwierigkeiten (Critchley 1962). Metaphorisches Reden wurde nicht verstanden (Winner/ Gardner 1977), statt dessen wurden diese Redeweisen wörtlich genommen (Myers/ Linebaugh 1981). Auch das Phänomen des Humors ist betroffen, wenn dieser sprachlich angezeigt wird. Witze mit Humor waren für die betroffene Hörergruppe nicht erkennbar (Brownwell et al. 1983, Gardner et al. 1975). Ellis/Young (1992, 293) sehen die Ergebnisse mit Skepsis, weil unklar ist, welche der genannten Schwierigkeiten zusammen auftreten und ob und wann sie dissoziierbar sind. Es bleibt so nur die Feststellung, daß Phänomene der genannten Art auftreten, ohne daß ihr Zusammenhang bzw. ihre mögliche Interdependenz aufgrund des gegenwärtigen Wissenstandes und der möglichen Modellbildung klärbar ist.

4 Versuche einer Modellbildung

4.1 Sequentiell organisierende Konzepte

Die Erörterung linguistischer Phänomene in Abhängigkeit von aphasischen Störungen hatte den Sinn, Hinweise auf denkbare Zusammenhänge zwischen Sprache und Funktionsweisen des Gehirns zu erhalten. Dabei ging es nicht darum, zu belegen, wie das Gehirn Sprache realisiert, oder noch pauschaler formuliert, wie Sprache und Gehirn "funktionieren". Das ist beim gegenwärtigen Stand des Wissens nicht möglich (Arbib 1989). Wohl aber sollte deutlich werden, wie bestimmte Teilfunktionen von Sprache bei neurophysiologisch bedingten Ausfällen zu Effekten führen, die Interpretationshilfen beim Verstehen von Sprache sein können. Mit der linguistischen Modellbildung durch die Arbeiten von Chomsky (1957; 1965) war es erstmals möglich, von einer linguistischen Theorie her psychologisch die Aufmerksamkeit auf Prozesse des Sprachvermögens zu lenken. Das Konzept einer generativen Grammatik schien dafür eine sinnvolle Bezugsbasis darzustellen. Fodor/ Bever/ Garrett (1974) interpretierten die generative Grammatik im Sinne eines ersten Sprachproduktionsmodells. Diese Möglichkeit eröffnete sich durch eine einfache Erweiterung des Syntaxmodells (1965) um die Komponenten der "message source" und des "articulary system".

Wenn die "message source" ihre Daten bearbeitet hat, werden diese an die Basiskomponente der generativen Grammatik übergeben, so daß syntaktische Prozesse entsprechende Umformungen vornehmen können, die dann semantische Deutungen erlauben sollen. Als Problem stellt sich hierbei der anzunehmende Weg, der von der "message source" bis zum verstehenden Äußern zurückgelegt werden müßte. Die Grenze eines solchen Ansatzes liegt in der Serialität der Anlage (Dittmann 1988, 5). Das in der "message source" erarbeitete Produkt wird der Basiskomponente der Grammatik zugewiesen. Nach Verarbeitung dieser Komponente erfolgt die semantische Aufarbeitung. Der Sprecher könnte bei der Ausführung eines Gedankengangs diesen erst modifizieren, korrigieren oder ganz in Frage stellen, wenn er linguistisch abgeschlossen ist. Das aber widerspricht der Intuition über solche Vorgänge.

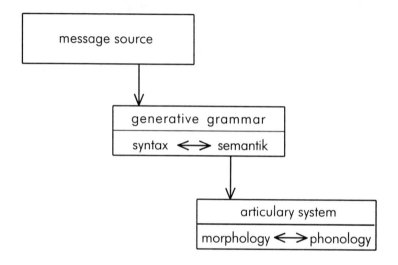

Abb. 9

Diese Schwäche sollte durch eine Schleifenbildung zwischen der "message source" und dem "semantischen System" überwunden werden, indem eine Vergleichsoperation die Angemessenheit überprüft, die zwischen Gedachtem und Gesprochenem angestrebt wird. Diese Operation hat die Schwierigkeit zu bewältigen, daß einerseits nichtsprachliche Einheiten bzw. vorsprachliche Elemente vorhanden sind, andererseits diese mit einzelsprachlichen Gegebenheiten verbunden und verglichen werden sollen. Das Fehlen einer Explikation dieses Übersetzungs- bzw. Umformungsvorgangs ist Fodor et al. (1974, 39) bewußt.

Dittmann et al. (1988, 6) sehen noch weitere Mängel. Eine linguistische Theoriebildung folgt ihren eigenen Theoriensprüchen. Sie hat systemimmanente Widerspruchsfreiheit sicherzustellen (Chomsky 1965; Bierwisch 1971, 1-29). Sie macht keine Aussagen über die Tatsächlichkeit einer Abfolge oder die zeitlichen Relationen einzelner Theorieateile (Chomsky 1971, 187-188). Diese haben nichts mit einer physikalisch-temporalen Sequenzordnung zu tun.

Eine solche Orientierung zu versuchen (Fodor et al. 1974), hatte mit der von Chomsky (1972) selbst ins Spiel gebrachten kognitiven Motiviertheit seiner Theoriebildung zu tun. Sprachliche Daten aus einem Theorieansatz heraus zu erfassen, ist ein Thema, Äußerungen von Sprache als Produkt eines psychologisch-neurologischen Prozesses zu erklären ein anderes. Ob und inwieweit eine linguistisch definierte Theorie einen angemessenen Erklärungsansatz liefern kann, ist dann noch ein ganz anderes Problem. Konstitutiv für eine sprachpsychologische Erklärung ist eine theoretische Grundlegung der Zeitlichkeit einzelner Produktionsschritte (Dittmann et al. 1988, 8; Kent et al. 1983, 59-60), d.h. eine Theorie der Sprachproduktion muß Erklärungen für die Abfolge einzelner Produktionssegmente entwickeln, da sich Sprache als physikalisches Ereignis in der Zeit äußert.

Der Begriff eines Sprachproduktionssegmentes muß in Abhängigkeit zu Beschreibungsmethoden gesehen werden. Kent (1983, 57) spricht von einer Einheit, wenn aufgrund der Methode keine weitere Elementarisierung möglich ist. Näher an linguistischen Denk- und Redeweisen bewegt sich die Definition von Fujimura/ Lovins (1978, 107), die von phonetischen Einheiten sprechen, welche ein in sich abgeschlossenes Ereignis erfassen, das aus artikulatorischen Aktivitäten oder hörbaren Wahrnehmungseinheiten als zeitlich bestimmbares Phänomen feststellbar ist. Am augenfälligsten sind die Versuche, den Segmentbegriff aus der akustischen Analyse abzuleiten. Hier lassen sich Spektogramme erstellen, die das Schallereignis bildlich erfassen und zeitlich bestimmen (Kent 1983, 58).

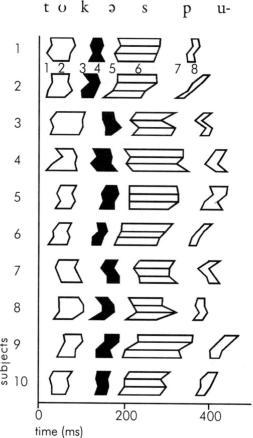

Abb. 10   time (ms)

Acoustic segmentation of the phrase *took a spoon* (from the sentence *"I took a spoon and a knife"*) uttered four times each by 10 adults. The four replications by a talker are grahpically enclosed to highlight the segments. The segments, identified by the horizontally oriented numbers, are as follows: (1) the period extending from the release burst of /t/ to the onset of voicing for /ʊ/; (3) stop gap for /k/; (4) release burst and following aspiration (if present) for /k/; (5) schwa vowel; (6) frication for /s/; (7) stop gap for /p/ ; and (8) interval from release burst for /p/ to onset of voicing for /u/. Individual talkers are identified by the vertically oriented numbers.

Bestimmte Einheiten lassen sich aufgrund von Gestalt-ähnlichkeiten im Spektogramm ermitteln (Dukel'skiy 1965; Fant 1973). Ungelöst bleiben hierbei die Probleme, welche sich aus der Prosodie einer Äußerung herleiten und eine nicht unerhebliche Varianz bei der Segmentbildung bewirken können (Kent 1983, 58). Gibbon (1976) hat den Terminus "prosodic" in Anlehnung an Pilch (1968, 97) eingeführt, um suprasegmentale Phänomene aufgrund der ihnen eigenen Kriterien behandeln zu können. Daß es eine Lücke gibt, welche einerseits durch die linguistische Theoriebildung über Phoneme entsteht, die als abstrakte Gegebenheiten postuliert werden, und andererseits aus einem Prozeß neuronaler und physiologischer Aktivitäten herleitbar ist, zeigt sich, wenn Modellbildungen näher besehen werden (Kent 1983; Daniloff/ Hammarberg 1973; Kent/ Minifie 1977; Fowler 1980).

Einer Vielzahl dieser Modelle liegt die Idee zugrunde, das Phonem "steuere" auf der ihm untergeordneten Ebene die jeweils relevante Motorik. Kent (1983, 61) weist darauf hin, daß die Segmentbildung von den theoretischen Vorannahmen abhängig ist und somit auch der Charakter der zu erwartenden Erklärungen. Ein Modell, das auf dem Phonem-Konzept basiert, sieht Aktivitäten anders als ein Konzept, das von der Silbe als Grundlage ausgeht. Dabei ist noch nichts darüber ausgesagt, wie real ein Phonem ist, bisher konnte kein entsprechendes Konzept gefunden werden (Bailey/Summerfield 1980). Ein dritter Punkt, der unterschiedliche Segmentbildungen nach sich zieht, ist das Sprachmodell selbst, von dem ausgegangen wird.

4.2 Modellierungsversuche

Allgemein anerkannt sind Modelle, die von binär codierten Phonemeinheiten ausgehen (Henke 1966; Moll/ Daniloff 1971; Benguerel/ Cowan 1974). Die Grundeinheit ist als Komponentenbündel oder Vektor definiert. Die Sprachproduktion erfolgt durch die jeweiligen Merkmalswerte, welche in Abhängigkeit vom Zustand des Systems vorfindlich sind. Beim Prozeß einer solchermaßen vorgestellten Sprachproduktion können einzelne Merkmale zu einem Zeitpunkt antizipiert werden, obwohl sie erst zu einem späteren Zeitpunkt realisiert werden. Das Konzept simuliert einen Produktionsprozeß (Benguerel/Cowan 1974), dieser bleibt aber hinsichlich einer differenzierten Artikulationsvarianz und seiner Realisationszeit unbestimmt (Kent et al. 1974; Kent/Minifie 1977; Künzel 1979).

Anders als bei der linguistischen Theoriebildung ist im Rahmen der Modellierung von Sprachproduktion dem Zeitfaktor Raum zu geben. Tatham (1970) hat die Unterscheidung zwischen "notional time" und "clock time" eingeführt, um über die Zeitlichkeit von Segmenten der Sprachproduktion an sich sprechen und davon die faktische Zeit trennen zu können ; sie wird offenbar, wenn aufgrund der Auslösung einer Muskelaktivität eine damit verbundene Bewegungseinheit und ein damit erzeugbares akustisches Musters Gegenstand der Beschreibung sein soll. Zu ergänzen wäre noch, daß alles eingebettet ist in Prozesse, die aus der neuronalen und biochemischen Sphäre "gespeist" werden (Arbib 1989; Sussman/Westbury 1981). Hier nun sieht Kent (1983, 59) eine Lücke.

Der Merkmalsansatz und speziell das binäre Konzept kann zwar zu Überschneidungen der einzelnen Merkmale etwas sagen, er kann aber keine näheren Angaben über den eigentlichen Erzeugungsvorgang machen, d.h. das Merkmalskonzept bleibt auf den Merkmalsinput bezogen, kann aber nichts über den von ihnen ausgelösten Vorgang aussagen. An diesem Umstand ändert auch ein skalar angelegtes Konzept nichts (Henke 1966; Moll/Daniloff 1971; Benguerel/Cowan 1974). Es verdeutlicht das interaktive Zusammenspiel der Merkmale in Abhängigkeit von der Intensität einzelner Merkmale und ist so gesehen angemessener hinsichtlich der Wirkbedingungen in der Eingangsphase. Was sich dem Prozeß anschließt, bleibt aber auch hier ausgeblendet.

Einen anderen Weg gehen die "coproduction models" (Kozhevnikov/Chistovich 1965; Öhman 1966, 1976; Perkell 1969; 1980; Fowler 1980; Fowler/Rubin et al. 1980). Ein solcher Ansatz versucht, dem Umstand Rechnung zu tragen, daß nicht ein einzelner Laut erzeugt wird, sondern Laute immer als und aus

Lautfolgen erzeugt werden. Am bekanntesten sind Phänomene wie die enge Bindung zwischen Konsonant und Vokal als eine Einheit (Fowler 1980). Hierbei entstehen Muskelaktivitäten, die aufeinander abgestimmt erfolgen müssen und keine Beliebigkeit zulassen. Dieses Phänomen kann mit Charakteristiken wie Schnelligkeit, Komplexität, Feinabstimmung der Muskelaktivität sowie den anatomischen Bedingungen umschrieben werden. Unklar bleibt hierbei die Interdependenz zwischen Vokal und Konsonant und betonter Vokale zueinandern. Wenn explizite Aussagen möglich sein sollen, müssen die Muskelaktivitäten erfaßt und funktional geordnet beschreibbar sein (Easton 1972). Wesentlich dabei ist, daß die Erzeugungseigenschaften zwischen Vokal und Konsonant so unterschiedlich sind, daß sie simultan produziert werden können (Perkell 1969). Bei dieser Sichtweise bleibt ungeklärt, wie die Koordinationsaufgaben im einzelnen gelöst sind, ob dafür eigene Stellen anzunehmen sind.

Ein weiteres Problem einer Segmentbestimmung zeichnet sich ab, wenn eine vorwärtsgerichtete Interpretation der Segmentorganisation versucht wird. Derselbe Laut kann bei einer breiten Streuung artikulatorischer Muster beobachtet werden. Diese variieren in Abhängigkeit vom phonetischen Kontext, dem Sprechrhythmus und der Sprechgeschwindigkeit (Lindblom 1963; Kent/ Moll 1972). Artikulatorische Aktivitäten lassen sich als hochgradig synchron ablaufende Vorgänge nachweisen (Kent et al. 1974). Die Bedeutung der Antizipation für die Erzeugung eines Lautes oder einer Lautgruppe läßt sich bei der Sprachentwicklung von Kindern zum jugendlichen Alter beobachten, wo am Beispiel der Nasalierung eine Entwicklung der Antizipation von "n" in einer Folge "i n i" festgestellt werden konnte (Kuehn/ Tomblin 1974). Insgesamt tritt die Ko-Artikulation erst mit zunehmendem Alter in Erscheinung (Thompson/ Hixon 1979; Kent/ Forner 1980). Kinder scheinen segmentorientiert ihre Laute zu erzeugen (Glencross 1975), mit zunehmendem Alter hingegen werden Strukturen unabhängig von der engen Serialität gebildet. Die Lauterzeugung orientiert sich an den noch zu produzierenden Lauten (Kent/ Forner 1980).

Daß Zeitlichkeit ein Faktor ist, wird deutlicher bei Fällen verbaler Apraxie. Hier wird u.a. ein Mangel bei der Einschätzung von Zeit für die Abfolge der Laute angenommen (Kent/ Rosenbek 1983; Semjen 1977). Analog zur Apraxie wird an ein Konzept gedacht, welches als ein Raum-Koordinations-System vorzustellen ist (MacNeilage 1970; Sussman 1972). Fehler entstehen dadurch, daß bei der Erzeugung von Lauten in diesem "Raum" Defekte bestehen, so daß die Hinleitung an die richtige Stelle mißlingt oder gar nicht zustandekommt (Klich et al. 1970).

Die Reliabilität solcher Modelle erweist sich, wenn sie korrekte Voraussagen über mögliche Fehlleistungen machen. Ein Bereich, der für solche Evaluationen besonders geeignet erscheint, sind Versprecher. Bereits in den 60er Jahren wurden Diskussionen über Modelle geführt, Versprecher zu erklären. Was unter Versprechern zu verstehen ist, erläutert Dittmann (1988, 40-42) anhand einer Übersicht von Formen, die sich als typisch für das Phänomen erweisen: (a) Hinzufügungen: ...enjoyding it (gemeint:...enjoying it) (Fromkin, 1973, 246); (b) Auslassungen: das Bild, das einen expliten (gemeint: expliziten) Gegensatz darstellt (Beleg aus dem Korpus Ferber 1986, 80); (c) Ersetzungen: ich wiederhole noch einmal und unterschreibe (gemeint: umschreibe) (Ferber 1986, 121); (d) Fehler des Wortakzents oder der Prosodie: Die Pol´itik hat lediglich den Rahmen zu setzen (gemeint: die Polit´ik) (Ferber 1986, 346); Verschiebungen: Ich werde Rieher Bürgenerin (gemeint: Riehener Bürgerin) (Ferber 1986, 90); Antizipation: Aber beim Bauhausspiel ... stil speziell (Ferber 1986, 32); (g) Perseveration: der Haupteinweind (gemeint: Haupteinwand) (Ferber 1986, 84); (h) Vertauschung: das Geld, das sie reintün mussen (gemeint: reintun müssen) (Ferber 1986, 66); (i) komplexe Fehler: Anipitation (gemeint: Antizipation) (Ferber 1986, 70); (j) Vermischung: es gibt einen Hinwaltspunkt (gemeint: Hinweis oder Anhaltspunkt) (Ferber 1986, 356).

Ein sehr früher Ansatz wurde von Fromkin (1971) vorgestellt, in dem sie Hypothesen zur Entstehung von Versprechertypen erörtert hatte. Grundlage für das Konzept war die Annahme von bestimmten Stadien bei der Erzeugung von Äußerungen und ihrer auch chronologisch zu deutenden Abfolge. Im ersten Stadium wird das "meaning to be conveyed" aktiviert. Es folgt der Aufbau einer syntaktischen Struktur aus einem syntaktisch und semantisch indizierten Leerstellenrahmen, im dritten Schritt wird die Intonationskontur entwickelt. Dann wird auf das Lexikon zugegriffen, morphophonemische Regeln überarbeiten die Einträge und bilden die phonologischen Formen der Morpheme. In den beiden letzten Stadien erfolgen das Ausbuchstabieren der phonetischen Segmente und die Realisation derselben in neuromotorischen Impulsen über den Artikulationsapparat.

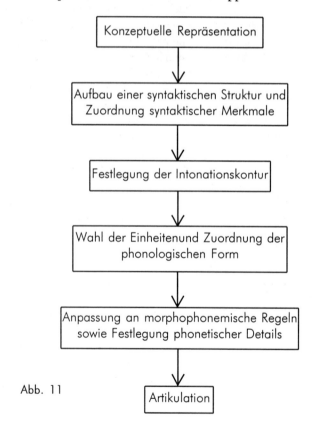

Abb. 11

Auf eine Abfolge der Stadien kann nach Meinung Fromkins geschlossen werden, wenn festgestellt wird, daß bei Wortvertauschungen die Tendenz zur Erhaltung der Wortart besteht. Wenn ferner der syntaktisch-semantische Rahmen des Stadiums II etabliert ist und dann zu beobachten ist, daß in den nominalen Slot ein Verb rückt, welches nicht konjugiert, sondern dekliniert wird, und wenn dieser Vorgang statistisch gesehen mehr als zufällig auftritt, dann kann darin ein Indiz vermutet werden, daß es eine Abfolge bei der Verarbeitung gibt, die zumindest nach dem Vollzug des einen Schritts, einen weiteren nicht mehr überprüfen kann, so daß der Eindruck einer in sich autonom wirksamen Abfolge entsteht. Das wird auch durch das Faktum bestätigt, daß die Intonationskontur der Äußerung vor der Wahl der lexikalischen Mittel erfolgt. Erkennbar wird dies, wenn irrtümlich Wörter eingesetzt werden (Fromkin 1973, 30). Entsprechend intensiv ist die Rezeption solcher Konzepte zu beoachten (MacKay 1982; Kempen/ Huijbers 1983; Shattuck-Hufnagel 1987).

Bei der Modellierung von Sprachprozessen ist "Abfolge" aber nicht nur als Aufeinanderfolge von Verarbeitungssegmenten zu verstehen, sondern "Abfolge" bedeutet einen möglichen Weg, wahrscheinlicher sogar ein Wegenetz, das zwar auf die Artikulation gerichtet durchlaufen wird, aber Kontrollen nach vorne und zurück vermuten läßt. Fromkin sieht auch eine parallele Verarbeitung für das zweite Stadium vor, um den syntaktischen und semantischen Rahmen zu etablieren. In Abhängigkeit zur Semantik wird nach lexikalen Mitteln gesucht, die wiederum phonologisch umgeformt werden müssen. Aus Fehlern in diesem Bereich wurde bereits sehr früh auf unterschiedlich wirkende Ebenen geschlossen (Nooteboom 1969). Im Rahmen einer Zweistufentheorie wurde das Lemma vom Lexem getrennt, weil vor der phonologischen Realisation Prozesse vermutet werden, die erst eine Entscheidung bedingen (Levelt/ Schriefers et al. 1991). Während Lexeme ausgewählt werden, kann es zu Fehlern bei der phonologischen Enkodierung kommen. Diese Fehler können eine Silbe, ein Phonem oder einzelne phonetische Merkmale betreffen (Fromkin 1973).

Dann erfolgt die Verarbeitung strikt seriell. Neben der parallelen Verarbeitung werden Rückkopplungsschleifen angenommen. Bei der Vorstellung des Konzeptes von Fodor et al. war darüber bereits gesprochen worden. Hier diente die Rückkopplung dem einfachen Datenvergleich.

Eine Weiterentwicklung des Konzepts liegt dem Modell von Butterworth (1982) zugrunde, bei dem einzelne Komponenten als autonom angenommen werden. Garrett (1975; 1984) verfolgte als erster diesen Weg. Grundsätzlich sah er die Aufgabe darin, in einem Modell aufzuzeigen, wie die Intention in neuronale Signale zur Steuerung von Artikulationsorganen umgesetzt wird. Ausgangspunkt dafür ist die Ebene des "message level", von der ein Weg zur Ebene des "articulatory level" führt. Zwischen diesen beiden Ebenen erfolgt eine Umformung, Garrett spricht vom "sentence level". Aus Versprechern schließt Garrett (1976, 237) auf eine serielle Verarbeitung von Lexemen, die nach der syntaktischen Aufarbeitung aus der Ebene des "message level" erfolgt. Dieser Schluß liegt nahe, wenn beobachtet werden kann, daß grammatische Morpheme ordnungsgemäß verwendet, aber mit Lexemen einer anderen Wortart verbunden gebraucht werden. Zugleich erfolgt eine weitere Verarbeitung, welche die Morphophonemik dem lautlichen Kontext anpaßt. Die Endungen werden nämlich der lautlichen Umgebung des Stammorphems angeglichen. Das ist korrekt nur dann vorstellbar, wenn es nach den genannten Prozessen verläuft.

Zwischen "message level" und der Ebene "phonetic level", die das Ende bildet, vermutet Garrett zwei weitere. Lexeme, welche syntaktisch gesehen weit auseinander liegen, müssen zu einem früheren Zeitpunkt der Verarbeitung beieinander repräsentiert sein. Diese Ebene gilt als die Ebene des "functional level of representation". Andere Versprecher lassen eine größere Nähe zur Produktion der Lautfolge vermuten. Es scheint eine Ebene zu sein, auf der seriell Elemente erzeugt werden. Hier auf der Ebene des "positional level" ereignen sich Verschiebungen oder sind Ersetzungen vorstellbar (Garrett 1975, 154).

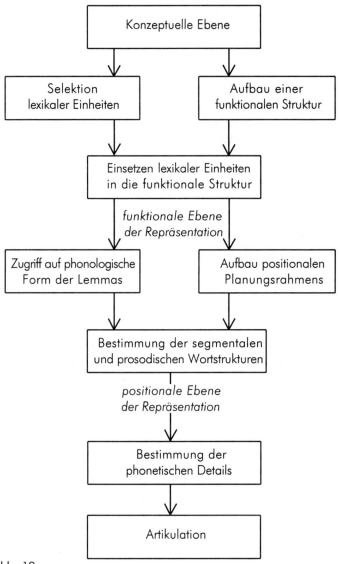

Abb. 12

95

Obwohl das Konzept plausibel erscheint, ist Skepsis im Umgang mit so global gefaßten Daten geboten. Dittmann (1988, 52) beschreibt drei grundsätzliche Probleme. Er hält das Feststellen von "Regularitäten", nicht aber Gesetzen für zu schwach, um dadurch angemessene Annahmen für die Sprachproduktion bilden zu können. Es liegen im Grund nur Annahmen vor, die von stärkeren oder schwächeren Nullhypothesen im statistischen Sinn gestützt sind. Über die psycholinguistische Realität ist damit nichts ausgesagt. Von Fehlertypen direkt auf Verarbeitungskomponenten der Sprachproduktion zu schließen und ihre Autonomie zu postulieren, ist aber an den Stellen, die für eine solche Annahme sprechen, nicht unproblematisch. Es handelt sich um Kontaminationen. Garrett vermutet ihre Verursachung auf der Ebene des "functional level". Nachweisbar ist, daß auch phonologische Faktoren hierbei eine Rolle spielen (MacKay 1974, 795; Wells 1973, 86; Crompton 1981, 677; Aitchison 1982, 225; Butterworth 1982, 91). Nach dem Konzept von Garrett dürften aber diese Faktoren erst zu einem späteren Zeitpunkt auftreten. Es konnte indes eine Interaktion von semantischen und phonologischen Faktoren glaubwürdig gemacht werden (Dell/ Reich 1981). Lexeme mit hoher semantischer und phonologischer Ähnlichkeit scheinen eher zu Fehlern durch Substitution oder Kontamination beizutragen. Diese Interdependenz ist bei Garrett nicht darstellbar. Weiterreichende Beobachtungen zur Akkommodation belegen eine Fehleinschätzung Garretts. Bei Pronomina lassen sich im Deutschen Kasusvertauschungen unter Beibehaltung der grammatischen Person feststellen (Berg 1987, 283). Akkommodation wird bei Einheiten erwartet, welche die "laufende Position" in der Produktion einnehmen oder aufgrund von den sie erzeugenden Regeln. Seriell ist dieses nicht darstellbar.

Ein Ausweg wurde in der Annahme parallel verlaufender Verarbeitungsvorgänge gesehen (Dell 1980; Stemberger 1985; Harley 1984). McClelland und Rumelhart (1981) führten den Begriff der "senkrechten" und der "waagerechten" Parallelität ein. Letztere bezieht sich auf Prozesse, von denen angenommen wird, daß sie auf derselben Ebene erfolgen. Von "senkrechter Parallelität" ist die Rede, wenn zeitliche Verhältnisse zwischen den Ebenen anzunehmen sind. Um besser verstehen zu können, was mit Parallelität gemeint ist, ist auf das Prinzip des ständig verfügbaren Outputs einzugehen (Norman/ Bobrow 1975). Verarbeitung erfolgt nicht durch die Übergabe von Resultaten, sondern sie kann einerseits durch Übergabe und andererseits gleichzeitig durch den Aufbau einer Repräsentation aus diesen Daten erfolgen (Ratcliff/ McKoon 1981). Das Prinzip relativiert den parallel zu denkenden Arbeitsvorgang, es kann von der Verarbeitung distinktiver Merkmale ausgegangen werden, was die Annahme einer "waagerechten" Verarbeitung wahrscheinlich macht (Berg 1988, 32). Dasselbe trifft auf die unterschiedliche Sensitivität zu, mit der Störungen auftreten können. Sie implizieren unterschiedliche Repräsentationsstärken. Dittmann et al. (1988, 8) halten gerade diesen Punkt für "kriterial".

So wie durch die Bildung von Einheiten in Abhängigkeit zu ihrem theoretischen Status Auswirkungen auf die Gesamtsicht eines Modells bestehen, spielt die Annahme von Verarbeitungsebenen hinsichtlich Zahl und Funktion für mögliche Erklärungen eines Gesamtsystems eine entscheidende Rolle. Linguistisch ist klar, daß Phonem- und Wortebene voneinander unterschieden werden müssen. Weniger klar sind die Einschätzungen hinsichtlich der Morpheme (Berg 1988, 121). Unstrittig sind "Überblendungen"; entsteht ein Selektionskonflikt auf einem Niveau, dann wird er linguistisch gesehen auf dem nächsttieferen ausgetragen. Berg (1988, 106-109) sieht aufgrund der Überblendung Hinweise für die Annahme einer Ebene zwischen Wort und Phonem. Gäbe es keine Ebene dazwischen, dürften Fehlleistungen nur phonologisch motiviert sein. Versprecher von Komposita belegen aber, daß etwas wirksam ist, was als Ebene zwischen Wort und Phonem auf das Sprachmaterial einwirkt. Da nur Elemente derselben Verarbeitungsebene interagieren (Shattuck 1975; Garrett 1976), ist ein entsprechendes Verarbeitungsniveau begründet. Über eine weitere Ebene zwischen Morphemen und Phonemen, die sog. Clusterebene, ist diskutiert worden (MacKay 1972; Dressler 1976). Statistisch ist aber die Annahme einer eigenen Ebene eher fraglich (Berg 1988, 124). Clustereffekte werden in Abhängigkeit zur inneren Organisation der

Silbe gesehen und der damit verbundenen Interaktion zur Clusterbildung bei Einzelkonsonanten (Fudge 1987). Eine einfachere Erklärung als die Clusterebene wäre die Annahme, daß die phonologische Ebene nicht nur Einzelphoneme erzeugt. Für eine solche Sichtweise spricht, daß die vermutete Ebene nicht zwingend mit dem linguistischen Phonembegriff definierbar ist.

Nachdem Gründe für mögliche Ebenen genannt worden sind, stellt sich die Frage nach ihrer grundsätzlichen Beziehung. Zwei Formen sind möglich. Sie können in hierarchischer Ordnung zueinander stehen und durch eindeutige Dominanzrelationen definiert sein (Turvey et al. 1978). Sie können aber auch durch sog. "Heterarchien" erfaßt werden, wobei diese Hierarchierelationen und hierarchiefreie Relationen erfassen. Die Sprachproduktion wird eher im letztgenannten Sinn vermutet (Berg 1988, 126). Ungeklärt ist noch, ob ein Zusammenhang mit der Syntax nachweisbar ist. Die Leichtigkeit der Abwahl phonologischer Information wirkt auf die Selektion syntaktischer Stukturen ein (Bock 1987; Cooper/ Ross 1975). Die Phonemsubstitution nimmt zu, wenn das syntaktische Muster akzeptabel ist (Motley/ Baars et al. 1981). Damit sind wechselseitige Einflußnahmen wahrscheinlich.

Da Hinweise auf Komponenten, die eigenständig operieren, gefunden worden sind, ist zu bedenken, inwieweit Fehlleistungen im Kurzzeitspeicher vorliegen oder ob mit weiter zurückliegenden Störungen zu rechnen ist, welche im Langzeitgedächtnis ihren Ursprung besitzen. Nachdem sich die Vorstellung, paradigmatische Fehler würden im Langzeitgedächtnis verursacht, syntagmatische resultierten aus der Interaktion von Kurzzeit- und Langzeitgedächtnis, am Datenmaterial nicht belegen läßt, kann dieser Aspekt vernachlässigt werden. Berg (1988, 130) argumentiert für die Sicht einer interaktiven Beeinflussung von paradigmatischen Fehlleistungen und syntagmatischer Unterstützung. Das spricht für eine gemeinsame Quelle, wodurch die Trennung von Kurz- und Langzeitspeicher unnötig würde. Das entspräche einer allgemeinen Tendenz in der Psychologie (Baeriswyl 1989; Keller 1985; Dell 1980; Stemberger 1985). Ein weiterer Bruch mit gewohnten Traditionen gelang Dell/ Reich (1977) mit dem Vor-

schlag einer Repräsentationform, Wörter in einem inter-
konnektiven Modell zu erzeugen und nicht als "fertige" Lexikon-
einträge "abrufen" zu lassen.

4.3 Modellierung eines Repräsentations- und Aktivationszustandes

Das Konzept basiert auf Arbeiten von Rumelhart und McClelland,
die sich insbesondere mit der Buchstabenerkennung auseinandergesetzt hatten (McClelland 1979; McClelland/ Rumelhart 1981;
Rumelhart 1977; Rumelhart/ McClelland 1982). Ausschlaggebend
war die Beobachtung, daß Buchstaben in Wörtern, die belegt sind,
schneller als in erfundenen Wörtern erkannt werden (Reicher 1969).
Daraus wurde geschlossen, daß nicht nur bottom-up, sondern auch
top-down Prozesse beteiligt sind. Dieser Effekt wurde für die Syntax
und im Bereich der Semantik allgemein beobachtet (Rumelhart
1977). Daraus abgeleitete interaktive Aktivationsmodelle sind auf
sehr verschiedene Art möglich. Wesentlich für ein Konzept ist, ob
man nur erregende oder darüber hinaus hemmende Aktivations-
prozesse ansetzt. Dell hat sich auf ein Konzept von nur erregenden
Prozessen konzentriert (Dell 1985).

Das Modell trennt die Ebenen semantisch, syntaktisch, morphologisch und phonologisch. Jede dieser Ebenen ist mit generativen Regeln ausgestattet, Einheiten, auf denen diese Regeln
operieren, sind Teil des Lexikons. Das Lexikon, gedacht als
Netzwerk, hat Knoten in den verschiedenen Ebenen. Knoten der
höheren sind mit Knoten der niedrigeren Ebene verbunden. Die
Interaktion in diesem Netzwerk erfolgt nach einem Slots-and-
Filler Konzept. Die Regeln erzeugen Rahmen, die Leerstellen
zum Auffüllen durch geeignete Formen eröffnen (Dell 1986). Auf
den jeweiligen Ebenen sind Selektionsvorgänge zu erwarten, das
setzt Markierungen für bestimmte Adressen im Lexikon voraus.
Ein Knoten der morphologischen Ebene muß markiert sein, um
als Affix oder als Stammorphem "verarbeitet" werden zu können.
Jede Ebene erzeugt eine entsprechende Repräsentation. Die Kon-

struktion einer solchen Repräsentation kann simultan erfolgen, wobei bedingt durch die Hierarchie im Netzwerk immer zuerst der obere Knoten aufgebaut sein muß.

Die Aktivation wird als "spreading" betrachtet, bei der sich die Impulse gleichmäßig in das Netzwerk hinein ausbreiten und dort, wo bereits Impulse vorfindlich sind, diese verstärken, ansonsten allmählich zerfallen. Die Knoten aktivieren sich, wenn sie miteinander verbunden sind, wobei Unterschiede in der Intensität angenommen werden. Die Aktivation betrifft Knoten unabhängig, welche Funktion diese ausüben können. Ein für einen Slot durch höchste Aktivität "erkannter" Knoten "entlädt" seine Aktivität und verhindert so erneut zum Aktivitätszentrum zu werden (Dell 1986).

Bisher wurde stillschweigend von der Vorstellung ausgegangen, Wörter seien morpho-phonematisch abgespeichert. Daß ein Phonem dabei vielfach abgespeichert wird, wurde in Kauf genommen, weil das Gehirn unbegrenzte Speichermöglichkeiten zu besitzen scheint. Die veränderte Sichtweise eröffnet die Möglichkeit, ein Morphem als das Resultat von Operationen zu verstehen, die sich aus dem phonemischen Lexikon herleiten, in dem "Programme" zum Erzeugen von Morphemen "angeboten" werden. Es entsteht auf diese Weise ein eigenes Netzwerk. Wenn nun Konsequenzen aus dieser veränderten Sichtweise gezogen werden, dann liegt eine darin, von der Annahme mehrerer Lexika auszugehen und mit einem phonemischen, morphemischen und u.U. einem Lexikon für distinktive Merkmale zu rechnen. Unbefriedigend im Konzept von Dell bleibt die statische Sichtweise, wenn die Position eines Segmentes nicht als Produkt einer Aktualgenese verstanden wird, sondern als Bestandteil der Wortabspeicherung im Langzeitgedächtnis. Gegen diese Sicht spricht die Varianz von Silbenpositionen in Abhängigkeit zu dem, was aktuell gesprochen wird (Stampe 1973).

Mit einer theoretischen Trennung zwischen Problemen der Repräsentation und denen bei der Aktivation wird eine weitere Perspektive eröffnet. Die Repräsentation ist eine Frage, die Art ihrer Aktivation eine andere, beides wiederum darf nicht losgelöst voneinander betrachtet werden. Berg (1988, 138) schlägt vor, zwischen der absoluten Vollaktivation und einem relativen Aktivationsgipfel zu unterscheiden. Die Aktivation wird ferner nicht aus einer einzigen Quelle gespeist, sondern aus verschiedenen zur selben Zeit (Anderson/ Pirolli 1984, 794). Welche Quelle nun bei der Produktion ein Element über die "Schwelle" hebt, ist von der Stärke der Aktivation abhängig. Um aktivationsbeeinflussende Faktoren nachweisen zu können, kann das Prinzip der Kompensation herangezogen werden. Einzelne Kategorien wie Lexikalität oder Kontextidentität beeinflussen die Häufigkeit von Versprechern (Shattuck-Hufnagel 1983). Sie erweisen sich als unterschiedlich involvierungsbereit. Daraus kann auf eine Entfernung zur "Schwelle" der Produktion geschlossen werden. Bezeichnend ist, daß die Lexikalität und Kontextidentität bei Versprechern vom Typ Addition und Elisionen deutlich höher als die Substitution liegen. Berg (1988, 139-140) stellte für sein Korpus den Zusammenhang fest, daß bei Abnahme deskriptiver Kategorien ein verstärkter Rückgriff auf Lexikalität und Kontextidentität mit den entsprechenden Folgen für die Versprechertypen erfolgt. Paradigmatische Versprecher treten häufiger auf als syntagmatische (Dell 1980). Geplante Wörter besitzen ein höheres Aktivationsniveau als ungeplante, sekundäre aktivierte Formen sind stärker auf aktivationsfördernde Faktoren angewiesen.

Allgemein bekannt ist, daß eine Anhäufung ähnlicher Laute Versprecher provoziert. Bezogen auf ein Netzwerk bedeutet Ähnlichkeit in einem heterarchischen oder schwach hierarchischen Modell Identität auf einer tieferen Ebene. Jedes Element ist nur einmal gespeichert, es entsteht eine Verbindung zu allen höheren Einheiten. Substitutionen liegen nahe (Dell 1980; Stemberger 1983c). Die so entstehende "senkrechte" Verbindung erzeugt die in der Linguistik beschriebenen Hierarchien des Sprachaufbaus. Auch auf das Versprechen bei Silben kann dieser Gedanke angewendet werden. Wird nämlich dem initialen Segment eine Position zugewiesen, so erhalten alle initialen Phoneme der Äußerung einen Aktivationsschub. Das kann zum Interagieren von Elementen derselben Silbenposition führen. Zum Zuge kommt das Element mit der stärksten Aktivation.

Wie Kontexte und insbesondere identische Kontexte darzustellen seien, ist für die Aktivationstheorie noch offen. Bekannte Ansätze haben seriell wirksame Modelle entwickelt. Ein Phonem erhält links- und rechtsverzweigende Verbindungen (Wickelgren 1969) oder Bindungen zu Phonemen aufgrund von Koartikulationsbedingungen (MacKay 1970). Die Schwäche solcher Ansätze liegt im Umstand, daß Laute sich "überlappen". Der Einfluß reicht weit über unmittelbare Nachbarschaft hinaus (Fant/Lindblom 1961). Hierarchische Lösungsversuche mit Knoten, wo Phoneme in Silben organisiert gedacht werden (Dell 1984), scheitern an fehlenden Erklärungen für die "Ausstrahlung" über die Silbe hinaus.

Silben haben sich als Verarbeitungseinheiten erwiesen, denen eine Eigenständigkeit zukommt (Boomer/ Laver 1968). Eine Silbe selbst wird durch die Struktur "Silbe (Onset, Rhyme (Nucleus, Coda)" erklärt (Goldsmith 1990). Der konsonantische Teil ist der Onset, der immer dem Nucleus vorausgeht. Die Coda ist der Konsonant nach dem Rhyme. Onset und Coda sind gegenüber dem Nucleus fakultativ und werden in Abhängigkeit zum Sprachtyp festgelegt (Ashman 1946; Pike/ Pike 1947).

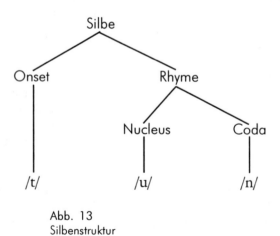

Abb. 13
Silbenstruktur

Berg (1988, 147) geht von einer Interaktion zwischen der morphemischen und phonemischen Ebene aus. Phoneme stehen über ihre Morpheme miteinander in Verbindung. Im "Feedforward"-Verfahren wird die phonemische Ebene aktiv, durch das "Feedback" wird die Aktivität wieder an die morphemische zurückgegeben. Unklar bleibt noch der Effekt der "Strahlung". Berg (1988, 147) hält die Assoziativität benachbarter Phonemprogramme für eine Erklärung. Während die Anordnung etwas linear organisiert, ist die Assoziation richtungsneutral. Was über die "Senkrechte" geleitet wird, kann sich unter gegebenen Umständen über die Waagerechte assoziativ verbreiten. Näherstehende Programme sind mehr, entferntere weniger betroffen. Eine Hyperaktivation kann so wieder zurück ins segmentelle Lexikon fließen und entsprechende Interferenz auslösen.

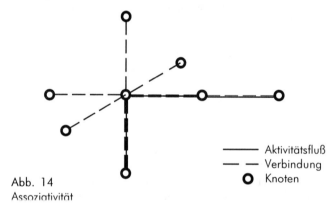

Aktivitätsfluß
Verbindung
Knoten

Abb. 14
Assoziativität

Dem Morphem wird Gewicht beigemessen, weil die Kodierung der Abfolge so ihre Gerichtetheit erhält. Segmente sind nicht ungeordnet zu denken. Die Aktivation innerhalb eines Netzwerkes ist aber nicht ein Folge-Automatismus, sondern sie basiert auf einem Austarieren zwischen erwartbaren und möglichen Aktivationsgipfeln. Aktivation kann so durch ein Zuviel oder ein Zuwenig im Hinblick auf ein bestimmtes Resultat beschrieben werden.

Das Problem der Versprecherwahrscheinlichkeit bei Ähnlichkeit basiert dann auf interagierenden Verbindungen einer tieferen Ebene. Das Versagen einer Produktion kommt durch eine Hyper-Aktivation zustande, wenn Elemente von ähnlicher Gestalt ihr Aktivationspotential vereinen. Versprecher werden nicht direkt durch das Kontextidentitätsphänomen bedingt, sondern dieses wirkt sich nur auf die Fehlerposition aus. Daher wird zwischen der aktuellen und der nicht-aktuellen Verarbeitungsposition unterschieden. Bei Maskierungen sind identische Segmente betroffen, die Kontextidentität wirkt aus der gerade nicht zu verarbeitenden Position heraus. Die Aktivation ist höher, wenn eine Position ausgefüllt wird. Bei Kontextidentität liegt die Verarbeitung bei einer Nachbarposition, was mit einem niedrigeren Aktivationspotential gleichzusetzen ist.

Aus der Trennung zwischen aktueller und nicht-aktueller Position ergibt sich die Möglichkeit von einer linken und einer rechten Hälfte des bereits produzierten und noch nicht produzierten Teils zu reden. Effekte der Perseveration und Antizipation bestärken diese Unterscheidung. Das produzierte Element wäre das "schwächere" gegenüber den anderen. Die Schwächung entsteht durch den Aktivationsschub bei der Erzeugung. Die genauen Verhältnisse sind durch ein absolutes Absinken der Aktivation auf Null nach der Produktion festzustellen, um dann allerdings erneut hochzuschnellen (MacKay 1986). Die ursprüngliche Höhe wird aber nicht mehr erreicht, woraus sich das Übergewicht von Antizipationen gegenüber den Perseverationen ableitet.

Eine weitere Besonderheit verbirgt sich hinter dem "principle of graceful degradation" (Norman/ Bobrow 1975). Ihm liegt die Beobachtung zugrunde, daß Abweichungen normenorientiert sind. Auffallend ist, daß Vokale signifikant weniger von Versprechern in den Versprechercorpora betroffen sind. Aus der Sicht des bisher Entwickelten läßt sich dieses Phänomen dadurch erklären, daß mit der Aktivierung eines Elementes, bedingt durch die "senkrechten" Verbindungen, stets das Gesamtsystem mit aktiviert wird. Es wird nicht ein einzelner Laut aktiv, sondern dieser steht in Verbindung mit dem Morphem, dieses wiederum ist gekoppelt an die Syntax, und die jeweilige Ebene wiederum ist assoziativ bei den Nachbarn mit beteiligt (Motley/ Baars 1975; Baars 1980; Berg 1988, 157). Hierbei ist eine lokale Maximalaktivierung festzustellen und von der verteilten Minimalaktivierung zu unterscheiden. Beides wirkt auf die Möglichkeit von Versprechern ein. Der Norm-Effekt ist aus der Wirkweise der Minimalaktivierung deutbar. Wenn dabei die Häufigkeit des Gebrauchs bestimmter Formen einbezogen wird, ist klar, daß sich hier besonders intensive Verbindungen aufbauen, die zugleich den Aktivationsfluß hin und zurück erhöhen. Eine gebräuchliche Phonemsequenz baut mehr Aktivationsenergie auf als eine selten verwendete. Visuell präsentierte Unsinnswörter werden signifikant langsamer ausgesprochen, wenn die Graphemfolge mehrdeutige Aussprachevarianten zuläßt (Glushko 1979). Aufbau und Rückkopplung in einem Gesamtsystem tragen zu dieser Verzögerung bei.

Mit der Phonemschlitz-Theorie (Shattuck 1975; Shattuck-Hufnagel 1979) läßt sich die Annahme verbinden, daß es so viele Schlitze wie Füllelemente gibt. Die Folge ist, daß bei der Substitution der Schlitz nicht affiziert ist, bei der Addition neu geschaffen und bei der Elision gestrichen wird. Addition und Elision sollten aufgrund des Eingriffs in den Generierungsprozeß seltener auftreten als Substitutionen, empirisch ist das ebenso nachweisbar wie auch ein Unterschied zwischen Addition und Elision. Während sich bei der Substitution keine Veränderung für die Silbenstruktur ergibt, haben Addition und Elision mit einer Strukturveränderung zu tun. Eine Modifikation der Silbenstruktur Konsonant-Vokal-Konsonant, kurz CVC, bedeutet automatisch einen Wechsel in der Frequenz des Silbentyps. Hierbei ergeben sich Werte, welche die Differenz CV mit einem Verlust von 22% und beim Wechsel CVC zu CVCC von 38 % benennen (Berg 1988, 160).

Mit dem bisherigen Modell des Aktivationsflusses in einem Netzwerk eröffnet sich die Möglichkeit, auf die in der Linguistik übliche Perspektive der regelgeleiteten Sprachproduktion zu verzichten (Rumelhart/ McClelland 1982, 93). Berg (1988, 164) zweifelt an realen Grundlagen von phonotaktischen Regeln. Sprachproduktion auf der phonemischen Ebene setzt einen Aktivationsfluß in zweifacher Richtung voraus. Ein Phonem wird von der lexikalischen Ebene und von der Ebene der Merkmale her erfaßt. Die Geschwindigkeit ist sehr hoch (Ratcliff/ McKoon 1981) und der Durchlauf nicht auf einmal beschränkt, sondern kann mehrfach erfolgen. Grenzen setzt die Realzeit des Sprechtempos. Für das Merkmal besteht dabei eine Sonderrolle. Es fehlt die Doppelanbindung. Merkmalsfehler sind selten (Fromkin 1971). Das läßt sich aus dem geringeren Aktivationsspielraum erwarten.

Eine besondere Rolle kommt der Erstposition (=Onset) zu. Die Initialposition ist von Versprechern deutlich mehr betroffen als andere (Shattuck-Hufnagel 1987). Dieser Effekt besteht allerdings nur, wenn normale Sprachmuster zugrunde liegen (Shattuck-Hufnagel 1982c). Das spricht für eine syntaktische Motivation der Hyperaktivation der Erstposition. Die Initialaktivierung würde sich als eine Aktivität darstellen, um für eine begrenzte Zeit einen Zusammenhalt zwischen verschiedenen Wörtern herstellen zu können. Dem steht nicht entgegen, daß mit der Initialaktivierung auch ein Markierungspunkt für die lineare Kodierung der Reihenfolgeninformation gesetzt wird. Das Phänomen fände seine Bestätigung in der größeren Zahl der Antizipationen gegenüber den Perseverationen im intraverbalen Bereich, wenn von einer Verstärkung der Anfangsposition gegenüber weiteren Bestandteilen eines Lexemkomplexes ausgegangen wird. Unterschiedliches Material kann in einem solchen Modell gleichzeitig prä- und hauptaktiviert werden. So kann es zu Überschneidungen der Prozesse kommen, wie schon sehr früh angenommen worden ist (Goldman-Eisler 1968).

Ein Phänomen ist bisher außer acht gelassen worden. Versprecher wurden nach dem zuletzt Dargestellten als Fehlleistungen auf der Stufe der Exekution beschrieben. Hotopf (1983) hat nachweisen können, daß es neben Versprechern auch sog. "Verdenker" geben kann. Er verweist auf mögliche Vorkorrekturen beim Sprechprozeß, wenn der Sprecher einen Fehler entdeckt, bevor er sich äußert. Das würde auf eine spezielle Phase zwischen Exekution und Artikulation verweisen. Die Exekution ist nicht mit der Artikulation identisch. Berg (1988, 203) schlägt vor, statt von Exekution von Realisation zu sprechen, um deutlich zu machen, daß eine Überführung eines parallel geplanten Materials in ein serielles Nacheinander gemeint ist. Die Artikulation kann, muß aber nicht stattfinden. Die Realisierung kann daher auf ein stilles Sprechen beschränkt bleiben.

4.4 Ebenen und Stufen in einem Modell

Aus der Versprecherforschung begründbar lassen sich syntaktische, morphologische, phonemische und subphonemische Komponenten unterscheiden. Sie werden als Verarbeitungsebenen betrachtet, die zur Organisation des jeweiligen Materials angelegt sind. Davon unterschieden wird die "Stufe", um Prozesse bezeichnen zu können, wie mit dem Material bei der Sprachproduktion umgegangen wird. Die Annahme einer Zweistufigkeit bei der Explikation eines Modells sieht Keller (1980) darin begründet, daß eine zeitlich motivierte Trennung sinnvoll ist, die zwischen Planen und Ausführen unterscheidet.

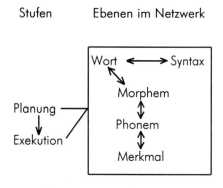

Abb. 15
Zweistufenmodell (Berg 1988,197)

Während Planung zeitlich unabhängig gedacht werden kann (Lashley 1951), ist bei der Artikulation der Beweglichkeit der Sprechorgane Rechnung zu tragen. Fehler können bei einer solchen Sichtweise als Planungs- oder als Artikulationsfehler auftreten. Hier kommt es zu einer Schwierigkeit, wenn zwischen Fehlerauftritt und Akkommodation zeitlich getrennt wird, die Akkommodation aber nicht zuverlässig erfolgt (Stemberger 1983b). Wenn von einer parallelen Informationsverarbeitung ausgegangen wird, kann die Abstimmung zwischen gleichzeitig präsenten Einheiten mißlingen. Eine klare Trennung zwischen der Präaktivierung und Hauptaktivierung entsprechend der Unterscheidung in Planungs- und Exekutionsphase ist empirisch problematisch, sie ist auch nicht notwendig, wenn dem Konzept des Aktivationsmodells gefolgt wird. Jede Verarbeitungseinheit ist gleichzeitig in "Alarmbereitschaft". In der Phase der Präaktivierung ist somit jede Einheit zu jedem Zeitpunkt abrufbereit. Eine Konkurrenzsituation muß für diese Phase ausgeschlossen werden. Für Berg (1988, 195) folgt daraus, daß Versprecher nicht dieser Phase zugeordnet werden sollten.

Die Exekutionsstufe wird angenommen, um Elemente in einer bestimmten Reihenfolge zu aktivieren. Hierbei gilt, daß immer nur ein Element zu einem Zeitpunkt an der Reihe ist. In dieser Situation geraten Elemente in Konkurrenz, weil jedes Element gegen jedes "antritt". Die Linearisierung erfolgt über das Netzwerk, indem eine spezifische Aktivationsstrategie zugrundegelegt wird. Es gibt somit eine aktuelle und eine gerade nicht zu bearbeitende Position. In Abhängigkeit zur Exekution eines Elementes ist der Aktivationsfluß höher oder niedriger. Es entsteht der Zustand maximaler und minimaler Hyperaktivation bei dem Kontextidentitätseffekt bzw. bei den Maskierungen.

Die Stufen beziehen sich auf alle Ebenen und nutzen die vorhandene Information. Der Umgang mit der Information ist spezifisch. Auf der Stufe der Planung wird die Information parallel bearbeitet. Kennzeichen der Phase der Exekution ist die Serialisierung. Die Stufe der Planung nimmt Bezug auf etwas, was durchaus als "fertig" betrachtet werden kann. Die Leistung der Exekution liegt darin, etwas, was nicht linear organisiert ist, in serieller Abfolge zu präsentieren.

Das Modell eines aktivationalen Netzwerkes ist zuerst einmal wie alle anderen auch ein theoretisches Konstrukt. Es bietet für den Bereich der Versprecherforschung ein breites Spektrum von Erklärungen dort zu beobachtender Erscheinungen. Das beginnt mit der Möglichkeit eines Verzichtes auf differenzierte Gedächtniskonzepte, weil das Netzwerk Gedächtnis und Produktionssystem zugleich darstellen kann. Es repräsentiert aufgrund seiner Struktur konkrete Details der verschiedenen linguistisch definierten Ebenen und erfaßt inhärent eine abstrakte Ordnung, die einen Verzicht auf die in der Linguistik übliche Regeldarstellung möglich macht. Die Interkonnektivität des Systems bietet ein hohes Maß an Alternativen, um Intentionen auszuwählen. Der Mechanismus der Aktivation sichert die Funktion aufgrund des Prinzips des Aktivationsflusses. Die simultane Präsens jedes Elementes erklärt die Möglichkeit von Feedback- und Feedforward Interaktivität. Mit der Gleichzeitigkeit unterschiedlicher Verarbeitungsstufen wird das sprachliche Material differenziert aufbereitet und dem Akt der Sprachproduktion verfügbar gemacht.

Um einen konkreteren Eindruck von den zu lösenden Problemen zu gewinnen, ist ein Blick auf die Theorie distinktiver Merkmale, wie sie zur Deutung von Lautstörungen entwickelt worden ist (Clements 1985; Prinzhorn 1989; Stark et al. 1990), hilfreich. Die Repräsentation einer solchen universalen Merkmalsstruktur nimmt auf den Artikulationsapparat Bezug und integriert die aus der Phonologie bekannten spezifischen Merkmale als Parameter.

Universale Merkmalsstruktur

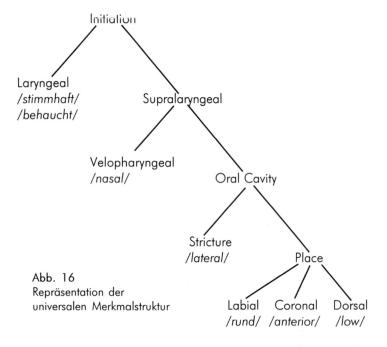

Abb. 16
Repräsentation der
universalen Merkmalstruktur

Die Merkmale sind als Knoten eines Merkmalsbaumes darge-stellt, der die zur Artikulation obligatorischen Gesten in ihrer hierarchischen Abfolge darstellt. Einem Knoten untergeordnet sind Merkmale, welche die Parametrisierung der jeweiligen Geste darstellen. Während das Netzwerk unabhängig von weiteren neurolinguistischen Ansprüchen zuerst als Repräsentation des universellen phonetischen Raumes gedeutet werden kann, alle Sprachlaute können darin erfaßt werden, sind die Klassen von Lauten abhängig von einzelnen Gesten. Zur Beschreibung der Vokale reicht der Bezug auf die Gesten "Initiation, Supralaryngeal, Oral Cavity, Place" (Dogil1992, 51).

Geste	Parameter		
	Liquide	Nasale	Obstruenten
Initiation	+	+	+
Laryngeal			SG
Supralaryngeal	+	+	+
Velopharyngeal	+	+	+
Oral Cavity	+	+	+
Stricture	+	+	+
	+lat	+cont	
Place	Cor	Lab	

Konsonanten werden auf dieselbe Weise erfaßt, und die Matrix zeigt anschaulich, wie sich die Lautklassen durch die jeweilige Geste voneinander unterscheiden lassen.

Geste	Parameter		
Initiation	+	+	+
Laryngeal	+		
Supralaryngeal	+	+	+
Velopharyngeal	+		+
Oral Cavity	+	+	+
Stricture	+		+
Place	+	+	+

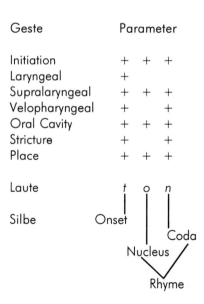

Eine Realisation der Gesten setzt eine Abfolge von Aktivitäten voraus. Versprecher sind als Abweichungen entweder im Bereich der Gesten oder bei der Parametrisierung zu erwarten. Wenn statt von einer "Haustür" von einer "Hauftür" oder "Hauttür" gesprochen wird, hat dies seinen Grund in einer unterschiedlich realisierten Parametrisierung einer Geste.

Geste	Parameter			
Initiation	+	+	+	
Laryngeal	+		+	
Supralaryngeal	+	+	+	
Velopharyngeal	+	+	+	
	-nas	-nas	-nas	
Oral Cavity	+	+	+	
Stricture	+	+	+	
	con	-con	-con	
Place	+	+		
	Lb	Co	Co	
Lautsegmente Hau	s	f	t	tür

Während beim Versprechen von "Haustür" mit "Hauftür" zwei Parameterwerte variieren, unterscheidet sich "Haustür" von "Hauttür" in einem. Dogil (1992, 55) unterscheidet deshalb zwischen einer phonologischen "Verdeutlichung" und einer phonologischen "Entdeutlichung" und sucht nach einem Weg, ein Beschreibungsinstrument zu erhalten, das Versprecher zu erklären hilft.

Wenn die Verarbeitung in der Planungsphase ist, dann sind die "Programme" zur Aktivierung der Gesten noch alle gleichzeitig verfügbar, erst wenn die Artikulation erfolgt, d.h. wenn die Programme durchgeführt werden, muß eine temporal abgestimmte, serielle Organisation erfolgen, bei der u.U. ein Minimum an Gesten zum Zuge kommen soll und wo möglich nur Parameter variiert werden. Als ein Beispiel einer solchen Parametrisierung sei die Initiations-Geste zitiert (Dogil/ Luschützky 1989, 39).

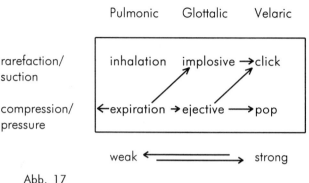

Abb. 17
Parametrisierung der Geste

Ein solchermaßen differenzierter Parameter kann auf eine Stärke-skala projeziert werden, die unabhängig davon motiviert ist (Dressler 1984; Luschützky 1988). Damit werden pathologische Sprechweisen beschreibbar. Eine Schwächung der Initiationsgeste bedingt einen geringer werdenden expiratorischen Druck, das ver-ursacht zu geringen und nicht konstanten subglottalen Luftdruck, der Sprecher wird immer leiser. Das kann bis zu einer dysphonen Sprechweise führen. Eine Verstärkung führt zu einer Verlagerung vom Brustkorb und Unterleib in den glottalen und velaren Be-reich. Die Sprechweise entstellt die Sprache, weil die Laute im Kehlkopf (Implosive, Ejektive) und im oralen Raum (Schnalzlau-te) erzeugt werden. Es kommt zu einer erhöhten Sprechanstrengung. Entsprechend lassen sich die laryngeale, velopharyngale oder artikulatorische Geste parametrisieren (Dogil 1992, 60-62).

Die Einbeziehung der Silbe als eines Organisationsprinzip ist nicht ohne Effekt, weil eine "Konsonanten-Geste(n)" von "Vokal-Geste" abgelöst wird und diese wieder von "Konsonanten-Ge-ste(n)". Nicht zufällig scheint es daher, wenn die morphematische Repräsentation konsonantische Phoneme einerseits und die voka-

113

lische Komplettierung andererseits verwaltet; ein Indiz ist die in vielen Sprachen zu beobachtende Vokalharmonie. Im Deutschen ist ein eigenes Temporalsystem auf diese Weise bei den starken Verben konstituiert worden, auch die Pluralbildung oder die Nachwirkung der Optativmarkierung zeigt Wirkungen in diesem Sinn. Davon zu unterscheiden ist die Frage, was eine Silbe ist und inwieweit das Silbenprinzip die Wortmorphologie unterstützt. Präfixe wie "ab" oder "auf" und Wörter wie "Ofen" oder "Alter", aber auch "Stab" oder "Spruch" passen nicht ohne weiteres in ein Silbenschema. Eine Lösung wird dadurch zu erreichen versucht, daß in einer Konsonantenposition nicht ein Konsonantenphonem realisiert werden muß, sondern von der Vorstellung eines Sonoranzmaximums ausgegangen wird, welches im Silbengipfel erreicht wird.

ansteigende Sonanz

→

p,b	f,v		n,m	l	R	i,ū,u	andere
t,d	s,z						Vokale
k,g	š,ž,						

Abb. 18
Sononanzkontinuum

Auf dem Weg zum Silbengipfel kann ausgehend von einer nicht-sonoranten über eine zunehmend sonoranten Position ein Maximum erreicht werden. Von einem Obstruenten zu einem Liquiden ist durch Reduktion der Gesten der Weg zum Vokal konsequent, um dann von dort einen Weg zu gehen, der nicht mit der Einleitung identisch sein darf. Das Wort "Stab" unterscheidet sich gegenüber "Tag" und dies wiederum gegenüber "Mord" dadurch, daß die Silbifizierung von "Tag" dem Muster folgt:

Silbenstruktur

Schema

$((C^{Onset})\ ((V^{Nucleus})\ (C^{Coda}))^{Rhyme}\ )^{Silbe}$

Beispiel

$((/t/^{Onset})\ ((/a/^{Nucleus})\ (/k/^{Coda}))^{Rhyme})^{Silbe}$

Geste	Parameter		
Lautfolge	t	a	k
Initiation	+	+	+
Laryngeal+S	+		
Supralaryngeal	+	+	+
Velopharyngeal	-nas		+
Oral Cavity	+	+	+
Stricture	-con		+
Place	Co	Do	Do

Das Konsonantenphonem ist ein mehr spezifiziertes Konstrukt als das Vokalphonem, so daß sich die Silbe als ein Gebilde darstellt, welches als ein Vorgang gedeutet werden kann, mehr spezifiziert als der Nucleus. So ist vorstellbar, daß der Onset gegenüber dem Nucleus oder die Coda gegenüber dem Nucleus bei dem der Onset höher spezifiziert als der Nucleus erscheint, die Coda als wieder deutlich aus der Sicht der Phonologie als ein zweites Phonem liest. Mit der Einführung des Begriffs der Sonorität und der Festlegung, daß Obstruenten am wenigsten sonorant sind und Vokale ein Maximum an Sonoranz besitzen, gewinnt die Silbifizierung ein wichtiges Bestimmungskriterium. Ferner gilt, daß Onset-Position und Coda-Position nicht mit identischen Gesten belegt sein dürfen und ein langer Vokal im Silbenmaximum nur mit einem Konsonanten-phonem geschlossen wird (Clements 1985; Prinzhorn 1989).

5 Spracherwerb und Kognition

5.1 Frühe Entwicklung lautlicher Äußerungen beim Kind

Die wohl ältesten Versuche, etwas über die Funktionsweise von Sprache zu erfahren, basierten auf der Idee, man müsse die Sprache eines Kindes, das von allen menschlichen Lebewesen isoliert wird, beobachten und werde dann erkennen können, wie das Kind die Sprache lernt und vor allem welche es erwirbt, denn dies müsse die "Ursprache" sein (Rosenkranz 1971, 24-28). Zur Überraschung der Beteiligten kam es nicht zur erhofften Sprachentwicklung. Obwohl das Gehirn auf Sprache angelegt ist, reicht diese Anlage nicht, um für sich und von anderen Personen unabhängig ihre Bestimmung zu erreichen. So wird Sprache einerseits als gegeben, andererseits aber auch als erst zu erwerben beschrieben.

Eine Auflösung dieses Widerspruchs läßt weitere Annäherungen an das Verhältnis von Kognition und Sprache erwarten. Wenn Sprache zum Wesen eines Menschen gehört, dann muß sie als solche bereits sehr früh erkannt und wahrgenommen werden, d.h. es müßte Indizien dafür geben, daß ein Kind gleich nach der Geburt oder vielleicht schon vorher auf Sprache in besonderer Weise reagiert. Es wurde nachgewiesen, daß pränatale Föten einen gewissen Umfang an Schalldifferenzierung beherrschen (Drife 1985; Eimas 1990). Die mütterliche Sprachfrequenz wird erkannt, und der Säugling kann zwischen Geräuschen und Stimmen unterscheiden. Auch wenn es methodisch sehr schwierig ist, den Zusammenhang im hergestellten Sinn eindeutig zu belegen, ist zumindest darin ein Indiz zu sehen, daß Sprache auf den menschlichen Organismus einen besonderen Einfluß nimmt.

Jakobson (1970) stellt Schreien in einen Zusammenhang mit der Herausbildung der Intonation und sieht Sprachentwicklung und Aphasie in einer Entwicklungslinie. Die Intonation steht ganz am Beginn der Entwicklung und befindet sich beim Sprachschwund ganz am Ende. Im Schreien hält er Konturen für nachweisbar, die sehr rasch Modulationen erkennen lassen, die mit Intonationen in Verbindung gesehen werden sollten bzw. als erste Vorformen deutbar erscheinen, so daß davon auszugehen ist, daß am Anfang des Schreiens das Produzieren durch die Entwicklung der Organe bedingt werde, die zunehmende Beherrschung dieser Organe die Produktion "sinnvoll" beeinflusse und diese im Sinne einer intonatorischen Modulation entwickele.

Unstrittig in der Diskussion ist die Beobachtung, daß zwischen der dritten und achten Woche die Lautäußerungen den Charakter verändern und als "Lallen" bezeichnet werden. Dieses löst sich unmißverständlich von den unmittelbar vitalen, lautlich geäußerten Bedürfnissen los und hat die Forschung intensiv beschäftigt, weil als Ursache dafür das Angleichen an den phonetischen Bereich und das phonologische System der Bezugssprache vermutet wurde. Oller u.a. (1976) vertraten die Auffassung, daß sich das Lallen in Richtung der zu lernenden Zielsprache entwikkeln würde. Aus einer Arbeit von Thevenin u.a. (1985) geht hervor, daß beim Lallen japanischer und amerikanischer Kinder keine Unterschiede zu erkennen waren. Wode (1988, 123) glaubt mit de Boysson-Bardies u.a. (1984), daß es bestenfalls Tonhöhenverläufe sind, an denen sich das Kind sprachspezifisch ausrichtet. Er sieht einen Wandel von einer anfänglich vokalischen Dominanz zu einer konsonantischen Verstärkung hin, die dann sogar das Vokalische zu dominieren beginnt.

Festzuhalten ist, daß in der frühen Phase bisher keine Indizien dafür zu finden sind, die eindeutig dafür sprechen, daß die Zielsprache das Verhalten der Lautproduktion beeinflußt oder gar verändert (Nakazima 1962; Boysson-Bardies 1984; Wode 1988). Dieser Befund ist wichtig, weil er gegen Theorien spricht, die von Imitation als dem tragenden Element bei der Sprachentwicklung ausgehen. Grundlegend ist die Beobachtung von Lallsegmenten, die wie Vokabeln verwendet werden, ohne aus der Sprache der Umgebung übernommen worden zu sein. Solche Lallwörter werden eigenständig mit pragma-semantischen Funktionen verbunden, die im sog. Kieler Korpus mit steigender und fallender Tonhöhe verbunden auf Zuwendung und Nichtzuwenden verweisen. Solche Lallwörter haben auch dann noch Bestand, wenn bereits konventionelle Wörter der Sprache den Wortschatz bestimmen.

Damit wird einer Position älterer Sprachentwicklungstheorien widersprochen, bei denen das Nachahmen als Motor der Entwicklung angenommen wurde. Lewis (1951) sah drei Stadien des Nachahmens; bis zum vierten Monat gebe es nur ein Reagieren auf menschliche Lautäußerungen, dann setze die Phase der Lallpause ein, mit acht bis neun Monaten beginne eine intensive Lautproduktion, die mit der genauen Nachbildung von Wörtern verbunden sei. Rudimente des alaten Gebrauchs machen dann einen Sinn, wenn sie Ausdruck eines originären Systems sind, das aus sich heraus und mit Bezug auf äußere Möglichkeiten entsteht. Die Stabilität solcher Lallwortreste läßt sich dadurch erklären, daß die Symbolfunktion von Anfang an mit der Funktion einer Äußerung verbunden wird. Das daraus ableitbare Symbolsystem erweitert sich kontinuierlich, so daß mehr Lautgebilde aufgegriffen werden, die als Symbolträger bewußt oder in diesem Sinne gedeutet werden. Das Ganze führt zu einer Intensivierung dieser Art von Äußerungstypen.

Der Unterschied zwischen dem Lallwort und dem konventionellen Wort entwickelt sich indes erst allmählich. Beide stellen sich im Symbolwert als Wort dar. Wenn die Lallwörter verschwinden, bedeutet das nicht, daß das Kind jetzt Wörter lernt, sondern daß das Feld der Symbole neu oder umstrukturiert wird. Damit verbunden erhält das Zeicheninventar der kindlichen Sprachumgebung eine Eigenständigkeit, welche so zuvor nicht vorhanden war (Bruner 1987, 64-72). Fragwürdig ist eine Bemerkung von Preyer (1900), daß ein Nachahmen ohne Verstehen möglich sei, Stern/ Stern (1907) haben dem bereits heftig widersprochen. Bruner (1987, 22-23) betont mit Bezug auf eine Reihe von Untersuchungen die Voraussetzung nichtsprachlicher kognitiver Leistungen, um Sprache gebrauchen zu können (Gardner 1971; Leslie 1979; Meltzof 1981). Studien an geistig behinderten Kindern belegen ebenfalls, daß auch Nachahmen abstraktive Leistungen voraussetzt (Sucharowski 1990). Kognition an sich basiert auf dem Zeichen- und Symbolcharakter von Denken und Handeln (Seiler 1985, 116).

Auf dem Hintergrund der Vorstellung des Reifens der Gehirnstruktur und der damit verbundenen Annahme, daß sich die

Sprachfunktion eigenständig entwickelt, kann das Lallen als ein mehrschichtiger Vorgang verstanden werden. Er dient zur Fortbildung der Körperbeherrschung und -erfahrung. Das Kind nimmt sich als Lebewesen wahr, das sich lautlich äußert; das bewirkt wie im motorischen Bereich der Bewegungsbeherrschung hirnphysiologische Entwicklungen. Das Lallen löst interaktive Prozesse aus. Die Mutter und andere interpretieren das Lallen als sprachähnliches Verhalten und tun so, als spreche das Kind. Auf diese Weise entwickeln sich "dialogische Strukturen" bzw. Erfahrungen über den Zusammenhang, daß lautliches Äußern Veränderungen im sozialen Umfeld bewirkt (Bruner 1978; 1979; 1987, 76-98). Verknüpft mit diesen Erfahrungen ist die Entwicklung einer differenzierten Wahrnehmung im audio-visuellen Bereich und damit zusammenhängend wird die Umwelt gegliederter gesehen und zugleich die Konstanz von Objekten erkannt, das Lallen nun tritt in engem "Kontakt" mit spezifisch sich wiederholenden Handlungen auf, in welche das Kind einbezogen ist. Es trägt gewissermaßen mit zur Strukturierung dieser Umwelt bei, bis es eine Wertigkeit im Sinne der Initiierung von Handlungen bei anderen bedingt (Greenfield/Smith 1976).

Aus dem Zusammenspiel von Reifung und Lernen im sozialen Umfeld erklärt sich die Differenz im zeitlichen Eintritt des Wandels vom Lallen zum Gebrauch artikulierter Wörter, die in ihrer Grundfunktion den Lallwörtern entsprechen. Für die genannten Annahmen sprechen Beobachtungen, daß Kinder in einer sozial sterilen Umgebung, z.B. Krankenhaus oder Heim, signifikant weniger lallen und die gesamte Sprachentwicklung stark verzögert ist.

Während eine solche Sicht eine kontinuierliche Entwicklung nahelegt und als Kontinuitätshypothese diskutiert wird (Ferguson/ Macken 1983), betont Jakobson (1941), daß die Lautproduktion im letzten Viertel des ersten Jahres plötzlich "umbricht", und stellt damit eine Diskontinuitätshypothese in den Raum. Das Kind produziere zunehmend Laute, die phonetischen Klassen zugeordnet werden könnten und den phonologischen Bedingungen der Zielsprache immer ähnlicher würden. Jakobson sieht darin einen Einschnitt in der Entwicklung.

Der Widerspruch zwischen beiden Hypothesen basiert auf einer fehlenden Differenzierung zwischen "Sprach-" und "Sprechhirn". Lautproduktionen, die vom "Sprachhirn" initiiert werden, und Produktion von Lauten, welche vom "Sprechhirn" erzeugt werden, sind von grundlegend anderer Qualität (Dittmann u.a. 1988). Je stärker das "Sprachhirn" die Sprechfunktion zu dominieren beginnt, umso enger wird sich die Lautproduktion an der Sprache orientieren. Mit der Zunahme einer Beherrschung der Sprechorgane wird die Aufmerksamkeit geweckt, Sprache zu entdecken. Die Diskontinuität ist u.U. nichts anderes als der Wechsel der Aufmerksamkeit vom Laut zum Sprachlaut.

5.2 Erklärungsansätze zum Spracherwerb

Piattelli-Palmarini (1980) polarisiert in "Language and Learning" die verschiedenen Positionen zur Erklärung von Sprachentwicklung ausgehend von Piaget und Chomsky. Piaget wird als Vertreter der Gruppe von Wissenschaftlern gesehen, die Sprachentwicklung als integrierten Bestandteil der allgemeinen kognitiven Entwicklung des Kindes deuten. Chomsky gilt als Vertreter der Forscher, die in der Sprachentwicklung ein artspezifisches Programm zu erkennen glauben. Sprachentwicklung stellt sich als ein autonomes Phänomen dar. Grundlegend für die Unterscheidung ist die Annahme, Sprachfähigkeit sei eine autonome kognitive Fähigkeit oder habe nur als Ausschnitt einer allumfassenden kognitiven Kapazität des Menschen zu gelten.

Hängt die Sprachfähigkeit von anderen kognitiven Fähigkeiten ab, ist von mindestens zwei Wissensarealen auszugehen, von welchen eines sprachlich und das andere nicht-sprachlich ist. Zu klären bleibt, wie diese zueinander in Beziehung treten. Clark/Clark (1977) sehen darin lediglich ein Abbildproblem, allgemeines wird Wissen versprachlicht. Schaner-Wolles/Haider (1987, 42) charakterisieren die Beziehung differenzierter: (1) sprachliches

Wissen ist eine Teilmenge eines allgemeinen Wissenssystems und umschließt das Nicht-Sprachliche, (2) sprachliches Wissen ist autonom - gewissermaßen ein spezifisch kognitives Modul. Die Positionen werfen eigenständige Fragen auf, die empirisch zu beantworten sind. Stimmt (1), dann entwickeln sich kognitive und sprachliche Fähigkeit in gleicher Weise. Trifft (2) zu, läßt sich in der Entwicklung keine Abhängigkeit und Beeinflussung nachweisen.

Für die Position der kognitiv-integrativen Sicht oder die Korrelationshypothese arbeiten Rice/Kemper (1984) drei Varianten heraus. Es gibt die starke Kognitionshypothese, die McNamara (1972) vertritt. Nichtsprachliche kognitive Fähigkeiten sind sowohl notwendig wie hinreichend für den Erwerb von sprachlichen Fähigkeiten. Bates (1979) hält dies für zu "stark" und glaubt an ein System von sprachlichem und nicht-sprachlichem Wissen mit unterschiedlicher Ausprägung eines allgemeinen Systems. Er sieht die Korrelation zu kognitiven und sprachlichen Fähigkeiten als aufgabenspezifisch in einen Entwicklungsplan eingebunden. Schaner-Wolles/ Haider (1987, 43) sprechen daher von der lokalen Homologie-Annahme. Als dritte Position wird die "schwache Kognitionshypothese" von Cromer (1976) diskutiert. Er geht davon aus, daß die kognitive Entwicklung die sprachliche nur zu einem gewissen Umfang determiniert. Johnston/Slobin (1979) haben dafür den Begriff der Wartezimmer-Metapher geprägt. Das "Wartezimmer" kann als kognitive Schwelle für den Spracherwerb reinterpretiert werden. Allen gemeinsam ist die Annahme, daß der Spracherwerb als Wissenserwerb mittels nicht-sprachlicher, kognitiver Fähigkeiten erfolgt.

Mit der Autonomiehypothese wird behauptet, der Erwerb erfolge autonom und werde von einem artenspezifischen Verhaltensprogramm gesteuert. Die kognitive Entwicklung spiele nur peripher eine Rolle, sie setze ein "niedriges Schwellenniveau" voraus. Bei der Diskussion dieser Hypothese ist mit zu berücksichtigen, daß hier zwar von Sprache die Rede ist, aber eigentlich Grammatik im weiteren oder engeren Sinn der Syntax gemeint ist.

Für die Autonomiehypothese ist der Initialzustand ein System universalgrammatischer Prinzipien, wie sie im Theorieansatz von "Government and Binding" (Chomsky 1981) thematisiert und für Wexler/Manzini (1987, 42) als Ausgangspunkt einer Parameter-Theorie vorstellbar sind. Diese Theorie erlaube Aussagen über erwartbares sprachliches Verhalten und könne insofern zur "Evaluation von Eigenschaften" eines Parameters genutzt werden, indem Voraussagen gemacht werden, inwieweit sich das Kind in seiner verbalen Entwicklung der Theorie gemäß verhält oder nicht und ob das Verhalten durch Manipulationen an einem Parameter erklärbarer wird.

Mit der Vorstellung, es würden vom Kind "Parameter" gesetzt und Merkmale desselben verändert, wird darauf zu antworten versucht, warum es einerseits ein universal wirksames Regelsystem gibt und warum andererseits die Vielzahl von grammatischen Formen, die sich das Kind nicht aus seiner sprachlichen Umgebung herleiten kann, im Sprachgebrauch desselben auftauchen. Der Erwerb einer Sprache bestehe im Erkennen jeweiliger Parameterwerte, ihrer Reichweite oder Abhängigkeit von anderen Parametern (Wexler/Manzini 1987). Die Parametererkennung setzt kognitive Basisfähigkeiten voraus, da das Kind die Werte aus seiner Umgebung ableiten können muß. Für Chomsky (1986) gilt daher, daß Parameter die Eigenschaft der "epistemologischen Priorität" besitzen müssen, d.h. daß sie anhand extralinguistischer Kategorien wie "ist gleich", "geht voraus", ... identifizierbar sein müssen. Damit verbunden ist die Forderung nach einem kognitiven Niveau, von dem aus erst eine Entwicklung überhaupt einsetzen kann.

Im Fall der Korrelationshypothese wird Identität vom Entstehen eines verbalen Struktursystems und der Entfaltung anderer komplexer kognitiver Fähigkeiten postuliert. Die Entwicklung sei nach Piaget ein Resultat der Anwendung von Assimilations- und Akkommodationsprozessen, d.h. es ist das Ergebnis der Vorgänge, die Daten der vorfindlichen Situation auf früher gewonnene Muster zuordnen, bzw. von Prozessen, bei denen das bekannte Muster im Sinne der besseren Anpassung an die Situation verändert wird. Assimilation und Akkommodation werden als Basisoperationen gewertet und allen intellektuellen Handlungen zugeordnet. Zur Korrelation zwischen Kognitionsniveau und Sprachentwicklungsstand kommt es, weil sprachliche Muster von unterschiedlicher Komplexität sind und diese in Abhängigkeit vom Kognitionsniveau bewältigt werden. Damit ist gemeint, daß die Zunahme der Fähigkeit, komplexe Strukturen zu durchdringen, an einer Zunahme komplexer sprachlicher Strukturen sichtbar wird.

Argumente für oder gegen eine der beiden Positionen lassen sich gewinnen, wenn gezeigt werden kann, daß erstens unabhängig vom allgemeinen kognitiven ein hohes sprachliches Niveau zu beobachten ist bzw. zweitens sprachliche Entwicklungen stattfinden, für die es keine analogen Prozesse im allgemeinen mentalen Bereich gibt. Für die Korrelationshypothese würde sprechen, wenn Korrelationen zwischen Sprachentwicklung und kognitiver Entwicklung auffindbar wären. Das Ergebnis einer Untersuchung über die Verwendung pronominaler und reflexiver Bezugnahmen in Texten erbrachte einen statistischen Nachweis eines Zusammenhangs zwischen dem nichtsprachlichen kognitiven Niveau und dem Grad, wie relative Beziehungen in Sätzen beherrscht werden (Schaner-Wolles/Haider 1987, 77-78). Wenn die kindliche Interpretation pronominaler und reflexiver Konstruktionen isoliert oder kombiniert geprüft wird, kommt es zu keiner "additiven Komplexität", denn Probleme des Verstehens entstehen nur dann, wenn erweiterte Infinitivkonstruktionen bzw. Objektsätze über mehr als ein Pronomen in Verbindung zueinander treten. Reflexiv- und Pronominalkonstruktionen erwiesen sich bei den Tests relativ zum Kognitionsniveau des jeweiligen Alters als gleichwertig. Lokalitätsstrategien wurden nicht gefunden. Das Beherrschen der Relationen ist mit zehn Jahren nicht abgeschlossen, sondern befindet sich in voller Entwicklung.

Damit ist für den Bereich der Entwicklung des Verstehens pronominaler und reflexiver Zusammenhänge gezeigt worden, daß diese sich nicht mit dem kognitiven Entwicklungsprozeß in direkte Verbindung setzen lassen. Die Resultate bestätigen Ergebnisse aus einer früheren Untersuchung, wo Rice/Kemper (1984, 21) herausgefunden hatten, daß die Korrelation zwischen der sprachlichen und kognitiven Entwicklung zu gering ist, als daß ein Zusammenhang daraus hätte erschlossen werden dürfen.

Die Frage, ob damit auch die schwache Korrelationshypothese widerlegt sei, muß allerdings weiterhin mit Nein beantwortet werden. Sie überschneidet sich mit der Autonomiehypothese darin, daß beide ein kognitives Schwellenniveau zum Ausgang nehmen. Für die Autonomiehypothese stellt dies nur eine Trigger-Funktion dar, für die Korrelationshypothese ist das Schwellenniveau ein integraler Bestand. Um diesen Unterschied auswerten und in den weiterreichenden Konsequenzen überhaupt beurteilen zu können, reichen die bisherigen Tests nicht aus. Die Daten lassen einerseits den Schluß einer schwachen kausalen Beziehung zwischen kognitivem und sprachlichem Niveau zu, ebenso gut ist es aber möglich, zwei voneinander unabhängige Reifungsprozesse anzusetzen, wobei diese dann im beobachteten Zeitraum eine gewisse gleichmäßige Entwicklung zeigen. Ein Zusammenhang zwischen sprachlicher Komplexität und kognitivem Niveau besteht nicht. Die Ergebnisse decken sich mit Resultaten anderer Studien hinsichtlich der zeitlichen Entwicklung und im Vergleich mit anderen Sprachen, die ähnliche syntaktische Probleme zum Forschungsgegenstand hatten (Wexler/Chien 1985; Solan 1987). Das spricht für Annahmen, wie sie von Chomsky gemacht worden sind.

5.3 Lernbarkeitstheorie und Spracherwerb

Spracherwerb vollzieht sich phänomenologisch betrachtet wie ein "Sprachwandel" beim jeweiligen Kind. In einem bestimmten Zeitraum und auf einem bei verschiedenen Kindern ähnlich erscheinenden Weg entwickelt sich eine Fähig- und Fertigkeit, verbale Mittel norm- und situationsangemessen anzuwenden. Wenn das Warum eines solchen Wandels linguistisch geklärt werden soll, dann ist nach den Grundlagen und Prinzipien der Sequenzierung von sprachlichen Äußerungen zu fragen und ein theoretischer Ansatz zu formulieren, der sprachtheoretische Erklärungen bietet, die empirisch evaluierbar und auf diese Weise auch falsifizierbar sind.

Bedeutsam wie der sprachtheoretische Ansatz sind lerntheoretische Grundlagen. Im Rahmen der Spracherwerbsforschung ist eine Lernbarkeitstheorie aus verschiedenen Disziplinen heraus diskutiert worden. Gegenstand einer solchen Theorie ist das Bestimmen der Menge möglicher Grammatiken, die der Sprachlerner erwerben kann. Eine der Grammatiken muß die der Zielsprache sein. Zu klären hat die Lernbarkeitstheorie, welche Informationen der Lernende aus dem Sprachangebot benötigt. Es müssen Mechanismen definiert werden, die erklären, wie aus den Grammatiken und dem Sprachangebot die Kompetenz des Sprachlerners konstituierbar ist bzw. sich faktisch herausbildet.

Unter den diskutierten Theorien unterscheidet Clahsen (1988, 22) das Lernbarkeitstheorem der mathematischen Linguistik (Gross/ Lentin 1971), die Computersimulation des Spracherwerbs der Künstlichen Intelligenz-Forschung und Lernmodelle der theoretischen Linguistik für Transformationsgrammatiken (Wexler/ Culicover 1980) bzw. für die Lexikalisch-Funktionale Grammatik (Pinker 1982). Für eine Lernbarkeitstheorie ist die Bedingung der Lernbarkeit wichtig. Ein Lernmechanismus muß beschreiben, wie jede beliebige Sprache erwerbbar ist und warum dies innerhalb eines zeitlich festgelegten Entwicklungsabschnitts bei noch unausgebildeten allgemeinen kognitiven Fähigkeiten und einem eingeschränkten Sprachangebot unter Berücksichtigung der empirisch feststellbaren Entwicklungen möglich ist.

Sprachtheoretische Ansätze, welche zur Analyse dieses Gegenstandsbereichs herangezogen wurden, stellen die Theory of Goverment and Binding (Chomsky 1981), die Lexical Functional Grammar (Bresnan 1982) und die Generalized Phrase Structure Grammar (Gazdar et al. 1985) dar. Erfahrungen mit dem Konzept der Lexical Functional Grammar liegen in den Studien von Pinker (1984) vor, der den Erwerb bei unterschiedlichen Sprachen beschrieben hat. Probleme bei diesem Ansatz liegen im Verständnis der grammatischen Funktionen, ob Subjekt und Objekt universelle Kategorien sind, ist ungesichert. Als zu begrenzt erweist sich die syntaktische Repräsentation auf nur einer Ebene. Keine Voraussagen sind über die Wortstellung und besonders die des deutschen Verbs möglich (Clahsen 1988). Mehr Möglichkeiten werden im Ansatz der Theorie von Government-Binding gesehen. Die Anlage syntaktischer Konstituenten wird von universellen Prinzipien wie der X-bar Theorie hergeleitet. Diese Diskussion kann nicht losgelöst von der Frage betrachtet werden, ob die Entwicklung aus sich heraus erfolgt oder bestimmten Bedingungen unterliegt.

Verrips (1990, 14) unterscheidet zwischen Linguisten, welche den Wandel als Vorgang der Reifung einzelner Gehirnbereiche sehen, und jenen, welche die Veränderung als fortschreitenden Entwicklungsprozeß verstehen. Letztere sehen die Verfügbarkeit der Universalgrammatik bereits am Anfang der Sprachentwicklung als gegeben (Clahsen 1989; Roeper/Weissenborn 1990). Die erste Gruppe hingegen nimmt an, daß nur Teile verfügbar sind und erst allmählich ein komplexes Ganzes heranreift, wie dies auch für die Entwicklung der Motorik angenommen wird und bei anderen Bereichen der körperlichen Entwicklung eines Kindes festzustellen ist (Felix 1987; Borer/Wexler 1987; Lebeaux 1987).

Am Anfang steht ein in der Wortfolge freier, semantisch und pragmatisch multifunktionaler Wortgebrauch, das Kind verfügt noch nicht über eine mit Prinzipien der X-bar Theorie beschreibbare Strategie. Ein mit ihr erfaßbares sprachliches Verhalten tritt zu einer späteren Zeit ein, das Kind versucht in der Auseinandersetzung mit Kasus zu einer Ordnung im Sinne der Subjekt-Verb-Objekt- kurz SVO- oder (S)OV-Folge zu gelangen. Erst nach Erfahrungen im Umgang mit eingebetteten Satzkonstruktionen und dem Heranreifen des Strukturerhaltungsprinzips eröffnet sich dem Kind die Wahlmöglichkeit der tatsächlich gebräuchlichen Wortfolgeregularitäten (Felix 1987). Entscheidend für diese Position des Heranreifens der grammatischen Kompetenz ist die Erklärung, daß der Wandel von der freien zur geordneten Wortfolge zu einem bestimmten Zeitpunkt und auf immer ähnliche Weise zu beobachten sei. Es wird eine Abfolge von Zuständen prognostiziert, die in Abhängigkeit zur Entwicklung des Gehirns gesehen und als Folge der dort postulierten Veränderungen, welche den Umgang mit Konstruktionstechniken ermöglichen sollen, vermutet wird.

Empirisch ungeklärt ist, welche der genannten Prozesse auf biologische Veränderungen zurückführbar sind und inwieweit Lernvorgänge hier Einfluß nehmen können (Verrips 1990, 16). Offen ist, welche Interdependenz zwischen dem Lernen und den Reifungsvorgängen bei bestimmten Konstruktionstypen in ihrer Reihenfolge besteht. Vergleiche zwischen der Sprachentwicklung von Kindern unterschiedlicher Sprachen (Englisch, Französisch, Sesotho) zeigen zeitliche Differenzen im Umgang mit der Argumentstruktur und der Anzahl verfügbarer Konstruktionstypen (Jacubowicz 1989; Demuth 1989). Lägen nur Reifungsvorgänge zugrunde, sollten solche Unterschiede nicht auftreten. Lebeaux (1988) sieht einen Prozeß der Reifung nur hinsichtlich der grammatischen Repräsentationen. Am Anfang stehe ein sprachlicher Ausdruck, der ausschließlich lexikalisch operiere, allmählich träten Funktionen hinzu, wie sie in der theoretischen Linguistik beschrieben würden. Interlinguale Differenzen im Spracherwerb könnten in Abhängigkeit vom Typ der Bezugssprache einerseits und vom Stand neurophysiologischer Grundlagen andererseits gesehen und in ihrer Besonderheit der Konstruktionsmöglichkeiten gedeutet werden, ohne sogleich in der Abfolge einzelner Konstruktionstypen determiniert zu sein.

Eine alternative Vorstellung geht von der Annahme aus, daß die Anlage zur Sprache von Anfang an vorhanden sei und die zu beobachtenden Entwicklungen einer natürlichen Entfaltung im Rahmen der Universalgrammatik entsprächen. Das wirft die Frage nach dem "Bruch" zwischen Strukturen der frühkindlichen Sprache und der des späteren Kindes auf. Die sog. "Lexical Learning Hypothesis" sieht die Entwicklung als eine Art Wortschatz-Entwicklungsprogramm (Borer 1984; Clahsen 1989). Das Kind erwirbt einzelne Wörter, die freie Funktionsstellen besitzen, welche vom Kind aufgrund der Prinzipien der Universalgrammatik allmählich belegt werden. Veränderungen in der Sprache des Kindes werden durch ein Zunehmen syntaktischer Funktionen erklärt. Woher diese stammen, wie diese gestaltet sind und warum sie in der zu beobachtenden Abfolge eintreten, bleibt ungeklärt.

Einen anderen Weg im Rahmen der Kontinuitätsannahme gehen Roeper/Weissenborn (1989), indem sie das seit Mitte der 80er Jahre diskutierte Parameter-Modell zur Erklärung des Spracherwerbs nutzen (Pinker 1984; Roeper/ Williams 1987). Es wird angenommen, daß syntaktische Einzelphänomene in Abhängigkeit zur Wahl eines Parameters den Kindern jeweils spezifische Konstruktionen eröffnen. Ursprünglich hatte die Idee eines hypothesentestenden Lernens bestanden; das Kind konzipiere die Grammatik durch das "Entwerfen" von Ersetzungsregeln, die sukzessive an die vorhandene Sprache angepaßt würden (Wexler/ Culicover 1980). Wie indes ein Modell aussehen könnte, das Regelerzeugung und Regelüberprüfung so organisiert, daß es den Daten des Erwerbsprozesses gemäß hätte Voraussagen machen können, blieb ungeklärt. Das Modell erlaubt keine Aussagen darüber, wie das Kind zu einer korrekten Grammatik der Einzelsprachen gelangt. Es fehlt ein "Mechanismus", der irrtümlich angenommene Hypothesen zu verwerfen erlaubt (Clahsen 1988, 31).

Das Parameter-Modell wurde entwickelt, um zeigen zu können, warum Kinder verbal mehr produzieren, als theoretisch voraussagbar und faktisch aufgrund ihres sprachlichen Umfeldes zu erwarten ist, zumal nicht von einem zielgeleiteten Verhalten ausgegangen werden kann (White 1980). Der Erwerbsprozeß erfolgt diskontinuierlich (Garman 1979). Er ist durch das Fixieren auf einige formal-grammatische Parameter charakterisierbar (Wexler/ Manzini 1987). Diese werden als eine angeborene Regelfähigkeit gedeutet (Borer/ Wexler 1987). Statt aus einer Vielzahl von Regeln jeweils passende zu finden, ersetze das Kind einen Wert an einer offenen Stelle des Parameters, der sich aus universalgrammatischen Prinzipien herleite. Am Anfang der Entwicklung besitzt ein Parameter solche Leerstellen. Das Kind müsse daher nicht ganze Regelwerke erwerben, sondern setze jeweils einen Parameter, habe ein Lexikon, das schrittweise aufgefüllt werde, und Strategien des Lernens, die das so erzeugte Sprachverhalten an der verbalen Umgebung evaluieren.

Für das Erlernen von Stellungsregularitäten sieht Pinker (1984, 37) bei einem solchen Konzept Probleme. Das Kind müsse nämlich nach dem Hören eines einfachen Satzes bereits seinen Stellungsparameter einrichten. Das kann aber ohne Hinweise durch einzelsprachliche Eigenschaften nicht geschehen. Der Input syntaktischer Kategorien muß nach Wortarten oder anderen Kategorisierungen bewertet werden. Universelle Prinzipien zur Stellungsregelung sind nicht bekannt. Sie können daher auch nicht als angeboren vermutet werden. Als Lösung schlägt er daher die Hypothese des semantischen "bootstrapping" vor (Grimshaw 1981; McNamara 1982; Pinker 1984). Das Kind nutzt semantische Eigenschaften zur Erkennung syntaktischer Kategorien. Die semantischen Informationen (physikalisches Objekt, Handlung, Definitheit) sind durch die Perzeption des Kindes zugänglich. Die Folge davon ist eine Grammatik, deren syntaktische Kategorien typische semantische Konzepte enthalten. Empirisch abgesichert sind hohe Korrelationen zwischen thematischen Rollen und syntaktischen Funktionen.

Ein anderes Beispiel ist der "Pro-drop-Parameter". Es ist ein Cluster grammatischer Phänomene wie beispielsweise die Notwendigkeit eines optionalen thematischen Subjekts, der Verbflexion ohne Subjekt oder des Fehlens expletiver Formen wie des sog. Scheinsubjekts im Deutschen. Im Italienischen entsteht für ein Kind, das diese Sprache lernt, eine besondere Schwierigkeit, denn eine Pro-drop-Sprache wie das Italienische kennt keine expletiven Formen, andererseits existieren aber Kontexte mit expletiven Formen auch in dieser Sprache. Das Parameter-Konzept sieht nun sog. "Subparameter" vor. Wenn der Pro-drop-Parameter gesetzt worden ist, ist damit ein nicht näher markiertes Feld für die genannten linguistischen Phänomene geöffnet. Das Kind einer Pro-drop-Sprache begegnet nun aber nicht thematischen Subjekten in eingebetteten Sätzen. Als Spracherwerber einer solchen Sprache muß das Kind lernen, mit diesem Widerspruch umzugehen. Gedeutet wird dieser Umgang als das Erlernen von gegenseitig abhängigen Parametern. Hyams (1986) hat beschrieben, wie das Kind den Pro-drop-Parameter festlegt, wenn die Pronomina "it" und "there" aufgefunden werden und für das Kind kategorisierbar sind. Für Kinder, die mit Französisch aufwachsen, wird beispielweise der Pro-drop-Parameter erst nach dem "wh"-movement-Parameter erwartet. Die Grundidee wird damit deutlich: Ein Parameter entwickelt sich dadurch, daß er in Abhängigkeit zu anderen einen Wandel erzeugt. Unklar bleibt, was die Wahl anderer Parameter bedingt und wie bestehende manipuliert werden können.

5.4 Entstehung von Bedeutung

Unabhängig von der Frage, ob die Reifungs- oder Kontinuitätshypothese stimmt, sind Entwicklungen bei der Bedeutung von Wörtern feststellbar. Das Prinzip der Verbindung von Schall und Bedeutung muß in seinen Grundzügen gemeistert sein, "wie das geschieht, ist bislang noch nicht genügend untersucht worden." (Wode 1988, 128). Auf die Frage, welche theoretischen Ansätze über den Erwerb von Bedeutungen und Wörtern Aufschluß geben können, stellt Weingarten (1988, 9) fest, daß die "nativistischen" Theorien nicht in der Lage sind, Phänomene der Verständigung zu behandeln, da ihre Domäne die Phonologie und Syntax ist. Nativistische Theorien orientieren sich an Vorstellungen der Autonomiehypothese. Wenn zwischen sprachinternen oder sprachexternen Erklärungsansätzen unterschieden wird (Habel/ Kanngießer 1978), dann ist die Autonomiehypothese ein Versuch, sprachinterne Erklärungen anzugeben und so die linguistische Kompetenz und ihre Entwicklung zu charakterisieren. Für die Konstitution von Bedeutung werden indes Erklärungen gebraucht, die sprachexterne Faktoren einbeziehen.

Fünf Modelle hält Miller (1982) in diesem Zusammenhang grundsätzlich für relevant: (1) klassische Soziolinguistik, (2) kognitivistische Modelle, (3) Input- sowie (4) Outputregulierungsmodelle und (5) kommunikationstheoretische Modelle. Im Rahmen der klassischen Soziolinguistik wurde der Nachweis zu bringen versucht, daß Berufsausbildung, Familienstruktur, Einkommen und Schichtzugehörigkeit die Art und den Umfang des Wortschatzes bedingen sowie Formen mündlicher und schriftlicher

Kommunikation festlegen (Bernstein 1972; Oevermann 1972; Rickheit 1975). Was für Sapir (1921) und Whorf (1963) in der Sprache als festgelegt galt und für das Denken bestimmend war, wird als durch die Sozialstruktur determiniert gedeutet. Unklar geblieben ist, welche Mechanismen eine solche Übertragung leisten und welche gesellschaftlich strukturellen Faktoren das individuelle Sprachverhalten und den kindlichen Sozialisationsprozeß entsprechend beeinflussen (Weingarten 1988, 9). Die kognitivistischen Theorien entsprechen den bereits erörterten Ansätzen, wie sie im Rahmen der Korrelationshypothese besprochen worden sind. Piaget (1967, 112) sieht zwischen Sprache und Denken einen genetisch bedingten sich gegenseitig interdependent beeinflussenden Zusammenhang. Erwartet wird bei der Entwicklung kindlicher Semantik eine Abhängigkeit zu den Phasen der allgemeinen Intelligenzentwicklung. Ein Wandel weg von der Bezeichnung von Individuenklassen hin zu begrifflich definierten Welten wäre zu erwarten (Rottleuthner-Lutter 1981; 1985). Über-, Unterordnungen und Polarisierung müßten eine besondere Qualität als Indiz für eine von der Begriffswelt gesteuerten Sprachentwicklung darstellen (Bretherton/ Beeghly 1982; Shatz et al. 1983).

Ein anderer Gesichtspunkt für Entwicklungen in der Sprache wurde mit der Idee vom egozentrischen und sozialisierten Denken ins Spiel gebracht. Egozentrisches Sprechen sieht Piaget (1972) im Wiederholen von Äußerungen, im Sprechen für sich oder in handlungsbegleitendem Sprechen. Als sozialisiertes bzw. kooperatives Sprechen bezeichnet er das Informieren, das den Partner in den allgemeinen Wissenshintergrund mit einbezieht: jemanden kritisieren oder auslachen, jemandem etwas befehlen, ihn um etwas bitten oder fragen und antworten oder auch jemandem drohen. Mit dem Gedanken vom egozentrischen und sozialisierten Sprechen wird ein sehr wichtiger Aspekt der Wortschatzfunktion erwähnt. Er läßt sich mit der Frage umschreiben, wie idiosynkratisch der Wortschatz eines Kindes ist, inwieweit sich das "private" Bedeutungssystem in ein konventionelles auflöst oder ob von Anfang an der Wortschatz konventionell ist. Ungeklärt ist, ob egozentrisches Sprechen eine egozentrische Begriffswelt voraussetzt. Der Perspektivenwechsel bringt die Fähigkeit zur Kooperation ins Spiel. Das Kind muß abschätzen lernen, was mit einem Wort beim Adressaten bewirkt wird. Daher wäre zu fragen, ob beispielsweise der Sprechakt einer Provokation seinen Charakter verändert, und ob es Hinweise dafür gibt, daß das Kind über Bedeutungsdifferenzen partnerbezogene Hypothesen bilden kann oder solche bildet und dementsprechend die Worte wählt (Augst 1982; Boueke/ Klein 1983).

Die Input- sowie Outputregulierungsmodelle sind Theorieansätze, welche sich auf die spezifische Erwachsenen-Kind-Interaktion beziehen und damit einem interaktionstheoretischen Ansatz zuzuordnen sind. Über das Inputmodell wurde erkannt, wie in verschiedenen Kulturen Erwachsene ihre Äußerungen an die sprachlichen Verhaltensweisen von Kindern anpassen (Snow/ Ferguson 1977). Allgemein bekannt ist das Phänomen unter der Bezeichnung "baby talk". Kennzeichen dieser Sprache sind das Vereinfachen von Konstruktionen, Verdeutlichungsversuche und besonders expressive Ausdrucksweisen, auffallend die stärkere Betonung und höhere Tonhöhe. Der Wortschatz wirkt eng und auf spezielle Lexeme mit einsilbigem Charakter reduziert. Unabhängig von der Frage, ob die Anpassung das sprachliche Verhalten tatsächlich beeinflußt oder nicht, ist wichtig, festzuhalten, daß der sprachliche Austausch zwischen Kind und Erwachsenen besonderen Bedingungen unterliegt, die mit dem Merkmal einer speziellen Konturierung umschrieben werden könnten. Der Gebrauch von Wörtern, wobei einzelne Wörter betroffen sind, unterliegt für gewisse Phasen besonderen Bedingungen, die als spezifische Hervorhebungen beobachtet werden können und beim Aufbau von Lexemstrukturen Beachtung verdienen (Strohner et al. 1982).

Mit Outputregulierungsmodellen wird der Einfluß Erwachsener durch direktes Sprachkorrigieren bei Kindern in seinen Auswirkungen beschrieben. Es treten Umformulierungen auf, indem Sätze vervollständigt oder semantische Verhältnisse ausdifferenziert werden (Cazden 1965, 1972). Selbstwiederholungen, Initiierungen von Begriffen, Korrekturen sowie positive und negative Verstärkungen spielen eine bedeutsame Rolle (Moerk 1983). Gegenseitige Beeinflussung und Abhängigkeit gilt auch dann, wenn wie bei der Erwachsenen-Kinder-Interaktion eine asymmetrische Beziehungsdefinition vorliegt, durch die das Kind in seinem sprachlichen Handeln vom Erwachsenen dominiert wird. "Die Person des Anderen (erscheint) nicht ... so sehr als eine, die ihre eigene gelebte Welt hat und dieselben Dinge wie ich in einem objektiven Universum betrachtet, sondern vielmehr als eine, die an denselben Werken arbeitet, über die sie mit mir spricht." (Jacques 1986, 21).

Die im Outputregulierungsmodell beschriebenen Sprechhandlungen sind Belege dafür, daß beidseitig gehandelt wird. Ein Problem wird gemeinsam erkannt, und zusammen werden Lösungen erprobt. Das Wort und der Wortschatz einer Sprache stellen sich aus dieser Sicht nicht nur als Lexeme der das Kind umgebenden Sprache dar, sondern Wörter sind konkrete Erfahrungen mit dem Lebensumfeld zwischen Kind, Welt und den anderen. Wörter sind wie eine "Operation", mit der das Kind für sich oder im Austausch mit dem anderen die nicht anwesende oder diffus ihn umgebende Wirklichkeit "bündelt", "auf einen Punkt bringt" und so zu etwas gemeinsam verfügbar Erscheinendem macht. Der Umgang mit der Syntax scheint hier anders beschaffen zu sein, so daß grammatische Konstruktionen anderen Entwicklungsprozessen unterliegen als die semantisch definierbare Wirklichkeitserfassung.

Bei den Input- und Outputregulierungsmodellen werden Ursachen für den Wandel im kommunikativen Handeln der Beteiligten selbst gesehen. In einer Theorie des kommunikativen Handelns wird indes nicht von einer einfachen Verhaltensveränderung des Individuums ausgegangen, sondern eine intelligente Anpassung des Individuums an eine kontingente Umwelt vollzieht sich aufgrund einer argumentativen und nicht individuumsbezogenen Anpassung (Habermas 1981, Bd.1, 44). Argumentationen über Handlungsbegründungen können sich auf objektive, subjektive und soziale Aspekte der Welt ausrichten. Entsprechend stehen Diskurstypen zur Verfügung. Die Entwicklung der Fähigkeit zur

Verständigung vollzieht sich als das Erlernen der Hinterfragbarkeit des Vorgegebenen. Eine Komponente zur Bestimmung von Verständigungsfähigkeit wird daher in der Übernahme einer dezentrierten Perspektive gesehen. Einen Weg in diese Richtung weist Piaget mit seinen Studien über das moralische Urteil des Kindes (Piaget 1981).

Bei Kindern ist eine Diskrepanz zwischen praktischem und moralischem Verhalten und ihren moralischen Urteilen feststellbar. Kinder einer bestimmten Altersstufe vertreten bei Interviews die Notwendigkeit, Regel zu befolgen, beobachtet man ihr praktisches Verhalten, dann gehen sie frei mit ihnen um (Selmann et al. 1984). Eine weitere Auffälligkeit ist in asymmetrischen Kommunikationssituationen feststellbar, wo bei einer Erwachsenen-Kind-Interaktion qualitativ niedrigere Urteile abgegeben werden als bei einer Kind-Kind-Interaktion.

5.5 Wortschatz im Wandel

Um über die Entwicklung von Wortschatz und seine Bedeutung zu sprechen, bedarf es einer Differenzierung des Wortschatzbereiches. Der Umgang mit Farbadjektiven ist nicht mit dem Gebrauch von Gegenstandsbezeichnungen gleichzusetzen, und Tätigkeiten werden anders kategorisiert als Kennzeichnungen von Beziehungen und Verhältnissen. Seiler/Wannenmacher (1983) schlagen eine kategoriale Ordnung vor, welche den Gesamtbereich des Wortschatzes klassifiziert:

1. relationale Begriffe wie "klein, groß"
2. deiktische Begriffe "hier, dort" u.ä.
3. Belege zur Metalinguistik und zum Sprachbewußtsein in Phrasen vom Typ "wie heißt das denn" oder "ich meine das echt"
4. metapsychologische Konzepte
5. Konzepte für innere Zustände und Prozesse in "ich habe Angst"

6. ökonomische und politische
7. religiöse Konzepte: "ist der liebe Gott alt?"
8. biologische und medizinische Konzepte.

Mit (1)-(3) werden linguistisch bekannte Katgeorien genannt. Relationale Begriffe sind im Nominal- wie Adjektivbereich der Sprache oft anzutreffen. "Vater", "Mutter", "Sohn" sind dafür typische Beispiele. Die grundlegende Funktion der Deixis und deren besondere Lexikalisierung sind seit der Studie "Das Zeigfeld der Sprache und die Zeigewörter" (Bühler 1934) bekannt und diskutiert worden (Fillmore 1975; Lyons 1975, 1977, 1982; Braunmüller 1977; Cheang 1990). Schwieriger wird es mit dem Begriff "Konzept", den Engelkamp (1976) in Anlehnung an Kintsch (1972) und Rumelhart (1975) in die Psycholinguistik eingeführt hat. Engelkamp wählt den Konzeptbegriff, um "eine semantische Einheit" begrifflich fassen zu können. Konzepte sind nach Engelkamp (1976, 32) Aussagen zu etwas, Verhaltensweisen mit etwas und die Erwartung über etwas. Sie sind "eine Art Regel ..., die es dem Menschen erlaubt, bestimmte Wahrnehmungsgegebenheiten als Elemente einer äquivalenten Klasse aufzufassen" (Engelkamp 1976, 32). Wenn in (4)-(8) von verschiedenen Konzeptklassen gesprochen wird, dann handelt es sich um Formen der Wirklichkeitsbewältigung durch das Kind. Sie belegen nicht Wörter eines Kindes, sondern sind Umschreibungen für mentale Vorgänge, die eine Strukturierung der Wahrnehmung beinhalten und nicht statistisch gedeutet werden, weil sie im Erfahrungsaustausch mit der Wirklichkeit ständig überprüft und verändert werden können.

Das Problem, das sich mit dem hier nur angedeuteten Konzeptbegriff stellt, ist seine Vagheit, die aus einer begrenzten Überprüfbarkeit herrührt. Wode (1988, 137) unterscheidet zwischen dem beschriebenen konzeptuellen, dem lexikalischen und dem konzeptuell-lexikalischen Determinismus. Mit dem zweiten Ansatz wird von der Vorstellung ausgegangen, die Wörter seien das auslösende und strukturierende Moment. Welche der drei Annahmen das Verhalten am angemessensten erfassen kann, ist ohne

Verbindung zu Theorien der Semantik nicht bewertbar. Um darüber explizit etwas aussagen zu können, sind Semantiktheorien zu berücksichtigen, die den Bereich sichern, über den gesprochen wird, da erst sie Erklärungen zu Entwicklungen erlauben und die Aussagen nicht auf das Auszählen einzelner Lexeme beschränkt bleiben.

Theoretische Ansätze sind die von Aebli (1983) angeregte Schematheorie, die Merkmalstheorie sowie die von Barrett (1982) erörterte Prototypentheorie. In der Linguistik war in den 60er Jahren mit dem Erscheinen der ersten expliziten Syntaxtheorie durch Chomsky die Idee einer vergleichbaren Theorie für die Semantik zur Diskussion gestellt worden (Katz/ Fodor 1963). Man erhoffte sich so, vom Phonem bis zum Semem eine umfassende Theorie der Sprache entwerfen zu können. Clark (1973, 1977, 1979) konnte auf diese Diskussion Bezug nehmen, als sie versucht hatte, den Wortschatz von Kindern zu beschreiben. Sie bezog sich auf theoretische Grundlagen aus der Komponentenanalyse, um zu zeigen, wie sich Veränderungen der Wortbedeutungen aus einem Merkmalswandel ableiten lassen. Eine Aufzeichnung von Lewis (1970, 66) veranschaulicht einen solchen Vorgang: "Mein Sohn bezeichnete mit /tee/ zunächst ein Kätzchen, dann einen kleinen Hund. Im 23. Monat benutzt er das Zeichen für eine Kuh, im 24. für ein Pferd. Als nun /hosch/ erworben wird, wird er zuerst in bezug auf Pferde verwendet, dann auch zur Bezeichnung eines großen Hundes (25. Monat). Wenige Tage vor Erwerb von /hosch/ erwirbt das Kind als Bezeichnung für einen kleinen Spielzeughund, der vorher nicht /tee/ genannt wurde, das Zeichen /goggie/. Kurz darauf wird auch ein kleiner lebender Hund, (vor /tee/) jetzt als /goggie/ genannt."

Das Beispiel illustriert, wie ein Kind Lexeme in einer geordneten Weise verwendet, d.h. /tee/ ist ein Lebewesen, das vierbeinig ist, denn Kätzchen und Hund, sowohl groß als auch klein, gehören zur Klasse, die so bezeichnet wird. Daß dann Kuh und Pferd als /tee/ bezeichnet werden, liegt auf der Hand. Interessant ist, wie /hosch/ die Bezeichnungssituation verändert. Als typisch erweist sich, daß es auf die enge Klasse Pferd angewendet, dann ausgeweitet und zur Klasse der großen Hunde verändert wird.

Die Annahme, daß sich die Semantik eines Wortes beim Kind als eine Entwicklung von Komponenten zu Komponenten darstellt, hatte an sich eine bereits ausgeprägte Tradition (Anglin 1970; Baron 1973; Brown 1956; McNeill 1970). Doch es stellen sich einige Fragen: (1) Warum nimmt das Kind das Lexem überhaupt an? Das Wort /horse/ wurde vorher auch benutzt, und die Tiere traten nicht plötzlich in das Leben des Kindes. (2) Warum bleibt die Bezeichung nicht artenstabil? Zwischen einem Hund und einem Pferd gibt es unterscheidbare Merkmale. (3) Warum treten die Veränderungen, zu denen dann auch das goggie-Phänomen zu zählen ist, so plötzlich und zeitlich eng beieinander auf?

Clark sah anfänglich die Lernleistung eines Kindes darin, semantische Merkmale der genannten Art zu erkennen und in ihrer Funktion für das Wörterbuch zu nutzen. Das Kind würde ein endliches, universales Inventar semantischer Merkmale erwerben und in die Lage versetzt, die allgemeine Kodierung des Wortschatzes zu bewältigen. Das Erlernen von Bedeutung fände in der Merkmalstheorie eine leicht nachvollziehbare Basis. Doch anders als in der Phonologie, wo erstmals die Idee universaler Merkmale diskutiert worden ist (Chomsky/Halle 1968), ist das Feld möglicher kriterialer Punkte zur Produktion und Rezeption eines Lautes aufgrund der physiologischen und biologischen Grundlagen begrenzt. Die Merkmalssemantik wurde in der strukturellen Semantik zwar auf die Erfassung des Wortschatzes zu beschränken versucht (Pottier 1965; Coseriu 1964; Greimas 1966), tatsächlich ist die Austauschprobe, um Seme zu ermitteln, nicht ohne referentielle Interpretation möglich (Hilty 1983; Lüdi 1985, 71).

Auf ein anderes Phänomen machte Clark aufmerksam: Kinder benutzen anfänglich Wörter, die linguistisch sog. Pro-Wörtern nahekommen. Das sind Wörter wie "Dings-da", "tun" oder "schön", die sehr unspezifisch sind und nur aufgrund des Mitwissens oder der Situation semantisch eine Funktion annehmen können. Es sind Wörter mit generellem Charakter. Zwar wird diese Funktion angezweifelt, es seien gerade nicht die generalisierenden Wörter, die das Kind benutzt, sondern "Baum" stehe für alles u.U. was pflanzlich ist, aber nicht für den Ausdruck "Gewächs" (Wode 1988, 139). Doch die Kritik trifft das Anliegen von Clark nicht, sondern macht die Schwäche des Generalisierungsbegriffs klar. Gemeint ist nicht der abstraktere Begriff, sondern es handelt sich um den vageren. Das spricht nicht zwingend für eine Merkmalshierarchie, die dann taxonomisch entfaltet wird. Die so offen benutzten Wörter haben den Charakter von Zeigewörtern, welche mit zunehmendem Wissen ersetzt werden. Das Zeigewort muß andererseits keineswegs einer merkmalssemantisch definierten Hierarchie widersprechen, und das Kind entwickelt in einem solchen Fall tatsächlich der Hierarchie folgend den Wortschatz (Lewis 1951; Ramge 1976). Es nutzt dabei nur den Effekt eines Merkmals, das untergeordnete enthält, womit der Begriffsumfang offener wird und an Unbestimmtheit zunimmt, weil nur der "Kontext" die spezifische Bezeichnungsleistung erbringt. Daraus zu folgern, alle oder die Mehrzahl der Wörter würden auf der Basis der Merkmale eines solchen "semantischen Baumgraphen" gelernt, wäre ein Mißverständnis. Für das Verständnis der Entwicklung ist es daher wichtig, immer mit zu berücksichtigen, welche Rolle die Extension spielt. Die Art der Bewältigung hängt vom Komplexitätsgrad des Phänomens selbst ab und den Möglichkeiten des Kindes auf Komplexität zu reagieren.

Kritik wurde an der Vorstellung geübt, das Kind verändere ein Merkmal, wenn Neuorganisationen erfolgten. Eine solche Kritik machte Sinn, wenn es einen Merkmalsbegriff gäbe, der so explizit wäre, daß entsprechende Tests empirisch durchgeführt werden könnten. Die von Clark vorgestellten Fälle sind Einzelbeispiele, die demonstrieren, daß die Wortschatzausdifferenzierung nicht willkürlich verläuft. Das Problem muß bereits in der Grundvorstellung des Komponentenansatzes gesehen werden. Zwar wurde in Tests nachgewiesen, daß bei Reaktionstests Wörter mit umfassenderen Merkmalslisten eine längere Reaktionszeit brauchen (Fodor et al. 1975) wie auch bei Bedeutungsbestimmungsarbeiten (Fodor et al. 1980), doch ändert sich das Bild grundlegend, wenn die Wörter in Sätze eingebunden sind (Kintsch 1974). Die psychologische Wirklichkeit zwingt zu einer differenzierteren Sichtweise (Carey 1982, 356). Unerklärt bleibt, woher die semantischen Merkmale kommen; werden sie als angeborene "Primitive" angesehen, dann ist zu klären, wie sie aktiviert und zur Bedeutungskonstitution einerseits und zur Begriffsbildung andererseits verwendet werden. Undeutlich bleibt ihre Funktion, wenn komplexe Bedeutungen zu erklären sind: es wären Ableitungsmechanismen zu postulieren, die den Auf- und Abbau organisieren. Fragwürdig ist dann, ob alle Phänomene auf eine solche Art "komponiert" werden können. Wird ein solcher Weg unterstellt, dann ist zu beantworten, wie solche Ableitungsverfahren auszusehen haben.

Ergebnisse zu Untersuchungen der Dimensionsadjektive "groß, klein, dick, dünn, lang, kurz ..." verweisen auf die Schwierigkeiten, sprachttheoretisch korrekte Aussagen über die empirisch verifizierbare Entwicklungen zu machen. Die zugrundezulegende Komplexität bei einem Wortpaar "tall" und "short" läßt die Annahme zu, ein Wort wie "tall" müsse vor dem Wort "short" erlernt werden (Carey 1982, 362): (unmarked) *tall* = [adjectiv] [comparative]+[height], (contrastive) *tall* = [adjectiv] [comparative]+[height] / [greater than standard (+ pole)], contrastive) *short* = [adjectiv] [comparative]+[height]/ [less than standard (- pole)]. Tatsächlich belegen Studien diese Annahme (Bartlett 1976; Brewer/ Stone 1975; Donaldson/ Wales 1970; Wales/ Campbell 1970). Die Ergebnisse basieren auf Tests, welche den kontrastiven Gebrauch ermittelten. Im kontrastiven Gebrauch gibt es indes keine Unterschiede hinsichtlich der Komplexität. Die linguistische Analyse der Adjektive und das beobachtete Verhalten von 3-4 jährigen Kindern erhellen sich daher nicht.

Das Problem liegt darin, bei der Sprachentwicklung die merkmalssemantische Perspektive zu sehr in den Vordergrund zu stellen. Seiler bemerkt dazu (1985, 109): "Nun sind aber Wort und Begriffe ... nie auf eine unbeschränkte Extension angelegt. So stellen wir fest, daß es viele Worte gibt, die grundsätzlich identische Bedeutungskomponenten enthalten, deren legitime Verwendung aber auf bestimmte Situationen und Gegenstände beschränkt bleibt." Der Gebrauch sei mit Situationen so verbunden, daß bei jüngeren Kindern sogar durchgängig zu beobachten sei, wie ihr Bedeutungsverständnis nur auf ganz bestimmte Situationen Bezug nehme. Das klassifizierende Merkmal bestünde dann im Erkennen der Ähnlichkeit von Situation und Äußerungsmuster.

Um überhaupt verstehen zu können, was bei der Bedeutungsentwicklung zu beschreiben ist, muß auf die Funktion der Kategorisierung an sich eingegangen werden (Carey 1982, 348). Sie ist ein entscheidender Weg zur Sinngebung von unserer Erfahrung (Lakoff 1987). Wenn etwas wahrgenommen wird, erfolgt dies aufgrund einer Kategorisierung. Kategorien und Kategorisierungsprozesse sind fundamental für die Organisation von Erfahrung (Cauzinille-Marmeche et al. 1990; Smith/ Medin 1981). Wenn daher Kinder im Umgang mit Dimensionsadjektiven eine enge Verbindung zu konkreten Gegenständen bzw. im weiteren Verlauf zu Objektklassen zeigen, auf die und von denen sie die Bedeutungsdefinitionen herleiten (Carey 1978), dann wird der Weg der Kategorienfindung offenkundig (Huttenlocher 1974). Daß die semantischen Merkmale für das Kind nicht die erwartete Relevanz besitzen, daß andererseits Teile des allgemeinen Wortschatzes mit semantischen Merkmalen beschreibbar sind, ist als ein Kategorisierungseffekt erfaßbar. Im ersten Fall ist diese Kategorisierung noch nicht abgeschlossen, im zweiten liegt eine solche für bestimmte Wirklichkeitsbereiche vor und wird im Wortschatz gespiegelt.

Als problematisch erweisen sich Annahmen, die einen grundlegenden Unterschied der Konzeptbildung bei Kindern und Jugendlichen bzw. Erwachsenen sehen (Bruner et al. 1966; Inhelder/Piaget 1958; Wygotsky 1934/1964). Der Fehler liegt in der Grundannahme, Konzepte basierten auf logisch definierbaren Eigenschaften und Prinzipien. Diese stünden Vorschulkindern noch nicht zur Verfügung, so daß ihre Kategorisierungen unangemessen hinsichtlich des möglichen Konzeptes seien (Carey 1982). Erst mit dem Erreichen eines bestimmten Alters erfolge eine Umorganisation der Konzepte. Eine empirische Basis haben diese Annahmen nicht (Harris 1975; Mansfield 1977; Smith (1978); Steinberg/Anderson 1975). Vielmehr stehen die Repräsentationen in Abhängigkeit zum Wissen über den Weltausschnitt, mit der Zunahme des Wissens über die Welt

verändern sich die Konzepte über dieselbe. Wenn die Konzeptualisierung Phasen durchläuft, wo sich das Kind an einem Prototyp eines Objektes orientiert, so verweist dies auf eine Verarbeitungs-
technik der Kategorienbildung. Aspekte der Systematisierung treten ein, wenn sich vorhandene Konzepte als defizitär erweisen (Carey
1983, 380-382).

5.6 Wörter im Verhältnis zu Konzepten

Die Bildung von Kategorien kann auf der Basis gemeinsamer
Eigenschaften erfolgen. Dies ist eine objektivistische Sehweise
und wird als "aristotelisches Modell" bezeichnet (Kleiber 1993,
5), dagegen wird ein Konzept gestellt, bei dem die Kategorie
hinsichtlich innerer und äußerer Organisation funktional beschrieben wird. Das Konzept der "Full Semantic Hypothesis" wird vom
aristotelischen Gedanken getragen, Merkmale entwickelten sich
formal und hierarchisch-logisch (Wannenmacher 1980; Wannen-
macher/Seiler 1983). Wenn indes ein funktionaler Zusammenhang mit einbezogen wird, dann wird nach einer globalen Ähnlichkeit gesucht. Denken ist in einem prototypentheoretischen
Modell mehr als eine stark mechanisch ausgerichtete Manipulati-
on formal und abstrakt abgeleiteter Eigenschaften. Empirische
Arbeiten zur Kategorisierung verweisen auf Klassifikations-
kriterien, die sowohl perzeptuelle als auch funktionale Merkmale
umfassen (Anglin 1977; Bowerman 1978; Barrett 1978) und gegen ausschließlich formal-logische Kriterien sprechen (Fodor et
al. 1980). Experimente zur Entwicklung von Verben führten zu
ganz ähnlichen Resultaten (Konerding/ Wender 1985). Daran
ändert sich auch nichts, wenn dem Gedanken von Clark (1983)
gefolgt wird, es müsse eine "Lexical Contrast Theory" geben.
Grundsätzlich entsteht das Problem, inwieweit Merkmale auf den
Referenz- und Begriffs- oder den Wortschatzbereich an sich zu
beziehen sind.

   Seiler (1985) kritisiert das Modell von Gentner (1981), der
eine kognitive Komponententheorie mit dem Hinweis auf Beob-

achtungen bei der Verwendung von Wörtern für angemessen hält. Diese belegen, daß der konkrete Gebrauch nicht von der Bedeutungshierarchie eines Hintergrundwissens gesteuert wird. Wenn so etwas auftritt, handelt es sich um Fälle, die nur bei Fehlverhalten festzustellen sind, es sind dann Beispiele, die auf Sprachstörungen hinweisen. Wörter scheinen grundsätzlich aus der Situation heraus verstanden und gebraucht zu werden. Die linguistische Fehleinschätzung kommt nach Auffassung Seilers dadurch zustande, daß die bisherigen Sprach- und Wortanalysen sachlogisch angelegt worden sind, das gilt für Clark wie auch für die Studien von Gentner. Im Gebrauch wurden Indizien für die beschriebenen Anordnungen gefunden. Wenn einmal davon abgesehen wird, daß es sich um Fallstudien handelt, die keine Verallgemeinerungen erlauben, und wenn die geringe Zahl berücksichtigt wird, dann bleibt immer noch der Umstand, daß anstelle einer weitreichenden Generalisierung ebenso von der hohen Praktikabilität solcher Gebrauchsweisen gesprochen werden kann.

Eigentlich belegen die Beobachtungen nur, daß es "Programme" geben muß, die das heranwachsende Individuum in die Lage versetzen, Äußerungsformen zu benutzen, die so angelegt sind, daß die anderen darin Sinn sehen bzw. Sinn in diese legen können. Die Offenheit von Strukturen ermöglicht überhaupt erst die idiosynkratisch wirkenden Formen eines Wortschatzes zu erwerben. Diese offenen Strukturen gewährleisten das Einbinden der komplexen Wirklichkeit in Zeichenformen, ohne daß eine Verstehenseinbuße zu befürchten ist. Man selber (= Kind) weiß, was erlebt ist, und die anderen finden sich so zurecht, daß nicht auffällt, daß der Referenzbereich eigentlich unbestimmt ist.

Unter dem Stichwort "holistische Ansätze" werden von Seiler/ Wannenmacher (1985, 15) Studien von Nelson (1974) den linguistischen Arbeiten von Clark und Gentner gegenübergestellt. Nelson (1974) glaubt nicht, daß Kinder abstraktiv die Wirklichkeit bewältigen, d.h. nach Wortbedeutungen und ihren begrifflichen Bedingungen suchen, sondern Kinder entwickeln Bedeutungen aus dem handelnden Umgang mit Objekten. Das Wissen entsteht aus Kenntnissen über Handlungszusammenhänge.

Seiler/ Wannenmacher (1985, 15) sprechen von einer funktionalen Sichtweise. Danach interessiert sich ein Kind nicht für die Größe, Form und das Aussehen einer Sache, sondern dafür, was mit dem Ding anzustellen ist. Konkret bedeutet das: Ein Kind sieht, was alles mit einem Ball gemacht wird, das so Erlebte verdichtet sich zu einem vorsprachlichen Kernbegriff, einem sog. "functional core". Dann stellt das Kind fest, was alles mit einem Ball nicht geht, es werden sog. "non-core"-Merkmale hinzugefügt. Damit wird klar, was mit einem Objekt gemacht wird und was nicht. In einem weiteren Entwicklungsschritt wird deutlich, warum bestimmte Handlungen nur mit dem Ball möglich sind, es bilden sich die "identifying features" heraus, die dem von Clark beschriebenen begrifflichen Bereich Größe, Form und Aussehen entsprechen. Die Sichtweise ist plausibel, sie kann aber nicht klären, warum sich im Wortschatz von Kindern Äußerungen befinden, die nur im Sinne von Clark und Gentner gedeutet werden können, denn auch etwas noch nicht Bekanntes erhält unverzüglich seinen Namen und dieses wiederum ist nichts Willkürliches. Seiler/ Wannenmacher (1985) müssen zugeben, daß der Ansatz von Nelson empirisch ebenso unbelegt ist wie die Fallbeschreibung von Clark.

Weiterreichend im Sinne eines holistischen Konzeptes sind Arbeiten, die davon ausgehen, daß sich Begriffe nicht mit Merkmalen hinreichend kennzeichnen lassen. Das Problem liegt darin, daß Begriffe mit Wörtern beschrieben werden, so daß ihr Inhalt letztlich wortgebunden bleibt. Einen Ausweg aus dem Dilemma glaubt man in der Annahme eines Prototyps zu besitzen. Aus der allgemeinen psychologischen Begriffsbildungsforschung ist bekannt, daß Erwachsene dazu tendieren, Kategorien zu bilden, die keine eindeutigen Begrenzungen im Begriffsumfang aufweisen. Der Eindruck der Begriffsgleichheit entsteht dadurch, daß es typische Elemente der Überschneidung gibt, so daß eine Verständigung gewährleistet ist, die so weit reichen kann, daß die Differenzen gar nicht wahrgenommen werden. Posner/ Keele (1968; 1970) haben vorgeschlagen, vor allem letztere als sog. Prototypen zu bezeichnen.

In empirischen Studien fand Rosch (1975; 1976) heraus, daß z.B. unter der Kategorie "Vogel" "Rotkehlchen" und "Sperling" gute Vertreter des Prototypen sind, dagegen passen weder "Emu" noch "Pinguin" dort hinein. Vergleichbares fällt bei Früchten auf: "Apfel" und "Orange" sind gute Kandidaten, das gilt nicht für "Olive" und "Kürbis". Diese Ideen wurden von Bowerman (1978) auf die Entwicklung in der Kindersprache übertragen. Der Ansatz von Bowerman ist deshalb interessant, weil er sowohl von prototypischen Referenzobjekten ausgeht, aber gleichberechtigt Entwicklungen sieht, die merkmalsorientiert verlaufen. Er glaubt, feststellen zu können, daß in der Regel ein komplexhafter Gebrauch von Wörtern stattfindet und daß sie orientiert am ersten Referenzobjekt einen Prototyp bilden. Dieser stellt Ähnlichkeitsrelationen zu anderen Objekten her. So lassen sich stabile Merkmale herausfinden, die zu einer Art Merkmalsdefinition führen, so daß sich das Wort mit einer immer expliziter werdenden Begrifflichkeit verbindet.

Die Prototypen-Lehre muß nach Greenberg/ Kuczaj (1982) im Dialogkonzept gedeutet werden. Einerseits gibt es die unmittelbare Erfahrung am Exemplar bzw. durch das Nichtexemplar. Andererseits findet dies alles eingebunden in "feedback"-Zusammenhänge statt, die durch Benennungspraktiken der Erziehenden ausgelöst und dann durch Rückmeldungen aus kindlichen Benennungspraktiken in interaktive Zusammenhänge eingebunden werden. Diese tragen dazu bei, daß sich aus dem bild- und gestalthaften Prototyp ein konzeptuell-begriffliches Gebilde herauskristallisiert. Das wird dann wiederum aus dem Referenzzusammenhang in den lexikalischen Zusammenhang eingebunden und nimmt auf diese Weise eine qualitativ andere Gestalt an, denn daß ein Ding einen Namen hat, ist eine Erkenntnis, daß die Sprache Wörter hat, ist eine Abstraktionsleistung, und daß Wörter Welt erkennen helfen, ist die eigentliche Entdeckungsleistung eines Kindes.

6 Semantische Strukturen und ihre psychische Realität

6.1 Idee von einem sprachlichen Feld

Die Entdeckung der frühen sprachpsychologischen Studien lag in der Beobachtung der engen Verflechtung bestimmter Wörtern untereinander. Die Art dieser Verflechtung wurde als assoziativ beschrieben oder als taxonomisch im Sinne von Begriffsordnungen gewertet. In der Entwicklung der modernen Sprachwissenschaft kam der Erforschung von Wörtern einer Einzelsprache bei den Studien zum "sprachlichen Feld" besondere Bedeutung zu. Parallel dazu entstanden Forschungen aus der Assoziationspsychologie, in denen "Wortfeld"-Untersuchungen durchgeführt worden sind, die, wie Deese (1962, 166) zeigen konnte, den Begriff "Wortfeld" nicht als bloße Metapher erkennen ließen.

Deese (1965) hatte wechselseitige Assoziationen zwischen Wörtern festgestellt. Er hatte ausgehend von den assoziativen Normen bei Kent/ Rosanoff (1910) die Reaktionen auf dort genannte Wörter wie "Schmetterling" gemessen, wie oft jedes dieser Wörter bei einem Assoziationsexperiment in einer Stimulus-Respone-Beziehung auftrat. So konnte er die wechselseitigen assoziativen Beziehungen zwischen Wörtern statistisch aufdecken und als objektiv zu einer semantischen (assoziativen) Gruppe gehörend identifizieren. Als die Daten faktorenanalytisch berechnet wurden, zeigte sich ein System aus bestimmten Faktoren. Ein Faktor wird in Wörtern sichtbar, die Tiere bezeichnen (Motte, Insekt, Vogel, Fliege, Käfer, Biene usw.), ein weiterer in Wörtern, welche in dem Merkmal "Unbelebtes" erfaßbar sind (Farbe, Blume, blau, gelb, Sonnenschein, Garten, Himmel, Natur, Sommer, Frühling). Ein dritter gestattet es, einerseits "Unbelebtes" zu klassifizieren und ordnet "Belebtes" bipolar. Positiv sind "Flügel, Vogel, Fliegen, Biene" und negativ geladen ist "Käfer, Kokon, Motte". Es gibt einen Faktor, der "Unbelebtes" bipolar in "Sommer, Sonnenschein, Garten, Blume, Frühling" und andererseits in "blau, Himmel, gelb, Farbe" zergliedert. Bei den restlichen findet sich in der Gruppe "Musik" als erstes ein Faktor für Wörter wie "Musik, Oper, Orchester, Pianino, Lied, Sinfonie, Instrument" und ein zweiter für "Ton, Klang, Lärm, laut, hören, Ohr".

Die Ergebnisse der Analyse solcher assoziativen Beziehungen offenbaren objektiv systemhafte Beziehungen in der Lexik, die uns auch aus der Wörterbuchforschung (=Lexikologie) bekannt sind (Cruse 1987; Lyons 1977, 230-335), wo nachgewiesen werden kann, daß und wie sich einzelne Wörter gegenseitig ergänzen, ersetzen oder überschneiden und dann Veränderungen erfahren, indem ihre Bedeutung allgemeiner, enger oder gar neu definiert worden ist (Kühn 1979; Henne 1972; 1980).

Unter dem Eindruck der Gestaltpsychologie in den 20er Jahren entwickelte Ipsen (1924) als erster die Idee des "Bedeutungs-feldes". Der Gedanke "des sprachlichen Feldes" selbst geht auf einen Artikel von E. Tegnér (1874) zurück. Ohne den 'Terminus' zu verwenden, umschreibt R.M. Meyer (1909, 359) in dem Aufsatz "Bedeutungssysteme" den Grundgedanken als eine "Zusammenordnung einer begrenzten Anzahl von Ausdrücken unter einem individuellen Gesichtspunkt". Daraus leite sich ab, daß die Semasiologie für jedes Wort erstens festzustellen habe, welchem Bedeutungssystem es angehöre und zweitens, welches der systembildende und welches der differenzierende Faktor dieses System sei. Ipsen (1924) gelang es als erstem, die Idee des "Bedeutungsfeldes" inhaltlich näher zu konkretisieren. Er wollte eine Gruppe von Wörtern bezeichnen, die in irgendeiner Weise eine Einheit bilden, und stellte am Beispiel indogermanistischer Wörter für "Schaf" fest, daß hier kein etymologischer Zusammen-hang besteht. Diese Wörter lassen sich auch nicht assoziativ verbinden, sondern sie liegen nach Ipsen (1924, 224-225) wie "die Steine eines Mosaiks und gliedern das Lebensfeld der alten Indoeuropäer." Den Gedanken vom sprachlichen Feld als For-schungsgegenstand für die Sprachwissenschaft etablierte Trier (1934) als wissenschaftliches Paradigma.

In seiner Schrift "Das sprachliche Feld" (1934) erläutert er den Gedanken über das von Ipsen Erkannte hinaus und ordnet das Paradigma einer bestimmten sprachphilosophischen Position zu.

"... jede Sprache ist dem Sein gegenüber ein Auswahlsystem, und zwar ein solches, das jeweils ein in sich vollkommen geschlossenes ganzheitliches Seinsbild schafft. ... Die Art nun, in welcher die Sprache dieses zwar lückenlose und ganzheitliche, dem absoluten Sein gegenüber aber auswählende, einschränkende und besondere Seinsbild aufbaut, muß mit dem Begriff der Gliederung getroffen und beschrieben werden." Jolles (1934) kritisierte Trier, weil mit den Formulierungen des lückenlosen und ganzheitlichen Beschreibungsansatzes nicht mehr als ein Wille ausgedrückt werden könne. Unter Berufung auf Dionysios Thrax, einen Grammatiker des 1.Jh. v.Chr., sieht Jolles die einzige und realistische Chance in sog. Minimalfeldern, das sind zweigliedrige Felder wie "Vater-Sohn", "rechts-links", "Tag-Nacht". Jolles trifft damit ziemlich genau das, was die Assoziationsversuche gezeigt hatten. Trier hat die Kritik von Jolles nicht akzeptiert und abgelehnt, weil für ihn der Feldgedanke ein umfassendes System ist. "Vater-Sohn" sind Teil des Bedeutungsfeldes 'Verwandtschaft'.

Aus wissenschaftsgeschichtlicher Sicht und mit Bezug auf Deutungs- und Erklärungsansätze von heute ist der damalige Streit als ein Mißverständnis einzustufen. Jolles betrachtete den Wortschatz auf der Ebene eines semantischen Merkmals und auf derselben hierachischen Ebene, d.h. sein "Feld" basierte graphentheoretisch gesprochen auf einem Knotenpaar, das aus "Geschwisterknoten" gebildet wurde, das sind Wörter, die auf derselben Hierarchieebene zueinander in Beziehung gesetzt werden. Trier betrachtete die Wörter auf der Basis eines Netzwerks, das neben "Geschwisterknoten" auch "Quellknoten" einbezog, das sind Wörter, welche hierarchisch einen Rang höher stehen, so daß "Eltern", "Vater", "Mutter", "Sohn", "Tochter" als ein Feld erfaßt wurden. Jolles und Trier unterschieden sich hinsichtlich des Netzausschnitts, den sie lexikologisch erfaßten. Dabei unterschätzte Jolles die Möglichkeit der Netzbreite und -tiefe, Trier irrte hinsichtlich der Systematisierbarkeit des Wortschatzes, der sich nicht lückenlos mit dieser Sicht erschließen läßt. Dieser Irrtum basierte aber nicht auf Unwissenheit, sondern muß als Ausdruck eines dem Ansatz zugrundeliegenden Sprachverständnisses gesehen werden. Die Wortfeldtheorie ist nie eine Theorie im wissenschaftstheoretischen Sinn geworden und konnte keine werden, weil ihr dazu die methodischen Mittel zu ihrer Zeit gefehlt hatten.

Daß Wörter vom Gehirn geordnet werden, steht indes außer Frage. Frühe Hinweise finden sich in der Neurolinguistik. Heeschen (1979) konnte eine besondere Rolle der linken Hemisphäre aufzeigen, wo Wörter im Sinne einer Unter- und Überordnung verarbeitet werden und verfügbar sind, während bei den beobachteten deutschsprachigen Patienten in der rechten Hemisphäre Wörter gestalthaft und assoziativ verbunden existierten. Zaidel (1978) berichtet über eine Versuchsperson, welche den Zusammenhang zwischen "Bier" und "trinken" nicht erkennen konnte und Schwächen bzw. Ausfälle im Umgang mit vergleichbaren Syntagmen zeigte. Die Fallbeschreibungen aus der Aphasieforschung legen differenzierte Ordnungen nahe, so daß sich die Frage nach linguistischen Erklärungen, die über den Status sprachbeschreibender Intuition hinausgehen können, stellt. Dabei sind zwei Perspektiven möglich, Beziehungen von Wörtern untereinander mithilfe von semantischen Merkmalen aufzuhellen, andererseits von der Syntaxtheorie her Antworten darauf zu suchen, wie sich die Bedeutungsbildung in Sätzen erklären läßt.

6.2 Semantik der Bedeutungsmerkmale

Forschungsgeschichtlich waren Arbeiten über Verwandtschaftsbezeichnungen Basis für die Komponentenanalyse (Lounsbury 1957; Goodenough 1957; Wallace/ Atkins 1960). Lexik und Semantik beziehen sich auf einen begrenzten und klar umreißbaren Bereich, dessen Struktur auf Komponenten begründet ist, welche eindeutig bestimmbar sind. Geschlecht, Generation, Vater und Mutter sind feste Bezugsgrößen, auf die entsprechende Lexeme bezogen werden können, so daß einerseits ein Wortfeld beschrieben wird, andererseits eine Beziehungsstruktur durch die Merkmale selbst entsteht. Bei der Verwandtschaftsbezeichnungen vergleichenden Beschreibung wird ein Kategorisierungssystem sichtbar, das über sprachinterne Vorgaben hinausreicht und den Zusammenhang von Bezeichnungen und Klassifikationen bereits thematisiert. Damit wird die strukturell linguistische Dimension überschritten und die Problemstellung für eine die Kognition mit berücksichtigende Perspektive relevant.

Die Merkmale, welche zur Beschreibung von Lexemen herausgearbeitet werden, besitzen unabhängig davon, wie sie konzipiert werden, stets eine Rückbindung im außersprachlichen Bereich (Kleiber 1993, 11-16). Wenn Merkmale als "semantic marker" von "distinguisher" unterschieden werden (Katz/ Fodor 1963), um hierarchisch relevante von definitorisch charakterisierenden zu unterscheiden, dann wird darin ein Problem erkennbar, welches in der nachfolgenden Diskussion Anlaß zur Kritik bot (Weinreich 1966; Nida 1962) . Die "semantic marker" stellen sich als Merkmale dar, welche zum Auf- und Ausbau eines Konzeptes genutzt werden, um semantische Verträglichkeiten in syntaktischen Konstruktionen zu erfassen. Sie sind Teil eines sprachtheoretischen Ansatzes. Damit ist aber noch nichts über ihre psychologische Relevanz ausgesagt. Daran ändert sich auch dann nichts, wenn bei der Differenzierung zwischen formalen und inhaltlichen Universalien der Eindruck erweckt wird, es handele sich um sprachenübergreifende elementare Phänomene zur Organisation von Sprache. Mit dieser Unterscheidung werden nur weitere Hinweise auf die Ausgangsidee offenkundig, die Komplexität auf möglichst einfache und grundlegende Strukturen zurückzuführen. Im phonologischen Bereich sind inhaltliche Merkmale wie "Stimmhaftigkeit" bedingt durch die physiologischen Grundlagen bei der Lautproduktion überschaubar und aufgrund dieses Fundamentes in allen Sprachen begründet (Pulman 1983, 30). Die Sprechorgane stellen alle Sprachen hinsichtlich der Produktion von Lauten vor vergleichbare Probleme.

Wenn indes Wortbedeutungen erfaßt werden, entsteht das Problem der Lexikalisierung aufgrund von Merkmalen, welche Lexikalisierung selbst erklären sollen, doch anders als bei der Erfassung von Verwandtschaftsbezeichnungen, wo verbale Mittel

zur Unterscheidung von Klassen unterschiedlicher Verwandt-
schaftsverhältnisse stets an den außersprachlichen Bereich der
Personenverhältnisse gebunden bleiben, erzeugen semantische
Merkmale im Sinne eines universalen Vokabulars (Chomsky
1965, 160) den Eindruck von Entitäten, die innersprachlich
wirksam werden können und Wortbedeutungen an sich zu produzieren erlauben.

Grundlegend ist die Vorstellung, daß Bedeutungen sich aus
Bedeutungselementen oder begrifflichen "Atomen" aufbauen, die
elementar sind und aus deren Kombination sich komplexe Bedeutungen oder Begriffe definieren lassen. Typisch war die Selbstver-
ständlichkeit, mit der ohne eine Diskussion über den Status der
Merkmale Vorschläge zur Repräsentation von Bedeutungen durchgeführt wurden (Jackendorff 1976) und davon ausgegangen wurde, daß solche Merkmale lexikalisch faßbar seien (Fodor 1977).
Dieser semantische Ansatz ist im Zusammenhang mit dem Versuch einer ersten Syntaxtheorie zu sehen, wie sie im Modell von
1957 vorgelegt worden war (Chomsky 1957). Eine Verbindung
zwischen Syntax und Semantik war darin nicht vorgesehen. Seit
den ersten Arbeiten zur Kategorialgrammatik (Adjukiewicz 1935)
wird aber eine solche Verbindung herzustellen versucht. Es lag
daher nahe, nach einem Weg zu suchen, die syntaktischen Kategorien mit semantischen Informationen so zu verbinden, daß von der
syntaktischen Basis her semantisch deutbare Konsequenzen sichtbar werden.

Lexeme könnten nun, wenn sie in eine syntaktische Position
eingefügt werden, auf Merkmale ihrer Bedeutung geprüft werden.
Das setzt ein Wörterbuch voraus, das entsprechende Einträge
enthält sowie Regeln, welche diese zu interpretieren erlauben.
Arbeiten von Pottier (1961; 1964), Greimas (1966) oder Meier
(1964) und Bierwisch (1965; 1967) zeigten für den Wortschatzbereich, wie mit einem merkmalssemantischen Ansatz ein Lexikon angelegt werden könnte, das Bedeutungen in Komponenten
zerlegt, welche für eine weiterführende Verarbeitung
operationalisierbar erscheinen. Das Neue bei Katz/ Fodor (1963)
lag in der Idee, Merkmale als Interpretationshilfen bei der Be-

deutungsbeschreibung von Sätzen zu nutzen. Die Frage nach dem Status solcher Merkmale blieb solange im Hintergrund, als das Interesse vorrangig der Integration einer lexikalisch ausgelegten Komponente in die Syntax galt und über Regeln nachgedacht wurde, die eine Verknüpfung ermöglichen. Sobald die Aufmerksamkeit nicht mehr allein der Regelentwicklung und -findung zur Einbindung der lexikalischen Komponente in die Syntax galt, mußte die Frage nach dem Status solchermaßen vorgeschlagener Merkmale auftauchen sowie eine Diskussion darüber geführt werden, ob es überhaupt möglich und sinnvoll ist, allein aus lexikalischer Sicht Bedeutungen zu definieren. Zu fragen war, ob ein solcher Ansatz die Grundlage einer Semantiktheorie darstellen konnte.

Wenn über den Status unterschiedlich klassifizierter Merkmale gestritten wurde (Weinreich 1966; Nida 1962; Bolinger 1961), dann kam darin weniger das Suchen nach einer empirisch absicherbaren oder theoretisch eindeutigen Lösung zum Ausdruck, als vielmehr eine Hoffnung, Typen von Merkmalen aufdecken und definieren zu können, welche zur Beschreibung von Bedeutungsstrukturen grundsätzlich geeignet sind. Die Diskussion über die semantischen Komponenten war stillschweigend von der Eignung eines solchen Ansatzes ausgegangen (Jackendoff 1976).

Sie stützten sich auf die Analogie zu den phonologischen Merkmalen, welche ihre Sinnhaftigkeit insofern ausgewiesen hatten, als sie universell anwendbar waren und sich als Beschreibungsinstrument bewährt hatten (Chomsky/ Halle 1968). Der Gedanke wurde ausgeweitet, und es wurde allgemein zwischen sog. formalen und inhaltlichen Universalien unterschieden, ohne gleichzeitig eindeutige Zuordnungskriterien entwickelt zu haben (Pulman 1983, 29). Mittel zur Organisation von Kohärenz, des Negationsbereiches, von Reflexivkonstruktionen oder Passiv werden dem formalen Bereich zugeordnet und lassen sich in ihrem Charakter sprachenübergreifend erfassen. Zur Erfassung des Wortschatzes indes lassen sich entsprechende Kriterien nicht auf eindeutige Weise finden, auch wenn an der praktischen Seite einer solchen Bedeutungszerlegung für spezifische Zwecke der Sprachbeschreibung kein Zweifel besteht. Die Anwendung im Bereich der Künstlichen Intelligenzforschung belegt die Nützlichkeit dieser Vorgehensweise (Schank 1972, 1975; Wilks 1972, 1979a). Auch für Teilfragen der Lexik ist das Verfahren nicht ohne Relevanz (Pottier 1964; Greimas 1966; Bendix 1966).

Im deutschsprachigen Raum war es Bierwisch, der 1965 mit seinem Beitrag "Eine Hierarchie syntaktisch-semantischer Merkmale" die Aufmerksamkeit auf die Merkmalssemantik lenkte. Ihm ging es darum, das mit der Grammatik des Verbs aufgegriffene Konzept der generativen Grammatik im Sinne der Gedanken von Katz und Fodor zu erweitern, im Beitrag "Einige semantische Universalien deutscher Adjektive" stellte sich Bierwisch(1967) der Problematik im Sinne einer Feldanalyse. Er wies hierarchisch wirksame Merkmale nach und erarbeitete eine Ordnung, wie sie sich Greimas (1966) für den Wortschatz aller Sprachen vorgestellt hat. Bierwisch selbst blieb skeptisch, inwieweit die Merkmale den eigentlich gewünschten Status erlangt hätten. Er selbst äußerte Bedenken, ob die von ihm vorgeschlagenen "kleinsten Elemente" tatsächlich den Ansprüchen eines universal-semantischen Merkmals entsprächen (Bierwisch 1967, 64). Faktisch beschreibt er, was in der Lexikologie heute üblich ist: Beziehungen verschiedener semantischer Einheiten, wobei Teil-von- und Gegenteil-zu-Relationen vorherrschen. Neu war, daß diese Relation auf den Wortbestand bezogen und nicht im Denotatsbereich gesucht worden ist. Das war möglich, weil es sich um die Beschreibung des inhaltlich umrissenen Wortschatzbereiches 'Dimensionsadjektive' handelte.

Neben der linguistischen Merkmalsbeschreibung und Analyse, die sich aus der Erforschung der Beziehung einzelner Wörter zueinander herleitet, hat sich eine an Konzepten bzw. dem Objekt orientierte Merkmalsanalyse etabliert, wie sie bei der Beschreibung von Verwandtschaftsbezeichnungen bereits sichtbar geworden war. G.F. Meier (1964) hatte eine solche für den begrifflichen Bereich unter dem Stichwort der Noemanalyse vorgeschlagen und damit einerseits den Zusammenhang lexikalisch und inhaltlich bedingter Begriffswelt bewußt gehalten, andererseits auf eine mögliche Elementarisierung auch begrifflicher Konzepte aufmerksam gemacht.

Auf einen anderen Weg hatte Porzig (1934) mit seiner Kontextanalyse hingewiesen. Aus den syntagmatischen Beziehungen werden Rückschlüsse auf ein mögliches Merkmalsinventar gezogen. Hier wird allerdings sehr gut sichtbar, daß letztlich eine "innerlexikalische" Betrachtungsweise nicht sinnvoll ist, sondern der Effekt des Verfahrens vielmehr darauf beruht, daß der Gebrauch referentiell, pragmatisch oder auch stilistisch bedingt wird. Kühn (1979, 78) gibt bei semantischen Merkmalsanalysen, gleich welcher Art sie sind, zu bedenken, daß neben der Angabe konstitutiver und distinktiver Merkmale auch "symbolfunktionale" zu berücksichtigen seien sowie signal- und symptomfunktionale, so daß Angaben geographischer, sozialer, gruppenspezifischer und beruflicher Art ermöglicht werden, wie dies bereits Reichmann (1976) herausgearbeitet hatte.

Während in der praktischen Arbeit eine merkmalsorientierte Semantik wichtige Hinweise für die Sprachverarbeitung und lexikalische Sprachbeschreibung bieten konnte, blieb sie bei der Grundlegung einer empirisch begründbaren Semantiktheorie hinter den Erwartungen zurück. Ihre Übertragung auf die Entwicklung einer Theorie des Erwerbs von Bedeutungen machte offenbar, daß ein solches Konzept nicht als Grundlage zur Erklärung unserer Wortschatz- und Wortbedeutungs-Kompetenz allgemein herangezogen werden kann. Die Merkmalssemantik erfuhr, so gesehen, aus der Perspektive der Spracherwerbsforschung heraus ihre empirische Validierung.

Clark (1973) erklärte die Lernleistung eines Kindes damit, semantische Merkmale zu erkennen und sie in ihrer Funktion für den Aufbau eines Wörterbuchs zu nutzen. Sie nahm in ihren frühen Arbeiten an, daß das Kind dieses endliche und als universal gedachte Inventar semantischer Merkmale erwirbt und damit in der Lage ist, die Kodierung des Wortschatzes seiner Bezugssprache zu bewältigen. Das setzt elementar operierende Sinngebungs- und/oder Wahrnehmungseinheiten organisierende Prinzipien voraus, die sich dann in den diskutierten semantischen Merkmalen nachweisen lassen müßten.

Das Kind orientiert sich aber nicht an einer wissenschaftlich-logischen Taxonomie, sondern baut seinen Begriff aus unterschiedlich klassifizierbaren Merkmalen auf, die sich nicht aus Über- und Unterordnungen oder Teil-Ganze-Relationen erzeugen lassen. Als fragwürdig erweist sich ferner die Vorstellung, das Kind verändere ein besonderes Merkmal, wenn eine Neuorganisation erfolge (Rosch 1975; 1978). Bezogen auf die Metapher vom semantischen Netz würde dies bedeuten, das Lernen von Wortbedeutung komme einer kontinuierlichen Erweiterung um jeweils einen "Knoten" gleich. Die von Clark zitierten Fälle sind Einzelbeispiele, welche demonstrieren, daß die Wortschatzausdifferenzierung nicht willkürlich verläuft und in einer Reihe von Entwicklungslinien tatsächlich einen systematischen Effekt aufweist, der sich aus einem Merkmal erklären läßt. Die wichtige Erkenntnis liegt darin, hinter dem Gebrauch der Wörter ein ordnendes System entdeckt zu haben, mit dem auf überraschend einfache Weise erklärt wird, was es bedeutet, ein Wort zu lernen und warum sich der Wortgebrauch beim Kind verändert. Unklar blieb, ob eine ausschließlich linguistische Perspektive das Phänomen angemessen erklärt. Seiler (1985, 108-109) bezweifelte dies: "Nun sind aber Wort und Begriffe ... nie auf eine unbeschränkte Extension angelegt. So stellen wir fest, daß es viele Worte gibt, die grundsätzlich identische Bedeutungskomponenten enthalten, deren legitime Verwendung aber auf bestimmte Situationen und Gegenstände beschränkt bleibt. ... Es ist sehr oft so, bei jüngeren Kindern sogar durchgängig, daß ihr Bedeutungsverständnis nur auf ganz bestimmte Situationen Bezug nimmt." Die Kritik richtet sich gegen die Vorstellung eines sach- und logikbezogenen Erwerbs von Wortschatz, das Fehlen von offenen Strukturen, die erst eine Integration komplexer Wirklichkeit ermöglichen. Als Schwäche erweist sich auch, daß die Vagheit, mit der Begriffe praktisch gebraucht werden, innerhalb eines solchen Ansatzes nicht behandelt werden kann, wobei gerade Vagheit im allgemeinen Sprachgebrauch von grundlegender Bedeutung ist (Wahlster 1977; 1980).

6.3 Kognitive Semantik - ein Paradigmenwechsel

Sadock (1986) berichtet von seinem achtjährigen Jungen, der ihm erklärt habe, er wisse genau, wie man ein Auto baue. Als er nach dem Wie gefragt wird, ist seine Antwort verblüffend einfach: Man nimmt alle Einzelteile und setzt sie auf die richtige Weise zusammen. Das sei doch ganz klar. Kognitionswissenschaftliche Aussagen haben gegenüber linguistischen ein größeres Ganzes zum Gegenstand, ihre Aussagen werden allgemeiner, und das kann, so Kleiber (1993, 6), eine zunehmendere Unverbindlichkeit einzelner Aussagen bedeuten, so daß, bezogen auf eine kognitive Linguistik, ein Rückschritt des Erkenntnisstandes befürchtet wird, wenn, wie in der Episode beschrieben, kognitive Prinzipien an die Stelle von linguistischen rücken und eine Falsifizierbarkeit der Aussagen nicht mehr ermöglichen.

Eine kognitive Linguistik - und dieses gilt dann auch für eine kognitive Semantik, deren Verhältnis zueinander noch der Klärung bedarf - ist nicht sinnvoll, wenn sie nicht in der Lage ist, die empirische Begründbarkeit linguistischer Aussagen zu erhärten. Für die Linguistik macht Kognitionswissenschaft nur dann Sinn, wenn sie die Grundlagen der Sprache durch eine Empirie erweitern kann, die dem Linguisten bisher so nicht verfügbar war. Es kann nicht darum gehen, linguistisches Wissen zugunsten irgendwelcher allgemeineren geistigen Prozesse aufzugeben, wenn sich darin nicht eine explizitere Beschreibung des Sprachprozesses wiederfinden läßt oder erkannte Funktionszusammenhänge in neue Erklärungszusammenhänge gestellt werden müssen.

Als Problem in der bisherigen Forschung ist das Fehlen einer Sprachtheorie anzusehen, die zu Konzepten hinführt, welche sprecher- und hörernah erklären, wie Sprache als ein Prozeß von Kognition entsteht (Felix u.a. 1990). Bisher standen die theoretische Aufarbeitung von Sprachstruktur und damit verbundene wissenschaftstheoretische Zusammenhänge im Vordergrund (Heringer 1970; Montague 1970; Kutschera 1972; Cresswell 1973;). Als ein mögliches Ziel einer kognitiv verstandenen linguistischen Analyse werden daher Aussagen über die Struktur und

Prozesse menschlicher Kognition erwartet (Felix u.a. 1990, 6). Das, was zu einer neuen Perspektive anregt, sind Daten, die Nähe zu den neuropsychologischen Grundlagen erwarten lassen. Nicht eine Theorie an sich kann das Erkenntnisziel sein, sondern eine Theorie über Sprache, die mit Erkenntnissen aus der psycho- und neurolinguistischen Forschung verträglich ist und insofern an solche Prozesse heranführt, die aufgrund der neurophysiologischen Disposition Sprache und Sprechen ermöglichen.

Wenn diese Zielvorstellung bewußt gehalten wird, ist das einleitend angesprochene Problem entschärft. Es geht nicht "um eine Abkehr von linguistischen Zielen zugunsten allgemeinerer Betrachtungen über den menschlichen Geist" (Kleiber 1993, 5), sondern das Interesse gilt einer Linguistik, die näher am tatsächlich sprechenden und hörenden Individuum ihre Thesen entwikkelt. Bierwisch (1983, 17) forderte von einer empirisch fundierten Linguistik psychologisch interpretierbare Grundlagen. Auch wenn sich der Begriff "psychologische Realität" als nicht so eindeutig erweist (Schwarz 1992, 42; Dittmann 1988, 36), weil Verfahren der Introspektion und Informantenbefragung weiterer Daten aus empirisch-experimentellen Forschungen als notwendige Ergänzungen bedürfen (Marcel 1983; Jackendorff 1987), ist eine Richtung gewiesen, die auf dasselbe abzielt: Linguistik als eine Disziplin zu betreiben, die Sprache als Funktion des Sprechens und Hörens aus seiner neurophysiologischen Disposition heraus und auf den Prozeß kognitiver Verarbeitung hin zu erklären versucht.

Semantik als die Lehre über Bedeutungen (Lyons 1977, 1) grenzt den Teilbereich aus, den Lutzeier (1985, 6) als linguistische Semantik heraushebt, die ausschließlich sprachliche Formen beschreibt. Im Rahmen der Künstlichen Intelligenzforschung hat sich eine weitere Unterscheidung von Wortsemantik und syntagmatischer Semantik durchgesetzt. Dadurch wird es möglich, Bedeutung aus Phrasen unterschiedlicher Komplexität semantisch zu interpretieren. Ein solcher Ansatz basiert auf dem Aufbau von semantischen Repräsentationen, die formal sind und ihre Stärke beim Umgang mit intensionalen Kontexten bewiesen haben (Lewis 1972; Barwise/Perry 1983). Als Basis für ein Konzept, welches die natürlichsprachliche Verarbeitung als Prozeß beim Sprecher und Hörer erklärt, sind daraus abgeleitete Modelle nicht geeignet.

Im Bereich der Wortsemantik wurde ein anderer Weg beschritten. Lakoff (1987, 269) sieht in ihr die Beschäftigung mit der grundsätzlichen Frage nach der Art und Weise, wie Konzepte Bedeutung erlangen. Konzepte werden als nicht näher bestimmte psychische Entitäten betrachtet. Er sieht zwei wesentliche Faktoren, die hierbei ins Spiel kommen. Ausgangspunkt ist die Kategorienbildung. Sie basiert auf der Erfahrung und Vorstellung von Wahrnehmungen der motorischen Tätigkeiten sowie des kulturellen Kontextes, in dem der einzelne lebt. Auf der anderen Seite sind es Bildungsweisen, die sich aus metaphorischen und metonymischen Prozessen herleiten lassen und durch die Vorstellungskraft des menschlichen Individuums bedingt werden, Bildhaftes zu präzisieren und explizieren sowie dies unter speziellen Aspekten zu leisten.

Damit wird auf ein Grundproblem verwiesen, das möglicherweise eine linguistische von einer kognitiven Semantik unterscheidet. Semantische Fragen werden bisher von Wörtern her zu klären versucht, und Begriffsanalysen setzen Wörter voraus (Kutschera 1971, 118). Diese werden mit den Begriffen in engen Zusammenhang gestellt, weil so ein Ideal einer Sprache vorstellbar wird, in welcher der Gebrauch von Wörtern durch ihre Definition gesichert ist und Mißverständnisse ausschließt (Simon 1981, 72-101). Natürliche Sprachen sind davon weit entfernt und entziehen sich dem Zugriff der klassischen Logik (Rosch 1973; Rosch 1977), selbst verschiedene Formen der Erweiterung, wie es die "fuzzy logic" tut (Zadeh 1965; Wahlster 1977), haben eher deutlich werden lassen, daß Wörter nur zu einem geringen Teil auf diese Weise in ihrer Bedeutung zuweisenden Funktion erreichbar sind (Dreyfus 1985, 73). Die Wissenschaftsgeschichte beweist anschaulich, daß Wörter schlechte Ratgeber bei der Begriffsbildung sind, weil sie Funktionen übernehmen, die sich nicht auf Abbildungen innerhalb eines wissenschaftlichen Paradigmas reduzieren lassen und durch einfache konventionelle Regeln erfaßt werden können. Andererseits sind Wörter Hinweise, wie wir mit der Wirklichkeit umgehen (Sapir 1931; Whorf 1963).

Der kognitiven Semantik kann daher eine Brückenfunktion zukommen, zu klären, wie eine Interdependenz von nichtsprachlichen Gegebenheiten und sprachlichen Vorgaben durch ein Sprachsystem vorzustellen ist, wie die Prozesse vorzustellen sind, welche zur Übertragung von nichtsprachlicher in eine sprachliche Verarbeitung beitragen, und inwieweit Sprechen und Hören auf dieselben Vorgänge zurückgreifen oder verschiedene Verarbeitungsstragien zugrundezulegen sind.

Grundsätzlich gilt, daß für die Kognitiven Wissenschaft der Versuch im Mittelpunkt steht, empirisch überprüfbare Theorien zur Erklärung von Strukturen und Prozessen von Kognition zu erarbeiten. Obgleich angenommen wird, daß sprachlichen Strukturen neurophysiologische Muster zugrunde liegen, bleibt die Beschreibung auch weiterhin der abstrakten Ebene des sprachlichen Systems zugewandt (Johnson-Laird 1987, Stillings et al. 1987). Die derzeitige Forschungsdiskussion konzentriert sich auf die grundsätzliche Frage nach der Organisation der menschlichen Kognition. Hier muß zwischen einem Konzept unterschieden werden, das als Modularismus bezeichnet wird und von der Annahme ausgeht, der menschliche Geist operiere aus einem Verbund verschiedener mentaler Fähigkeiten heraus. Anders stellt sich die Perspektive dar, wenn dem Gedanken des Holismus gefolgt wird, dann stellt nämlich der Geist ein unteilbares Ganzes dar, welches von einer Reihe universaler Prinzipien wie der Konzeptualisierung, der Mustererkennung oder Inferenzbeziehung determiniert wird.

6.4 Modulare oder holistische Perspektive

Gegenwärtig wird der Modularitätskonzeption Vorrang eingeräumt. Die menschliche Kognition wird als ein komplexes System verschiedener Subsysteme gedeutet, wobei sich diese aufgrund bestimmter Charakteristika hinsichtlich ihrer Struktur und Funktion unterscheiden lassen und so eigenen Gesetzmäßigkeiten folgen. Die Modularitätsthese geht vom Prinzip der Arbeitsteilung des menschlichen Geistes aus, verschiedene Subsysteme nehmen verschiedene Funktionen wahr. Die Effektivität und die Komplexität unseres Verhaltens erklärt sich aus den wechselseitgen Beziehungen der Systeme. Diese interagieren miteinander, bei bestimmten Verhaltensformen wie im Fall von Objektbeschreibungen beispielsweise arbeiten das perzeptuelle, das sprachliche und das konzeptuelle Wissenssystem zusammen.

Fodor (1983; 1985) hat den Modulbegriff in seiner strukturellen und prozeduralen Eigenschaft als Erklärungsansatz kognitiver Subsysteme entwickelt. Das gesamte Kognitionssystem wird aus drei Mechanismen hergeleitet: Transduktoren, Inputsysteme und zentrale Prozesse. Transduktoren stellen sensorische Rezeptoren dar, welche die äußeren Reize, z.B. Schall- oder Lichtwellen. aufnehmen und daraus dann Repräsentationen in Form von Lichtwellenmustern auf der Retina erstellen. Diese dienen dann als Eingabe für die Inputsysteme, welche die eigentlichen Module der Kognition darstellen und bereichsspezifische Verarbeitungssysteme zur Verfügung haben. Sie verarbeiten die jeweiligen Repräsentationen nach allgemeinen Denk- und Problemlösungsprozessen unter Einbeziehung des jeweiligen Weltwissens.

Die in der Kognitionsforschung untersuchten Phänomene sind direkten Beobachtung nicht oder nur zum Teil zugänglich, über die Funktion der mentalen Systeme kann daher nur aufgrund von Schlußfolgerungen aus tatsächlich beobachtbaren und meßbaren Verhaltensweise etwas ausgesagt werden. Eine Weiterentwicklung kognitiver Theorien ist immer an methodologische Fortschritte gebunden. Dabei kommt der Interdisziplinarität eine entscheidende Rolle zu, weil hier neue Verfahren entwickelt wurden und werden können, welche die mentalen Black-Box-Phänomene zugänglicher machen. Als wichtige Hilfsmittel zur Beobachtung und Messung experimenteller Daten fungieren die im Rahmen der Computertechnologie entwickelten Apparaturen, so kann man z.B. mit der Positronen-Emissions-Tomographie (PET) die biochemischen Aktivitäten des Gehirns mit Hilfe eines bildgebenden Computers farbig wiedergeben. Mit der Methode der evozierten Potentiale (EP-Methodik) werden die neuronalen Aktivitäten bestimmter Gehirnregionen während der Verarbeitung von Informationen unterschiedlicher Komplexität untersucht und somit Potentiale abgeleitet, welche mit dem kognitiven Arbeitsaufwand korreliert werden können. In der Exprimentalpsychologie werden neben den off-line-Methoden, die nach dem Testvorgang einsetzen und die Memorierleistungen analysieren, zunehmend on-line-Methoden verwendet, weil sie während des zu beobachtbaren Vorgangs ansetzen und somit den Prozeß nicht unterbrechen oder signifikant verändern. Eine große Rolle kommt den Forschungen aus dem Bereich der Neuropathologie zu.

Die Semantikforschung profitiert von diesen Entwicklungen. Im Bereich der semantischen Gedächtnisforschung hat die Priming-Technik Einblicke in die Organisation des Bedeutungsspeichers geboten. Bei dieser Untersuchungsmethode geht es um die Voraktivierung von mental gespeicherten Einheiten auf der Basis semantischer oder formaler Beziehungen. Bei einem Priming-Test wird das Prime-Wort genannt, dann folgt ein Zielwort, das von der Versuchsperson beurteilt werden muß, inwieweit es ein Wort einer bestimmten Sprache ist. Der Zeitraum der Entscheidung ist umso kürzer, je klarer beide Wörter zueinander in Beziehung stehen.

Vertreter des modularen Ansatzes in der Kognitiven Linguistik sehen in der Sprache ein spezifisches Subssystem der Kognition, das von anderen kognitiven Subsystemen unterschieden wird. Untersuchungsgegenstand sind die genuin sprachlichen Regeln und Prinzipien, die konstitutiv für dieses Systems sind. Die dabei in der Linguistik lange vernachlässigte semantische Seite ist von Bierwisch (1982, 1983a, 1988) und Lang (1985,1988) im Rahmen des modularen Ansatzes aufgegriffen und diskutiert worden. Bierwisch/Lang (1987) setzen eine zweistufige Bedeutungsrepräsentation an, semantische und konzeptuelle Repräsentationsebene sind für sie zwei unterschiedliche Module. Semantische Einheiten sind an lexikalische Einheiten gebunden und sie werden von den Prinzipien des Sprachsystems determiniert. Das konzeptuelle System hingegen ist sprachunabhängig und stellt den Rahmen für Erfahrungen allgemein dar.

160

Die Semantik wird als eine von Prinzipien der Universalgrammatik determinierte Komponente des sprachlichen Systems gegenüber dem allgemeinen konzeptuellen Kenntnissystem abgegrenzt. Sie bietet Beschreibungen und sucht nach einer Erklärung der inhärenten und sprachspezifischen Struktureigenschaften der semantischen Form in natürlichen Sprachen. Dabei gewinnt das mentale Lexikon, das in der strukturalistischen Linguistik nur periphere Bedeutung besaß und in der generativen Grammatiktheorie die Funktion eines Speicherplatzes für sprachliche Idiosynkrasien übernommen hatte, eine strukturstiftende Funktion. Organisation und Strukturierung der Lexikonkomponente wird in interaktivem Zusammenhang mit den anderen kognitiven Wissenssystemen gesehen (Schwarz 1992, 91-101).

In der Kognitionswissenschaft ist die These vertreten worden, daß bereichsspezifische Input-Module mit unterschiedlichen Struktur- und Prozeßeigenschaften die Informationsverarbeitung regeln (Fodor 1983; 1985). Die Neurophysiologie des Gehirns zeigt aber, daß solche großflächigen Module nicht existieren. Die neuronalen Module des Cortex sind sehr viel kleiner, es sind Neuronenverbände, sogenannte Kolumnen, die neuronale Schaltkreise bilden und senkrecht zur Rindenoberfläche angeordnet sind. Im Kortex befinden sich ca. 3-4 Millionen solcher modulartiger Kolumnen (Schmidt/Thews 1980; Palm 1988). Der Kortex weist zwei fundamentale Prinzipien der Informationsverarbeitung auf: neuronale Interkonnektivität und funktionale Homogenität. Diese beiden Prinzipien lassen die strikte Version der Modularitätshypothese als biologisch unrealistisch erscheinen (Schwarz 1992, 41).

Ganz anders wird bei den Vertretern des holistischen Ansatzes Sprache nicht als ein autonomes Subsystem, sondern im Sinne eines Epiphänomens der Kognition verstanden. Allgemeine Kognitionsprinzipien erklären das sprachliche Wissenssystem, und sprachliche Strukturen sind das Ergebnis grundlegender mentaler Prozeduren. Sprachfähigkeit und allgemeine kognitive Fähigkeiten sind untrennbar miteinander verbunden (Langacker 1988; Lakoff 1987). Eine eigenständige, formale Komponente, wie sie in der generativen Sprachtheorie angenommen wird, um Gram-

161

matik theoretisch erklären zu können, wird für die Erklärung sprachlicher Phänomene als ungeeignet abgelehnt.

Die Struktur des sprachlichen Systems ist unlösbar mit der Funktion verbunden. Natürliche Sprachen werden im Rahmen der holistischen Konzeption als offene Systeme gedeutet, die durch die Einflüsse des kognitiven Verarbeitungssystems in ihrer Entwicklung festgelegt werden. Die Grammatik ist wie das Lexikon das Ergebnis komplexer Konzeptualisierungsprozesse (Langacker 1988).

Die Semantik wird sprecherorientiert und kognitivistisch entwickelt, sie geht sowohl auf die Funktionalität als auch auf die Eingebundenheit der semantischen Komponente in das Kognitionssystem ein, es gibt daher keine Trennung zwischen Semantik und Pragmatik. Entsprechend liegt den holistischen Semantiktheorien ein subjektivistischer Bedeutungsbegriff zugrunde, es fallen die Bedeutungen mit den konzeptuellen Einheiten, in denen das allgemeine und das spezifische Wissen der Sprecher repräsentiert wird, zusammen. Semantische Einheiten sind Bestandteile der kognitiven Domänen und so in komplexe kognitive Strukturen eingebunden, die Wissen über die Welt in geordneten Zusammenhängen erfassen.

Eine spezielle Semantik im beschriebenen Sinn wurde von Jackendoff (1983; 1987) vorgeschlagen. Er hebt eine intensive Beziehung zwischen Linguistik und Psychologie hervor und untersucht Bedeutungsaspekte in einem kognitionsorientierten Theorierahmen. Er distanziert sich von einem naiven Realismus in den Referenztheorien und verweist auf den mentalen Charakter der erfahrbaren Welt. Der vom Kognitionssystem des Menschen konstruierten Welt liegt ein universales konzeptuelles System zugrunde, welches die Welt überhaupt erst erfahrbar macht und die Struktur der projizierten Welt organisiert (Jackendoff 1983, 17). In Anlehnung an den kognitiven Konstruktivismus definiert er die erfahrbare Welt als eine auf die Umwelt projizierte Struktur, dabei werden die Referenten sprachlicher Ausdrücke in der projizierten Welt lokalisiert und damit als mentale Phänomene gekennzeichnet. Was dann als Tatsache zu gelten hat, wird vom mentalen Weltmodell her bestimmt.

Wenn die Entwicklung der vergangenen Jahre im Überblick erfaßt wird (Schwarz 1992, 19), dann hat die linguistische Semantik durch die Einbeziehung der Gedächtniskomponente und ein Vorrücken kognitionspsychologischer Aspekte bei den Analysen eine Erweiterung erfahren. Bedeutungen werden als kognitive Einheiten, die im mentalen Lexikon des Sprachbenutzers gespeichert sind, theoretisch und empirisch-experimentell untersucht. Die Semantikforschung fragt nach der Beziehung zwischen der semantischen Komponente einer Sprache und dem allgemeinen konzeptuellen Weltwissen. Der Realitätsbezug von sprachlichen Einheiten und Strukturen wird nicht aus der linguistischen Referenzsemantik ausgeklammert und in den Bereich der Ontologie verlagert, sondern in die referenzsemantischen Erklärungsansätze einbezogen. Nicht nur die Information in den Bedeutungseinheiten ist von Interesse für die Semantik, sondern auch die Art und Weise der Speicherung. Es wird nicht ausschließlich die abstrakte lexikalische Wortbedeutung beachtet. Das Interesse gilt dem Verhältnis zwischen lexikalischer und aktueller Bedeutung. Zur Explikation ist die Einbeziehung prozessualer Aspekte der semantischen Kompetenz nötig. Es reicht daher nicht mehr nur den strukturell-repräsentationalen Aspekt von Bedeutungen zu bearbeiten, sondern Semantik hat den prozeduralen Aspekt in die Beschreibung einzubeziehen, sie hat auch die Verarbeitung von Bedeutungen in konkreten Situationen zu untersuchen.

6.5 Perzepte, Konzepte und das mentale Weltmodell

Die linguistische Semantik ist lange Zeit auf das sog. Weltenproblem nicht eingegangen (Schwarz 1992, 39). Gibson (1979) hatte eine realistische Theorie entwickelt, die davon ausging, alle Informationen würden vom Gehirn direkt aus der Umgebung aufgenommen und repräsentiert werden. Ganz in dieser Tradition, daß die erfahrbare Welt aus der Wahrnehmung ableitbar ist, wurden Referenten als reale Objekte vorausgesetzt (vgl. Wimmer 1979, Thrane 1980). Beobachtungen der Kognitions- und Neurowissenschaften verweisen indes darauf, daß in unserem Gehirn nach der sensorischen Informationsaufnahme hochkomplexe Verarbeitungsvorgänge stattfinden, die zwischen Input- und Outputprozessen vermitteln. Mit Arbeiten von Jackendoff (1983) und Bierwisch (1982, 1983a) ist die Fragwürdigkeit einer naiv-realistischen Wahrnehmungs- und Referenztheorie im Rahmen der linguistischen Semantik erkannt worden. Die aufgrund von sensorischen Rezeptoren so unmittelbar als real und objektiv erlebte Welt ist ein Konstrukt unseres Gehirns, das die Reize der Umgebung auf eine artspezifische Weise verarbeitet und zu einem alles umfassenden Weltkonzept zusammenfügt. In den strukturellen und funktionalen Eigenschaften des menschlichen Gehirns ist daher die Möglichkeit der Welterfahrbarkeit als Resultat der phylogenetischen Entwicklung zu sehen. Die Sinne können nur einen eingeschränkten Teil der erfahrbaren Umgebung erfassen, erkennbar wird dies dort, wo technische Hilfsmittel erst ihre Existenz beweisbar machen, wie das beim Ultraschall beispielsweise der Fall ist.

Ein Wahrnehmungsresultat ist ein potentieller Referent, der aus einer komplexen Wechselwirkung zwischen von außen aktivierten Neuronenvernetzungen und internen, von der Sehrinde erzeugten Impulsen, erzeugt wird. "Reale", wahrnehmbare Objekte sind daher die letzte Phase eines komplexen Informationsverarbeitungsprozesses. Ihre Referentialisierung, d.h. die bewußt erfahrbare Repräsentation, ist an die Interaktion mit den äußeren Umweltreizen geknüpft (Changeux 1984, Singer 1985). Die Gesamtheit der wahrnehmbaren Objekte, auch als "Perzepte" bezeichnet, ist die Welt W_p. Die Menge aller Einheiten der repräsentationalen Kognition im internen Modus, die in der perzeptuellen Welt Referenten haben, bildet das mentale Weltmodell W_m. Die Existenz beider Welten wird aufgrund der Struktur und der Funktion des menschlichen Gehirns bedingt. Obwohl beide auf weitgehend gleichen Neuronenvernetzungen beruhen, werden sie prozedural unterschiedlich aktualisiert und dann im externen oder internen Modus auf die erfahrbare Kognitionsebene projiziert (Schwarz 1992, 44).

Mit der Unterscheidung zwischen Perzepten und mentalen Repräsentationseinheiten ergeben sich zwei grundlegende Referentialitätsbereiche für sprachliche Ausdrücke. Zum einen nehmen wir Bezug auf die projizierte, von uns aber als objektiv erlebte Welt W_p, sie ist über die möglichen Perzepte zugänglich, zum anderen stellen auch die repräsentationellen Einheiten der Welt W_m, mögliche Referenten sprachlicher Ausdrücke dar. Die Einheiten des Modells W_m sind mentale Repräsentationen von Objekten, Bildern und Vorstellungen. Diese repräsentationellen Einheiten sind wie Objekte im Geist des Menschen, während Objekte wie Bilder in der externen Welt sind.

Von Modell W_m sind mögliche Welten W_m^{1+n} durch kognitive Operationen ableitbar. Das Modell W_m bietet für alle kognitiv herstellbaren Konstrukte die Grundlage. Anders verhält es sich mit der realen Welt W_p, ihre perzeptuell erfahrbaren Einheiten treten als unveränderbar in unsere bewußte Erfahrung und stellen so eine invariante Elementarstufe der Kognition aller Menschen dar. Wenn wir beispielsweise eine Blume sehen, dann sind wir nicht in der Lage, dieses als externes Objekt erlebte Perzept irgendwie geistig zu verändern; Perzepte sind nämlich als im externen Modus erfahrene Entitäten der intentionalen Beeinflußbarkeit entzogen. Wir können uns aber eine Blume als Vorstellungsbild präsent machen, sie läßt sich als ein mentales Objekt mit Hilfe kognitiver Operationen verändern und kann durch Blütenpracht und Duft als ästhetisches Ereignis "gedacht" werden.

Die Sprache macht es möglich, die gegenständliche Stufe der Repräsentation zu verlassen und durch Abstraktion auf Klassen Bezug zu nehmen. Semantische Lexikoneinheiten beruhen u.a. auf der Besonderheit ihrer klassifizierenden Abstraktion. Semantische Strukturen gehören zu einer Funktionsebene, welche von der unmittelbaren Interaktion mit der Umwelt weit abgehoben ist, und dennoch mit der Welt in einem durch die Gehirntätigkeit gesicherten Zusammenspiel bleibt. Semantische Strukturen, die eine Art metasensorischer und supra-modaler Repräsentationen darstellen, ermöglichen aktiv Modellierungen von erdachten Wirklichkeitsausschnitten.

Die Informationen aus unserer Umgebung werden über viele verschiedene Sinneskanäle wahr- und aufgenommen. Die vielfältigen Sinneseindrücke werden dabei kohärent zu einer Erlebniswelt zusammengefügt. Alle Afferenzen werden zu einer intermodalen Wahrnehmung integriert. Wir sehen eine Sommerwiese, riechen ihren Duft, fühlen die Wärmeausstrahlung und erleben doch nur "eine" als ganze wahrnehmbare Entität. Umgekehrt kann das Wort den Eindruck einer Blume und ihres Duftes oder ihrer Farbe hervorrufen, oder ein ähnlicher Duft kann das Bild jener Blume evozieren. Heterogene Erfahrungseinheiten werden zu holistischen Erlebnissen integriert. Damit fungiert die konzeptuelle Struktur als vermittelnde und integrierende Basisebene der Kognition. Als Indiz für eine konzeptuelle Basisebene gelten bestimmte gnostische Störungen bei Ausfall cortikaler Areale der intermodalen Rindenfelder. Intermodale Wahrnehmung und informationelle Übersetzbarkeit werden bei vielen kognitions- und neuropsychologischen Ansätzen mit der konzeptuellen Strukturebene in Verbindung gebracht (Snodgrass 1984; Beaumont 1987).

Die modale Informationsverarbeitung erfolgt in hohem Maße autonom, andere sensorische Areale nehmen keinen Einfluß, weil die primären Felder der modalen Rindengebiete, wo die neuronalen Impulse antreffen, in keiner direkten Interaktion stehen. Die integrative Verarbeitung wird topologisch in den verschiedenen Projektionsstufen vorgenommen, die jeweils andere Areale involvieren. Multimodale Verarbeitung findet sich erst auf den unter- und supramodalen Rindenfeldern. Die Intermodalfelder des Kortex leisten die Integration der vielfältigen, modalitätsspezifischen Informationen. Die supramodalen Funktionen, welche sprachlichen und gnostischen Leistungen zugrunde liegen, ermöglichen modalitätsunspezifische, von sensorischen Merkmalen losgelöste Repräsentationen und Prozesse (Oeser/ Seitelberger 1988). Die in den mentalen Modellen postulierte konzeptuelle Basisstruktur hat kein lokalisierbares Gehirnareal. Sie ergibt sich aus der Gesamtheit der koordinierten Gehirnaktivitäten (Schwarz 1992, 46).

6.6 Semantik der Farbe - ein Beispiel

Um sich der Problemstellung anzunähern und zugleich die Überschaubarkeit zu wahren, bietet sich ein kleiner Ausschnitt an, der in der Linguistik schon oft betrachtet worden ist. Ein solcher ist in den Farbbezeichnungen zu erkennen und als Einstieg in die kognitive Semantik aus verschiedenen Gründen geeignet. Hier finden wir nämlich schon sehr früh Arbeiten, die darauf hingewiesen haben, wie Farbbezeichnungen unterschiedlich gehandhabt werden, und dies nicht nur innerhalb einer Sprache, sondern über Sprachen hinweg.

Erstmals hatten Brown/Leneberg (1954, 459) sich mit der Thematik psycholinguistisch auseinandergesetzt. Sie entdeckten die unterschiedliche Codierbarkeit in den verschiedenen Sprachen. Grundsätzlich können 7,5 Millionen Farbeindrücke unterschieden werden, im Englischen stehen 4000 Farbbezeichnungen zur Verfügung, von denen acht gebraucht werden. Nachdem beobachtet werden kann, wie im Jakutischen für Grün und Blau nur eine Farbbezeichnung existiert, kann gefragt werden, ob sich eine sprachliche Codierung auf das nichtsprachliche Verhalten auswirkt. Die experimentellen Untersuchungen ergaben, daß eine bessere Codierbarkeit die Behaltensleistung erhöht. Unterschiede in der Codierbarkeit stehen im Zusammenhang mit Unterschieden in der Verfügbarkeit. Leneberg/Roberts (1953) untersuchten den Gebrauch von Gelb und Orange bei Zuni-Inidianern, die kein Englisch beherrschten und solchen mit Englischkenntnissen. Beide Farben sind bei den Zunis durch eine Farbbezeichnung codiert. Es zeigte sich, daß Farbverwechselungen bei den Zunis, die nicht Englisch sprachen, häufiger waren, als bei denen, die Englisch beherrschten; verglichen mit nur Englisch sprechenden Amerikanern lagen letztere hinter diesen, so daß klar wurde, daß sich die Codierung auf das Fehlerverhalten auswirkt. Aus diesem Verhalten wird ersichtlich, daß Sprache auf bestimmte mentale Aufgaben relevanten Einfluß nimmt. Es wird aber noch nichts darüber ausgesagt, wie es zu den genannten Effekten kommt. Über den Charakter mentaler Operationen können bei der verwendeten

Methodik keine Aussagen gemacht werden. Um aber die Funktion von Sprache verstehen zu können, reichen Hinweise auf Zusammenhänge mit Prozessen wie Merkfähigkeit und Wiedergabeschnelligkeit nicht aus.

Einen systematischen Versuch, Linguistik kognitiv zu betrachten, machte Langacker (1987). Eine semantische Analyse hat sich mit Vorgängen der Konzeptualisierung, der Wahrnehmung und einer daraus resultierenden mentalen Erfahrung sowie kognitiven Prozessen auseinanderzusetzen. Wenn mit dem von ihm vorgeschlagenen Instrumentarium Farbbenennung erklärt werden sollte, müßte von einem peripher verknüpften kognitiven Prozeß ausgegangen werden, d.h. ein Außenreiz wird durch die Wahrnehmung der Netzhaut in den Augen an das Gehirn weitergegeben. Dort finden Vergleichsoperationen auf der Basis von Parametern statt, die beispielsweise das Spektrum der Helligkeit abtasten und zu einer Einheit zusammenfassen können, so daß eine Fläche als Weiß verarbeitet oder aufgrund von Abweichungen einem anderen Parameter zugewiesen wird, um dort als Schwarz oder Rot oder Gelb zusammengefaßt zu werden. Das von Leneberg/Brown und Leneberg/Roberts beschriebene Ereignis würde sich als das Resultat eines komplexen Prozesses darstellen, im Rahmen dessen aufgrund kognitiver Domänen Skalen von Farbwerten daraufhin abgetastet würden, ob der wahrgenommene Wert mit einem der in den Skalen erfaßbaren übereinstimmt. Diese Domänen könnten dann mit Farbnamen verbunden gedacht werden, so daß mit dem Aufruf einer Domäne ein Name als möglicher Kandidat aktiv würde. Wenn unterschiedliche Domänen mit nur einem Farbnamen verbunden werden, dann wird erklärbar, warum bei Farbbenennungsprozessen in einer für den Sprecher fremden Sprache Verzögerungen oder Fehler auftreten, denn hier wären weitere Operationen anzusetzen, die einen Domänen-Namen Vergleich durchführen müßten.

Der Schritt zur Prototypentheorie liegt nahe. Der Umgang mit den Farbbenennungen indes hat zu einer Reihe von Problemen gerade mit diesem Ansatz geführt, obwohl die Prototypentheorie für den Wahrnehmungsbereich als besonders geeignet ausgewiesen wurde (Cordier/Dubois 1981). Eine Verarbeitung des Wahrgenommenen kann als Vergleichsoperation erklärt werden, bei der ein Bezugsrepräsentant entweder als Vertreter einer Kategorie oder als Kombination aus Merkmalen zur Grundlage einer mentalen Verarbeitung vorstellbar ist. Ein solcher Bezugsrepräsentant kann als Prototyp bezeichnet werden.

Die Schwierigkeit im Umgang mit solchen Prototypen liegt für die Farbnamen im Identifizieren geeigneter Kriterien, welche den Prototyp zu beschreiben erlauben. So sprach man von fokalen oder zentralen Werten (Jackendoff 1983; Fillmore 1982), ohne klare Bezugsgrößen definieren zu können, oder von prototypischen Vergleichsoperationen, wo Farben mit Farbeigenschaften eines Gegenstandes verglichen werden (Wierzbicka 1985). Dieses Vorgehen ist tatsächlich beobachtbar, wenn Kinder befragt werden, was denn rot sei oder blau. Fillmore (1982) distanzierte sich von Spekulationen, was im Innern eines Sprechers vor sich geht, und führte den Begriff des prototypischen Effekts ein, der sich aus Prozessen einer kategoriellen "Tiefenstruktur" herleiten läßt. So ist es nicht nötig, den Prozeß selbst explizieren zu müssen. "Rot" ist ein Typ, der sich aus einer Menge von Kategorien herleitet, die eine Zone um einen zentralen Bereich bilden. Fokales Rot wäre der beste Repräsentant des Farbtons. Mit dem Entfernen von diesem Zentrum schwächt sich die Qualität ab, ohne als Rot nicht mehr anerkannt werden zu können. Aussagen von Befragten ließen sich vergleichen und würden dann den genannten Effekt auf einen bestimmten Farbton beziehbar machen.

Der Ansatz bietet eine mögliche Vorstellung darüber, warum Farben abgetönt verarbeitbar sind, ungeklärt bleibt, wo das jeweilige Zentrum angesiedelt ist und wie ein solches überhaupt gebildet wird. Die psycholinguistischen Ergebnisse aus den Studien zu den Farben Orange und Gelb finden keine weiterreichende Erklärung als die, welche bisher angenommen wird, daß Farben sprachlich unterschiedlich behandelt werden. Warum ein Effekt für das Merken und ein schnelleres Benennen von Farben auftritt, wenn Worte in einer Sprache für den Farbton existieren, ist auch mit dem Konzept von Fillmore nicht erklärbar.

Neurophysiologische Grundlagen der Farbverarbeitung werden in den Arbeiten von Kay und McDaniel für die Modellbildung einer Farbbenennung einbezogen. Hier wird erstmals ein Zusammenhang aus der biologischen Basis, neurologischen Prozessen und kognitiven Mechanismen in Abhängigkeit zu kulturspezifischen Ausprägungen bei der Farbkategorisierung und ihrer sprachlichen Bewältigung hergestellt. Ausgangspunkt für die Arbeiten waren Studien von DaValois et al. (1966) sowie DaValois/Jacobs (1968). Sie entdeckten das neurophysiologische System zur Farbverarbeitung bei Makaken-Affen. Dabei konnten sie sechs Zelltypen unterscheiden. Vier haben die Funktion der Farbwahrnehmung und zwei dienen zur Bearbeitung von Helligkeit. Die Farbzellen sind in zwei Gruppen unterscheidbar, eine Gruppe verarbeitet Blau und Gelb, die andere Rot und Grün. Das jeweilige Paar besitzt zwei Zelltypen, die aufgrund des Außenreizes aktiv werden. Auf einen Blaureiz, der unterhalb des Gelbreizes liegt, wird das Paar +Blau −Gelb aktiv, im umgekehrten Fall das Paar −Blau +Gelb. Analoges kann beim Rot-Grün-Zellverbund beobachtet werden. Fokales Blau wird wahrgenommen, wenn die Blau-Gelb-Zellen eine Blaureaktion zeigen und die Rot-Grün-Zellen auf neutralem Niveau verharren.

Wenn nun diese Beobachtungen mit dem Konzept der "fuzzy set theory" verbunden werden, dann lassen sich Werte der Wahrnehmungen in einem Streubereich von Blau als Merkmale der Blau-Gelb-Zellreaktionen erfassen. Ein echtes Blau als bester Repräsentant der Farbkategorie wird dann wahrgenommen, wenn Rot-Grün-Zellen völlig neutralisiert sind. Auf diese Weise lassen sich die Farbwahrnehmungen als Zellreaktionen darstellen und Aussagen darüber machen, in welchem Bereich die Qualität einer Farbe abnimmt.

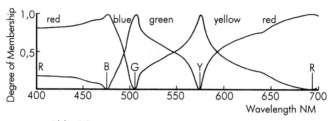

Abb. 19
Farbspektrogramm (Lakoff 1989, 27)

Der Ansatz bietet zwei wichtige Neuerungen, er bindet eine Wahrnehmung in ein empirisch belegtes neurophysiologisches Modell ein, d.h. es kann auf biologische Grundlagen Bezug genommen werden, und ihre biochemische Wirksamkeit ist empirisch belegt. Um zu verstehen, was dann geschieht, wird die kognitive Aufarbeitung durch ein theoretisch faßbares Modell der "fuzzy set theory" interpretiert, so daß Voraussagen machbar sind, die widerlegt werden können und so Richtigkeit oder Falschheit der Aussagen feststellbar sind. Wenn daher die theoretischen Aussagen bisher nur bedingt richtige Voraussagen ermöglicht haben, so spricht das nicht gegen die zugrundeliegende Idee. Sie ist ein Indiz, daß weitere Annahmen zu treffen sind.

Das eingangs erörterte Problem der Vagheit kognitiver Konzepte und das Problem der Falsifizierbarkeit ist damit vermieden. Wir erhalten ein Konzept der Kategorienbildung für Farbnamen. Farben sind nichts objektiv Vorfindbares, sondern etwas aufgrund bestimmter Wahrnehmungsgegebenheiten Verarbeitbares. Die Farben Purpur oder Orange müssen nach Voraussagen der „fuzzy set theory" und aufgrund der zu erwartenden Zellaktivitäten an den Grenzen der Basisfarben auftreten. Tatsächlich gibt es aber Sprachen, wo Purpur als einzelne Farbe auf der Blau-Grün-Skala benannt wird, und Fälle, wo sich die Farbe zwischen Kühl (= Grün/ Blau) und Rot befindet. Auch für andere Zwischenfarben konnte dies nachgewiesen werden. So befand sich die Farbe Braun einmal unterhalb Gelb, im anderen Fall wurde es bei Schwarz (= Dunkel/ Kühl) eingeordnet.

Daraus ergibt sich, daß einerseits die Voraussagen der "fuzzy set theory" noch unzureichend sind, andererseits ist damit klar, daß unterschiedliche Operationen für die verschiedenen Kulturkreise anzunehmen sind, um den neurophysiologischen Bestand aufzuarbeiten. Obwohl von demselben Farbwahrnehmungsapparat auszugehen ist, unterscheidet sich die Verarbeitung. Das steht nicht im Widerspruch zu den psycholinguistischen Ergebnissen, die für die Erlernbarkeit einer anderen Farbcodierung und den damit verbundenen Schwierigkeiten sprechen. Eine einheitliche Ausgangsbasis gilt nach Kay und McDaniel als wahrscheinlich, so daß von zwei distinktiven Farbkategorien auszugehen ist. Kühl bildet sich aufgrund von Blau und Grün. Beobachtet wurde nun, daß entweder Blau oder Grün ein Zentrum bilden kann. Dieser Effekt deutet auf die Notwendigkeit hin, eine weiterreichende Verarbeitung für die Farbwahrnehmung anzusetzen, als das die vorgeschlagene "fuzzy set theory" erlaubt. Die Vorstellung, Farbe werde in Abhängigkeit zur zellbiologischen Grundlage verarbeitet, ist daher fragwürdig. Angemessener erscheint die Annahme, daß die Farbwahrnehmung in Abhängigkeit zur lebenspraktischen Problembewältigung aufgearbeitet wird. Wenn in der Sprache des Dani nur zwei Farbbegriffe vorhanden sind - *mili* steht für Schwarz und kühle Farben und *mola* bezeichnet Weiß und die warmen Farben -, dann ist dies ein spezifischer Ausdruck einer Kultur und der in ihr zu bewältigenden Aufgaben. Das gilt auch für Sprachen, die Blau und Grün als eine Kategorie benennen, während andere aus Rot und Gelb eine Einheit bilden.

Kognitive Semantik ist keine Disziplin, die erklärt, wie aus Wahrnehmungen Bedeutungen entstehen, sondern sie wird zu klären haben, welche Theorie der Wahrnehmungen es gibt, welche Repräsentationsformen sie erwarten läßt und wie diese dann durch näher zu charakterisierende Prozesse umgeformt werden, so daß sie als ein eigenständiges Zeichensystem wie das der Worte faßbar werden. Lakoff (1987, 30) spricht davon, daß die Farbkategorisierung als Produkt von generativen Kategorien zu verstehen sei. Die neurophysiologischen Grundlagen erzeugen eine Farbkategorisierung auf der Basis der Primärfarben. Diese Erzeugung ist universal. Der neurophysiologische "Befund" unterliegt einer kognitiven Verarbeitung, deren Parameter von kulturspezifischen Einflüssen abhängig ist. Daraus ergibt sich eine wesentliche Konsequenz für den Umgang mit Farbbezeichnungen. Ein Farbname hat keinen direkten Einfluß auf die Wahrnehmung einer Farbe. Die Namensgebung erfolgt einerseits unter Beachtung der neurophysiologischen Grundlagen und andererseits aufgrund spezifischer Parameter, die sprachabhängig sind und als kognitive Verarbeitungsprozeduren beschrieben werden müssen.

Der Ort einer kognitiven Semantik ist dort, wo neurophysiologische Daten kognitiv aufgearbeitet und mit einem linguistischen System ausdrucksfähig gemacht werden. Was es bedeuten kann, von einem solchen "Ort" zu sprechen, kann aus Beobachtungen erschlossen werden, die im Rahmen der Aphasie-Forschung gemacht worden sind. Eine wichtige Frage ist, ob sich Teilprozesse voneinander unterscheiden lassen, wenn erkennbar ist, daß ein einheitlicher Ansatz noch zu keinen angemessenen Voraussagen führt. Ergebnisse aus der Dissoziationsforschung, welche im Rahmen von Aphasiebeschreibungen gemacht werden, bieten Hinweise, inwieweit Teilfunktionen kognitiver Verarbeitung unterschieden werden können, so daß auch Rückschlüsse darüber möglich sind, wann, wie und wo linguistische Informationen bei der Verarbeitung von Wahrnehmungen eine Rolle spielen. Für den Bereich der Farbwahrnehmung vermuten Ellis/ Young (1991, 76) eigenständige Verarbeitungseinheiten, sie gehen von drei sog. Modulen aus: Störungen bei der Farbwahrnehmung, gestörte Farbkenntnis und Fehler bei der Farbbenennung. Diese Beobachtungen lassen sich dem zuvor erörterten Bild gut einfügen, aus dem eine psychophysische, kognitive und semantische Verarbeitung hergeleitet werden kann. Die Klagen von Patienten, alles sei nur schwarz-weiß oder die Farbe habe keine Helligkeit mehr, sind Aussagen, die in das erörterte, neurophysiologische

Konzept passen. Störungen über das Wissen von Farbe werden bei Patienten beobachtet, die Farbe korrekt wahrnehmen, aber Fehler beim Abruf gespeicherter Informationen über Farbe machen. Aufgaben, wie die Farbe von Johannisbeeren zu nennen oder ein Bild farblich korrekt auszumalen, werden nicht fehlerfrei gelöst.

Farbkenntnis und Farbbenennung müssen unterschieden werden. So kann das Benennen einer Farbe unmöglich sein, hingegen können Gegenstände hinsichtlich ihrer grundsätzlichen Farbqualität bestimmt werden. Farbbenennungsprobleme wurden im Zusammenhang mit Lesestörungen festgestellt, die sich auf das Buchstabieren oder eine vollständige Leseunfähigkeit beziehen. Eine Abtrennung der visuellen Gehirngebiete von den Sprachgebieten wurde als Ursache angenommen. Der Zusammenhang ist nicht eindeutig, weil sich Fälle finden lassen, bei denen Farbbenennungen trotz Alexie möglich sind. Die Verarbeitung von Farbe scheint vielschichtig zu erfolgen. So konnte ein Patient, der Probleme bei der Farbbenennung hatte, Farben, die er erfolgreich bezeichnet hatte, im weiteren Verlauf eines Gesprächs korrekt benennen (Ellis/Young 1991, 77-78).

Das Wahrnehmen ist eine Aufgabe, das Verstehen des Wahrgenommenen und das Sprechen über das Verstandene eine andere. Das Wahrgenommene wird in einer Art konzeptueller Repräsentation für eine Verarbeitung auch durch Sprache verfügbar gemacht. Für Ellis/Young (1991, 131) ist die "Stelle", die diese Aufgabe leistet, die sog. "semantische Repräsentation". Hier werden metaphorisch gesprochen Eigenschaften von Dingen mit Merkmalen von Worten verglichen und Einheiten zugewiesen, die dann Lautketten oder Schriftbilder aktivieren, um als gesprochenes Wort oder geschriebene Zeichen sichtbar gemacht zu werden.

Das Beispiel der Farbbenennung ist ein Spezialfall, dennoch werden daran grundsätzliche Probleme einer kognitiven Semantik anschaulich. Um verstehen zu können, was durch Bezeichnungsrelationen überhaupt geleistet wird, ist es nicht unwichtig, mehr über die Verarbeitungsbedingungen zu wissen. Während für die linguistische Semantik das sprachliche Material Ausgangs- und permanenter Bezugspunkt methodischer Reflexion ist, hat eine kognitive Semantik die Einflußmöglichkeiten der physiologischen Grundlagen eines Sprechers in die Theoriebildung einzubeziehen. Sie hat zu klären, was es bedeutet, wenn aus Wahrnehmungen psychische Konzepte werden und auf welche Weise sie die Sprachbildung beeinflussen. Steht für die linguistische Semantik die Relation Wort und ein durch das Wort bezeichneter Wirklichkeitsausschnitt im Vordergrund, so rückt für die kognitive Semantik die Relation der psycho-physischen Grundlagen und damit verbunden die neurophysiologische Verarbeitung ins Blickfeld. Dabei spielt die Erforschung der Bedingungen von Zeichensystemen für die Verarbeitung eine besondere Rolle. Die linguistische Semantik ist eine Teildisziplin. Sie hat Erklärungen für die Funktionsweise von Wörtern in Abhängigkeit zu einem Sprachsystem als Ganzem zu geben. Ferner muß sie die Besonderheiten semiotischer Funktionen durch Wörter, um auf Wirklichkeit Bezug zu nehmen, klären. Die globalere Sichtweise einer kognitiven Semantik hat für die linguistische zur Folge, sich grundsätzlich allen Formen der Bedeutungskonstitution zu stellen, die sprachlich erzeugt werden.

7 Wissen und Sprache

7.1 Die Informationsstruktur und ihre Verarbeitung

Auf der Basis einer psychologischen, neurologischen oder linguistischen Theorie können Thesen über das beobachtbare und zu erwartende Verhalten formuliert werden; aus ihrer Bestätigung oder Falsifikation ist zu erschließen, welche Reichweite sie besitzen. Die Grenzen solcher Aussagen werden durch die Perspektivität der jeweiligen Disziplin bedingt. So hat sich neben der Psycholinguistik die kognitive Linguistik zu entwickeln begonnen, die nicht nur aufgrund psycholinguistischer Tests etwas über die mentale Repräsentanz von Sprache aussagen will (Felix et al. 1990, 5-36) und sich dadurch eine bessere Generalisierung erhofft.

Nachdem psycholinguistische Studien die besondere Bedeutung des Satzes für das Verstehen nachgewiesen haben und die Rolle der Satzglieder sowie besonderer Kontexte erzeugender sprachlicher Mittel wie Pronomen und Konjunktionen erkannt worden ist, steht eine Steuerfunktion der Syntax für die semantische Verarbeitung außer Frage. Die psycholinguistischen Ergebnisse regen an, zu prüfen, inwieweit sich ihre Daten mit anderen psychologischen Resultaten zur Verarbeitung mentaler Einheiten decken oder ob bei der Syntax mit einer autonomen Art der Wirklichkeitsbewältigung zu rechnen ist.

Untersuchungen zur räumlichen Vorstellung oder zu linearen Ordnungen belegen, daß, vergleichbar zu den Beobachtungen an der Syntax, die Grundinformation systematisch umgeformt wird. Zwar wird die Position eines Objektes im Raum behalten, die damit verbundenen Umstände aber gehen verloren. Ganz ähnlich ist es, wenn lineare Ordnungen getestet werden, wie es mit Buchstabenfolgen gemacht worden ist (Anderson 1988, 96-98). Alles wird vergessen, was die Umstände anbelangt, übrig bleibt die Abfolgeinformation. "Es scheint, daß das menschliche Gedächtnis die Welt in Form kleiner, leicht zu verarbeitender 'Pakete' kodiert; und wenn zu viele Items existieren, erzeugt es Pakete innerhalb von Paketen" (Anderson 1988, 101).

Eine Reihe von Experimenten hat belegt, daß die eingehende Information umgeformt wird, indem sie in eine bedeutungshaltige Information umgewandelt wird. Ein Gehirn ist kein "datenverarbeitendes System", sondern es erzeugt ein Verhalten, das dem Organismus die Frage beantworten muß: Was tue ich jetzt? (Roth 1994, 184). Wahrnehmungszustände des Gehirns stellen einen Bruch mit der Ausgangswirklickeit eines Sprachereignisses dar. Dieses Ausgangsereignis wird in Erregungszustände zerlegt, aus denen das Gehirn durch eine Vielzahl von Mechanismen die Komplexität, soweit sie für das Handeln im Augenblick relevant ist, erschließt. Dabei werden in möglichst kurzer Zeit auf vielen Stufen der Bearbeitung Bedeutungen erzeugt (Roth 1990).

Eine Schwierigkeit entsteht bei einer solchen Verarbeitungsweise, das Zerlegen der eingehenden Daten darf nicht ein Zerfallen der notwendigen Informationen nach sich ziehen. Da ein neuronaler Code neutral und am Nervenimpuls seine Herkunft nicht feststellbar ist, erfolgt als Lösung eine räumliche Abtrennung von Verarbeitungsbahnen. Um die primäre und die später durch Konvergenz und Kombination entstandene Information im Nervensystem zu erhalten, erfolgt die räumliche Separierung der Verarbeitungsbahnen. Ein Neuron, welches der Ort der Konvergenz von Information und damit der Entstehung neuer Information ist, spaltet seine Axone auf. Zum Zweck der Bewahrung der neuen Information wird mindestens eine dieser Axonkollateralen separat gehalten und endet nicht bei Neuronen, die ebenfalls Ort von Erregungskonvergenz sind.

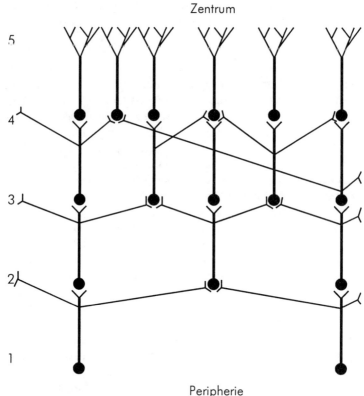

Abb. 20
Parallel-divergent-konvergente Informationsverarbeitung im Nervensystem

Im vorliegenden idealisierten Fall sendet jedes Neuron Fortsätze zu drei Neuronen der nächsten Verarbeitungsebene (nicht alle Verbindungen sind eingezeichnet). Durch diese Konvergenz von Information entsteht an jedem Neuron der nächsten Ebene neue Information, die durch eine "getrennte Linie" (dicke Linien) bewahrt und gleichzeitig zu Neuronen der nächsten Ebene für die Schaffung neuer Information gesand wird (dünne Linien). Durch diese Kombination von paralleler, konvergenter und divergenter Verarbeitung entsteht insgesamt ein stark divergentes Netzwerk. In realen Systemen ist die Divergenz sehr viel höher, d.h. ein Neuron sendet Fortsätze zu Tausenden anderer Neurone (Roth 1994, 110).

Wenn die Information dieses Neurons bis in die corticalen Assoziationsareale gelangt, dann werden nachgeschaltete Neuronen diese Information ungemischt weitergeben. Es werden natürlich nicht alle primären oder auf bestimmten Verarbeitungsebenen entstandenen Informationen separat weitergeleitet, sondern viele dienen zur Schaffung neuer Information und werden dann aufgegeben. Andere, z. B. primäre Informationen über den Ort einer Erregung in der Sinnesperipherie oder Relationen zwischen Wörtern, müssen exakt bewahrt werden, wenn sie die Grundlage der Formerkennung bedingen. Das alles erzeugt Kombinationen von paralleler, konvergenter und divergenter Erregungsverarbeitung. Daraus resultiert ein zentralwärts stark anwachsendes Netzwerk, denn von jedem Neuron müssen mindestens zwei, in Wirklichkeit sind es natürlich viel mehr, Fortleitungen der Erregungen ausgehen. Eine davon muß die Originalinformation bewahren und eine andere diese Information zur Schaffung neuer Information zu einem Konvergenzneuron weiterleiten.

Das Wahrgenommene - ganz gleich von welcher Ausgangsqualität es ist - wird unter verschiedenen Gesichtspunkten in Abhängigkeit vom eingehenden Reiz bearbeitet, um als ein Ganzes erkannt zu werden und dem Organismus für weitere Reaktionen zur Verfügung zu stehen. Dieses Ganze wird aber nicht von einem Neuron oder einem Neuronenverband erfaßt, sondern kann nur durch die simultane Aktivität vieler Zellverbände, von denen ein jeder einen spezifischen Aspekt kodiert, bearbeitet werden. Roth (1994, 233) betont, daß es kein Zentrum gibt, zu dem alle Informationen hingeleitet werden.

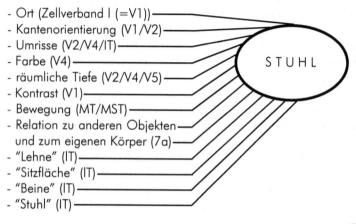

Getrennt verarbeitete Aspekte   Wahrnehmungsinhalt

- Ort (Zellverband I (=V1))
- Kantenorientierung (V1/V2)
- Umrisse (V2/V4/IT)
- Farbe (V4)
- räumliche Tiefe (V2/V4/V5)
- Kontrast (V1)
- Bewegung (MT/MST)
- Relation zu anderen Objekten
  und zum eigenen Körper (7a)
- "Lehne" (IT)
- "Sitzfläche" (IT)
- "Beine" (IT)
- "Stuhl" (IT)

STUHL

Abb. 21
Integration der Wahrnehmung am Beispiel eines Stuhls. Links sind die unterschiedlichen corticalen Areale angegeben, die an der Verarbeitung der visuellen Details bzw. an der Identifizierung (Kategorisierung) der Teile des Gegenstandes und schließlich der Identifizierung des ganzen Gegenstandes als Stuhl beteiligt sind (Roth 1994, 234).

Wird ein Gegenstand gesehen, dann beschreibt Roth (1994, 233) den Vorgang so: Ein retinales Bild wird in die Fovea gebracht, wird dort in Helligkeit, Wellenlänge, Kontrast, Bewegung und andere Merkmalsqualitäten zerlegt, und die so entstehenden Informationen werden einer weiteren separaten Verarbeitung (V1-Vn+1) zugeleitet. Eine Kombination von Merkmalen wird in einem "Elementarausschnitt" eines Gegenstandes von 0.5 Winkelgrad (bei üblichem fovealen Sehen) stets von einer Vielzahl gleichzeitig aktiver Zellen, z. B. innerhalb einer corticalen Hyperkolumne oder den Blobs und Interblobs, in V1 repräsentiert. Die so entstandenen Erregungen werden zu den verschiedenen Arealen V2, V3, Vn+1 weitergeleitet. Hier erfolgt die Verarbeitung unter präkognitiven Aspekten der visuellen Wahrnehmung wie Größe, Konturen, Bewegungsrichtungen, einfache Gestalten und räumliche Tiefe. Zur selben Zeit sind viele Neurone in den assoziativen Cortexarealen aktiv und lösen Perspektiven der globaleren und kategorialen Aspekte. Dies betrifft die Raumwahrnehmung, mit der sich der hintere parietale Cortex und dorsale Teile des präfrontalen Cortex beschäftigen, sowie die Gestaltwahrnehmung, welche im unteren Temporallappen und unteren präfrontalen Cortex verarbeitet wird.

Das Wahrnehmen von Details und das Erfassen von Bedeutung setzt Vorgänge wie die Kategorisierung, das Abstrahieren, Generalisieren, Identifizieren und das Interpretieren voraus. Da keine Hirnregion alles gleichzeitig tut, erfordert eine Objekterkennung simultane Aktivität vieler Zellverbände, die jeweils nur sehr begrenzte Aspekte kodieren, wobei diese Zellverbände weit über das Gehirn verstreut sind, da es kein Zentrum gibt, in welchem alle Informationen zusammenlaufen.

Für die Theoriebildung der Sprachverarbeitung hat ein solches Verständnis weitreichende Konsequenzen. Wenn ein Satz verarbeitet wird, ist mit eben denselben vielfältigen und für sich eigenständigen Prozessen zu rechnen. Die Lauterkennung hat die Wortidentifikation zum Ziel, und diese muß über die Bedeutungszuweisung zum Erkennen von Wirklichkeitsausschnitten der kognitiv interpretierten Welt führen. Die syntaktische Theoriebildung muß etwas darüber sagen können, wie zu Einzelbedeutungen gelangt wird und wie es möglich ist, bei ihrer Erzeugung nicht den Weg zur Bildung von komplexen Bedeutungseinheiten zu verlieren, von denen der Satz als eine solche zu deuten wäre.

7.2 Satzbezogene Informationsverarbeitung

Ein Bindeglied zwischen einer form- und einer inhaltsbezogenen Syntax stellt erstmals die Kasusgrammatik dar (Dirven/ Radden 1987), indem sie morpho-phonemisch definierten Konstituenten inhaltlich definierte Kategorien zuordnet. Die Psycholinguistik orientierte sich an einem Konzept, das als semantische Netzwerke von Quilian erstmals zur Repräsentation von lexikalischen Strukturen verwendet worden war (Quillian 1967). Wenn Anderson (1976) ein Satzverarbeitungsmodell entwirft, das sich auf der Basis von Relation und Proposition definiert, dann stützt sich ein solches in seiner Begrifflichkeit zwar auf die Weiterentwicklung der semantischen Netzwerke (Kintsch 1974; Rumelhart 1975), die linguistische Basis für eine solche Perspektive jedoch findet sich in der Kasusgrammatik, auch wenn darauf direkt nicht Bezug genommen wird. Der Vorschlag, Sätze in propositionale Netzwerke zu überführen, die als in sich strukturierte Chunks vorgestellt werden könnten, zielt auf eine satzsemantische Verarbeitung von morpho-phonetischen Segmenten zu Sinneinheiten ab.

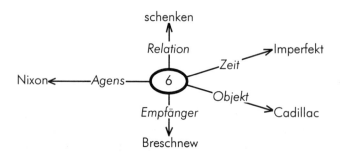

Abb. 22a
Semantische Netzwerke (Anderson 1988, 114)

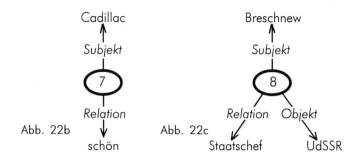

Abb. 22b

Abb. 22c

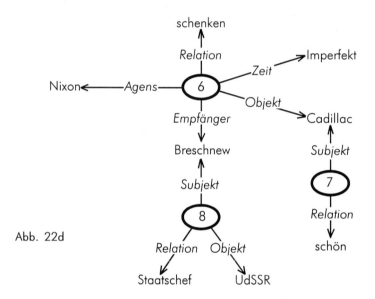

Abb. 22d

Der Satz "Nixon schenkte Breschnew, dem Staatschef der UdSSR, einen schönen Cadillac." ist in Teilaussagen zerlegbar, die sich umschreiben lassen als (1) "Nixon schenkte Breschnew einen Cadillac", (2) "der Cadillac ist schön" und (3) Breschnew ist Staatschef der UdSSR". Weil "Breschnew" im Satz (1) identisch

183

mit "Breschnew" im Satz (3) ist, kann der Satz (3) als eine spezifizierende Information über Breschnew interpretiert werden und dasselbe gilt für den "Cadillac" in (1) und in (2). (1)-(3) werden nun aber nicht als Sätze einer Sprache verstanden, sondern als Informationseinheiten, über die ein Sprecher bzw. Hörer verfügt bzw. verfügen kann. Diese Informationseinheiten selbst können nun wieder durch Relationen zueinander in Beziehung treten, so daß sich Komplexitätsgrade der Verschachtelung erwarten lassen. "Wenn Nixon Breschnew, dem Staatschef der UdSSR, einen schönen Cadillac geschenkt hätte, hätte es eines Gorbatschows nicht mehr bedurft". Die Informationseinheiten (1)-(3) stellen sich nun als Bedingung für eine Informationseinheit dar, die aus der Aussage (4) "Es bedarf nicht eines Gorbatschows" besteht.

Die Psychologie benötigt ein semantisch angelegtes Organisationsprinzip, um aus einer linearen Abfolge von Elementen zu einem Chunk-ähnlichen Gebilde von Informationsanhäufung zu gelangen, wobei dieses in sich so strukturiert sein sollte, daß mehr als nur freie Assoziationen abzuleiten möglich ist. Denn alle bisher gefundenen Belege weisen darauf hin, daß Äußerungen mit semantischen Interpretationen belegt werden und diese Ordnungsprinzipien folgen. Sehen wir von der Andersartigkeit der Perspektive in der Psychologie ab, dann liegt ein linguistisches Kernproblem vor. Als nämlich in den 60er Jahren Schwierigkeiten, Aktiv- und Passivsätze darzustellen, auftraten, da die Identität hinsichtlich des Referenzbereichs nicht darstellbar erschien, weil im Passiv das Subjekt mit dem Objekt des Aktivsatzes vertauscht wird, schlug Fillmore (1969) vor, die den Wortarten entlehnten kategorialen Beschreibungen durch Kategorien zu benennen, welche den Charakter der jeweiligen Konstituente inhaltlich erfassen. Seit den großen sprachhistorischen Grammatiken von Behaghel (1923) oder Paul (1919) ist hinreichend bekannt und wurde immer wieder darüber nachgedacht, daß Kasus spezifische inhaltliche Implikationen besitzen. Dieser Idee folgend hatte Engelkamp (1976, 21-24) eine weiterreichende Klassifikation der Prädikate vorgeschlagen. Typisierungen dieses Bereiches werfen indes die Frage nach der Begründbarkeit solcher Klassifikationen auf, wenn sie nicht in einem spezifischen Rahmen erfolgen, der Kriterien expliziert, die zur Bildung von Prädikatsklassen beitragen. Wenn, wie im vorliegenden Fall, die Klassifikation am Sprachkorpus einer natürlichen Sprache orientiert erfolgt, dann wird durch die Klassifikation eine Besonderheit der Lexikalisierung beschrieben. Psychologisch reduziert sich der Erkenntniszugewinn auf mögliche Kategorisierungen durch sprachliche Einheiten. Linguistisch wäre zu klären, inwieweit dahinter Strategien einer Lexikalisierung stehen, welche auf Konzepte schließen lassen, die umfassender als die sprachlichen sind.

Eine grundsätzlichere Frage ist, inwieweit aus psychologischen Versuchen hervorgeht, daß eine Verarbeitung entsprechend den postulierten Netzwerken empirisch plausibel gemacht werden kann, oder ob sie veranschaulichenden Charakter haben und nur für eine Modellierung auf dem Computer relevant sind. Frühe Untersuchungen von Kintsch/Keenan (1973) konnten belegen, daß nicht die Anzahl der Wörter eines Satzes die Wiedergabe beeinflußt, sondern die einem Satz zugrundeliegenden elementaren Propositionen. Sie haben nicht nur für das Behalten bzw. Wiedererkennen des Wahrgenommenen Konsequenzen, sondern beeinträchtigen auch das Lesetempo. Sätze gleicher Wortanzahl wurden bis zu einer Sekunde langsamer gelesen, wenn die Anzahl der Propositionen verdoppelt wurde. Engelkamp (1973) deckte eine sehr hohe Korrelation zwischen der Anzahl der Propositionen und ihrer Wiedergabegenauigkeit auf.

Auch wenn die Ergebnisse einen Zusammenhang bestätigen, sagen sie nichts darüber aus, inwieweit Prädikat-Argument-Strukturen bzw. propositionale Netzwerke eine angemessene Annahme darstellen. In einer Analyse von Wilczok (1973) konnte gezeigt werden, daß Propositionen vom Typ "x TUT y" signifikant besser als andere abschneiden. Raue/ Engelkamp (1976) wiederholten in einer etwas modifizierten Weise das Experiment. Sie kamen zu denselben Resultaten: mit steigender Argumentenzahl sinkt die Behaltensleistung. Werden aber Sätze in einen Kontext eingebunden, findet der obige Befund keine Bestätigung. Damit wird die

Frage virulant, ob dann nicht doch in der Prädikat-Argument-Struktur ein Konstrukt zu sehen ist. Aus der Darstellung propositionaler Netze wurden sog. Schemata oder Frames abgeleitet (Schank/ Abelson 1977). Das sind Netzwerke, die einen begrenzten Weltausschnitt repräsentieren (Habel 1986).

Solche Weltausschnitte nun lassen sich auch auf Handlungswissen beziehen; berühmt wurde ein Netzwerk von Schank/ Abelson (1977), das den Besuch in einem Restaurant zu explizieren versucht hat. In diesem Zusammenhang steht ein Vorschlag von Wettler (1980), "Rezepte" bzw. "Retuschen" zu definieren, von denen her Dialoge zwischen Personen abgeleitet werden können. Brewer/ Treyens (1981) machten einen Versuch mit 30 Versuchspersonen, um die Wirksamkeit genannter Schemata herauszufinden. Sie baten die Personen in einen büroähnlichen Raum, um dort auf das Experiment zu warten. Das Experiment bestand aus einem Wiederholungstest, die Personen sollten nach Verlassen des Raumes angeben, woran sie sich aus dem Vorraum erinnerten. Die Annahme war, daß gut behalten wird, was sich aus einem "Büroschema" herleiten läßt. Die Ergebnisse bestätigten die Richtigkeit der Annahme, fast keiner erinnerte sich an einen Totenkopf und eine Wandtafel, eine große Zahl von Versuchsteilnehmern meinte, sich an Bücher zu erinnern, obwohl diese nicht im Raum gewesen waren.

Schemata der genannten Art spielen eine bedeutende Rolle bei der Zuordnung von Gegenständen zu Klassen. Rosch (1973-75) hat in zahlreichen Experimenten nachgewiesen, daß das Verstehen von Sachverhalten signifikant schlechter wird, wenn ein übliches Schema von Elementen durchsetzt wird, die nicht typisch sind. Aus der Prototypendiskussion ist bereits bekannt, daß es gute und schlechte Kandidaten für Kategorien geben kann. Dies läßt sich - wie die Rosch-Versuche zeigen - nicht nur auf Gegenstände, sondern auch auf Situationen und Episoden beziehen. Zu diesen Beobachtungen passen Resultate, die aus der Erforschung der sog. Analysetiefe stammen. Es ist ein allgemein bekanntes Phänomen, daß der Rezipient von dem, was mitgeteilt wird, nur eine Teilmenge wahrnimmt. Bransford/ Franks (1971-72) gingen daher der

Frage nach, wieviel aus einem Satz denn eigentlich verarbeitet wird. Die Schema-Hypothese würde nahelegen, daß ein Individuum einen Satz so "tief" analysiert, bis ein Schema identifiziert ist. Details werden dann aus dem Schema erschlossen und nicht mehr vom Satz abgeleitet. In den bereits angesprochenen Versuchen wurden Versuchspersonen u.a. die Sätze vorgelegt: 1) Drei Möwen saßen *bei* einem treibenden Stück Holz und ein Fisch schwamm unter ihnen her. 2) Drei Möwen saßen *auf* einem treibenden Stück Holz und ein Fisch schwamm unter ihnen her. Der Befund ist eindeutig. Die Wiedergaben bezogen sich ausschließlich auf den zweiten Satz.

Der Recodierprozeß scheint damit signifikant vom Wissen über Weltzusammenhänge geleitet. Die Syntax wird nur dazu benutzt, eine Spur in einem Schema zu finden. Dieses Ergebnis paßt auch zu der Beobachtung, daß in Kontexten die Anzahl von Argumenten keine Rolle spielt. Wenn ein einzelner Satz geprüft wird, dann ist es möglich, daß beim Rezipienten ein Schema neu aufgebaut wird, weil u.U. ein umfassendes nicht oder noch nicht erreichbar scheint. Liegt dagegen eine Äußerungsfolge vor, so erhöht sich damit die Wahrscheinlichkeit, dafür ein Schema aufzuspüren, von dem aus die Details nicht recodiert werden müssen, sondern erschlossen werden können. In diesem Zusammenhang sind nochmals die Versuche von Bransford/ Franks (1971) interessant. Dabei ging es u.a. um die Frage, was aus über einen Text verstreuten, sachlich aber zusammenhängenden Propositionen wird. Würden die zuvor gemachten Aussagen der Verarbeitungsrealität entsprechen, dann müßte u.U. der Fall eintreten, daß die Versuchspersonen die Inkohärenz des Textes gar nicht bemerken. Das Ergebnis ist eindeutig: Die Wiedergabegenauigkeit steigt, wenn Propositionen angeboten werden, die ein verbindendes Element besitzen. Die Anzahl nach oben - vier werden getestet - spielt keine Rolle, und auch der Umstand der Ablenkung ist ohne Einfluß. Die Wiedergaben verschlechtern sich jedoch schlagartig, wenn Propositionen vereinzelt angeboten werden.

Die Ergebnisse waren eindeutig von der inhaltlichen Dichte eines propositionalen Netzwerks beeinflußt. Dabei spielte es keine

Rolle, ob diese konkrete Inhalte hatten oder auf abstrakte Sachverhalte Bezug nahmen. Singer/ Rosenberg (1974) zeigten, daß der Matrixsatz, der zum Aufbau bzw. zur Identifikation eines propositionalen Netzwerks führt, eine wichtige Rolle spielt. In Tests konnten sie belegen, daß bei Wiedererkennungsprüfungen Fehler ausschließlich bei den eingebetteten Sätzen auftraten. Beziehen wir diese Beobachtungen auf das, was aus der Diskussion um die Sprachentwicklung hervorgegangen ist, dann fallen überraschende Zusammenhänge auf. Es ist davon auszugehen, daß Wissen über den Wortschatz keineswegs grundsätzlich anders organisiert sein muß als Wissen überhaupt. Wenden wir daher das gegenwärtig akzeptierte Konzept der propositionalen Netzwerke darauf an, dann zeigt sich, daß semantische Merkmale als Propositionen gedeutet werden können, die Wörter von Wörtern unterscheiden helfen. Der Erwerb solcher Propositionen bedeutet dann eine Erhöhung der Differenzierbarkeit im Umgang mit Dingen der Welt. Für eine solche Sicht sprechen die frühen Versuche von Quillian (1969), in denen er erstmals die Darstellung von Netzwerken vorgeschlagen hat, um zu zeigen, wie ein Wörterbuch vorzustellen ist. Psychologische Tests haben diesen Grundgedanken bestätigt, auch wenn die formale Präsentation der weiterführenden Diskussion nicht standhalten konnte, da zu vieles nur aus der Situation entwickelt worden war.

Als ungelöstes Problem bleibt: die Repräsentationen sind letztlich sprachliche Repräsentationen, die Tests wurden nur mit geringem Material durchgeführt, abgesehen davon ist festzuhalten, daß die Testgruppen bereits Probleme darstellen, da in der Regel nur Studenten daran beteiligt waren. Das Material bezieht sich auf Texte im Umfang von einem Satz bzw. bis 4-6 Sätzen, das sind Kleinsttexte mit episodischem Charakter. Grundlage für die propositionalen Interpretationen sind nicht nur die lexikalischen Vorgaben, sondern ihre Einbettung in syntaktische Markierungen, durch die ein Organisieren der Einzelausdrücke zur Einheit erst ermöglicht wird.

Daß propositionale Strukturen beim Verstehen von Äußerungen wirksam sind, ist unbestritten, auch wenn der Status einer Proposition psycholinguistisch den Charakter einer Arbeitshypothese hat. Die Frage nach der Rolle der Grammatik ist dabei in den Hintergrund gedrängt worden. Der Grund dafür liegt in der Ausgangsfrage, welche das Verstehen von Sätzen zum Gegenstand genommen hat und nicht nach Bedingungen der Sprachproduktion fragt. Grammatische Strukturen spielen für das Sprachverstehen eine eher untergeordnete Rolle, während sie als Gegenstand der Produktion Vorbedingung für dieselbe sind. Rezeption und Produktion erscheinen in einem solchen Licht nicht als komplementär, sondern sind voneinander zu unterscheidende Strategien der semiotischen Bewältigung kommunikativer Aufgaben.

7.3 Strukturbildung durch die Syntax

Ergebnisse der Psycho- und Neurolinguistik legen nahe, eine Eigenständigkeit der Komponente für die grammatische Verarbeitung zu erwarten, was ihre Interaktion mit anderen nicht ausschließt, wobei immer bewußt gehalten werden muß, daß unser Bild von der linguistischen Kategorienbildung geprägt ist. Die faktische Simultaneität der Prozesse bedingt Modelle, welche das Interagieren abzubilden erlauben sollten. Das bedeutet bezogen auf die linguistisch erkannten Komponenten, Konzepte zu bedenken, wie die Lexikalisierung mit der Grammatik und diese wiederum mit der Lexik interagiert, denkbar ist von der Syntax her Lexik und Semantik zu "befragen" und/oder nach textgrammatischen Verbindungen zu den genannten Komponenten zu suchen. Unabhängig von der Frage, wie angemessen die linguistischen Kategorien sich in neurolinguistischer Hinsicht erweisen, erfährt die Modellbildung zusätzliche Schwierigkeiten, wenn bedacht wird, daß die Prozesse kein homogener und linear organisierter Ablauf sind (Dittmann et al. 1988, 5-13). Wird er aus der Sicht seiner zu lösenden Teilkomponenten betrachtet, dann gewinnen spezielle Fragen an Gewicht, die nicht auf das Ganze antworten, sondern Hypothesen formulieren, wie sich Bewegungen von Satzgliedern erklären lassen, warum Strukturen hierarchisch organisierbar sind, welche Prozesse sichern, daß pronominale Formen korrekt auf die Punkte verweisen, die intendiert sind.

Aus der psycholinguistischen Diskussion und den Modellen über die Lautbildung und Artikulation wissen wir, daß vom Konzept eines Wortes bis zur Aussprache desselben ein "verschlungener" Weg durchlaufen werden muß, bei dem Teilbereiche durchaus autonomen Charakter besitzen, ohne deswegen vom Gesamtvorgang isoliert zu sein (Aitchison 1982; Stemberger 1983). Es spricht daher einiges dafür, auch im Bereich der Syntax anzunehmen, daß es Vorgänge bei der Verarbeitung gibt, welche mit großer Wahrscheinlichkeit eigenständig "aufgearbeitet" werden, ohne dabei wie Fodor allgemein und im Fall der Syntax Fanselow/ Felix (1987, 171-174) ein eigenständiges Modul zu kreieren, es sei denn der Terminus wird wie der von der Proposition als Arbeitshilfe verstanden (Roth 1994, 179).

Ein Konzept, das die Eigenständigkeit der Verarbeitung syntaktischer Funktionen erklärt, bietet die Rektions- und Bindungstheorie (Chomsky 1981). Das Ausgangsproblem einer jeden Syntaxtheorie besteht darin, eine Darstellung dafür zu finden, wie eine seriell angelegte Wort- bzw. Morphemfolge etwas abbildet, was mehr ist als eine assoziative Folge von Wörtern. Erklärt werden muß, wie bei der Produktion etwas Ganzheitliches seriell so gefaßt wird, daß diese Ganzheitlichkeit grundsätzlich nicht verloren geht. Die Lösung eines Teilproblems wurde erstmals mit der Darstellung der Phrasenstrukturgrammatik faßbar. Diese macht verständlich, daß aus Teilen auf ein Ganzes geschlossen werden kann bzw. von etwas Umfassenden auf seine Teile. Nachdem nämlich die Konstituentenstruktur in sprachlichen Ausdrucksformen entdeckt worden war, ließ sich diese in Phrasenstrukturen überführen und erlaubte so eine geordnete und regelgeleitete Darstellung von Sprachproduktion. Wenn von der "Christine mit dem neuen Porsche" gesprochen wird, dann kann gezeigt werden, wie beim Verstehen des Geäußerten aus dem Individuennamen "Christine" durch den Aufbau einer Präpositionalphrase "mit dem neuen Porsche" eine Bezeichnungseinheit gebildet wird, welche auf einen Punkt eines Weltausschnitts verweist, an dem sich ein Individuum mit Namen "Christine" im Besitz bzw. am Ort eines Porsches befindet. Aus der Sicht dieses Referenzpunktes erhält der Sprecher Hinweise, was er lexikalisch fassen muß, um auf diesen Referenzpunkt hinweisen zu können.

Grundlegend ist dafür die Idee der Abhängigkeit der Elemente voneinander als Ausdruck einer Dominanz. Der syntaktische Aufbau eines Satzes wird als Folge von Kategorien beschrieben, bei der jede Kategorie jeweils von einer anderen dominiert werden kann. Dem Sprecher wird durch die dominanten Kategorien so etwas wie ein "Bauplan" an die Hand gegeben, nach dem er sich bei der Lexikalisierung seines "Gedanken" zu richten hat. Dem Hörer werden aufgrund der jeweiligen lexikalischen und morphologischen Formen Hinweise auf Kategorien gegeben, welche ihn zu umfassenderen Kategorien hinführen.

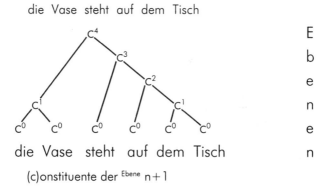

die Vase steht auf dem Tisch

C^4

C^3

C^2

C^1

C^1

C^0 C^0 C^0 C^0 C^0 C^0

die Vase steht auf dem Tisch

Ebenen

(c)onstituente der Ebene $n+1$

Abb. 23
Konstituentenstruktur

Bei einem solchen Ansatz kann einerseits die Rezeption eines Satzes als Vorgang gedeutet werden, Element für Element zu Kategorien vorzustoßen, die sich in der alles umfassenden Kategorie "Satz" wiederfinden. "Die" wird der Konstituente "c^0"

191

zugeordnet wie "Vase" "c^0", zusammen bilden sie eine neue "c^1", die eine eigene semantische Leistung erbringen kann, indem der so gebildete Ausdruck geeignet ist, auf Objekte eines Objektbereiches oder die Idee derselben zu verweisen, wenn bestimmte Bedingungen geklärt werden. Schrittweise wird so Konstituente mit Konstituente zu weiteren Einheiten verknüpft, bis eine Konstituente alle miteinander verbindet, bzw. ausgehend von der alles verbindenden Konstituente wird diese in Teilkonstituenten entfaltet, bis das einzelne konkrete Wort erreicht ist.

Die deutsche Syntax läßt sich auf diese Weise indes nicht vollkommen erklären, so daß Produktions- und Rezeptionsprozesse allein durch ein Bearbeiten von Phrasenstrukturen nicht ausreichen. Die syntaktische Relevanz einzelner lexikalischer Mittel ist so ausgeprägt, daß diese bei jedem syntaxtheoretischen Ansatz auf besondere Weise berücksichtigt werden muß und einen festen Bestandteil der Theorie ausmacht. Die Frage, ob mit der Lexik oder der Syntax die Ver- bzw. Bearbeitung eröffnet wird, hat in einem Modell der simultanen Verarbeitung nicht mehr das Gewicht, wie es bei Konzepten ist, die den Prozeß sequentiell abbilden. Lexik und Syntax sind gleichzeitig aktiviert. Eine andere Frage ist, wie die linguistische Theorie mit diesem Phänomen umgeht bzw. umzugehen erlaubt. Wenn es weniger interessant ist, zu fragen, ob die Lexik oder die Syntax den Vorrang hat, dann stellt sich die Frage, wo zwischen der sequentiellen Organisation und der horizontalen Verarbeitung der Schnittpunkt liegt, denn aus sequentiell organisierten Teilen muß ein Hinweis auf eine umfassendere Einheit gegeben werden, und von einem umfassenden Konzept her muß der Weg in eine Sequenzstruktur auffindbar sein.

Ein Prinzip, welches dazu beiträgt, wird im "Kopfprinzip" gesehen. Die erklärende Kraft von Dominanzrelationen ist unbestritten. Mit der Entdeckung von Ebenen, auf denen eine Konstituente zu ihrer "maximalen" Entfaltung gelangen kann, und mit dem Aufdecken des morphologischen Zusammenhanges solcher Konstituenten wurde sichtbar, daß bestimmte lexikalische Elemente Auslöser dafür sind.

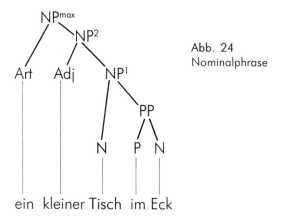

Abb. 24
Nominalphrase

NP (=Nominalphrase), Art (=Artikel), Adj (=Adjektiv),
PP (=Präpositionalphrase), P (=Präposition), N (=Nomen)

Die Phrase ist eine in sich abgeschlossene Einheit, sie besitzt eine Nominativ-Markierung, was aus der Artikelform und der starken Deklination des Adjektivs sowie dem Fehlen weiterer Markierungen bei "Tisch" erschlossen werden kann. Obwohl in der Sequenz ein Artikelwort, ein Adjektiv und eine Präposition auftreten, handelt es sich um einen nominalen Ausdruck. Mit dem Auftreten des Lexems "Tisch" erhalten Artikel und Adjektiv ihr Ziel. Auch die nachfolgende Präpositionalphrase wird vom Nomen "angenommen" und zu einer Einheit verbunden, die mit einer bestimmten semantischen Leistung korreliert, denn es ist nicht vom Tisch schlechthin mehr die Rede, sondern nur von "dem am Eck". Das Nomen "Tisch" ist der Kopf einer Phrase, er legt den Charakter der Phrase fest, das geschieht unabhängig vom Umfang einer solchen Phrase. "Ein sehr kleiner, runder Tisch im Eck des neu gekauften Hauses" bleibt weiterhin eine Nominalphrase, welche das Nomen "Tisch" zum Kopf hat.

Nicht nur das Nomen tritt in der Rolle eines Kopfes auf. Wenn der Satz "Sie küssen es" durch Manipulationen des Morphems "-en" in ein "-t" verändert wird, dann entstehen unterschiedliche Lesarten. Eine weibliche Person kann etwas küssen, ein Etwas kann eine Gruppe von Personen küssen, aber auch eine weibliche Person könnte irgendetwas küssen. Das Morphem am Ende des Verbs "küß-" erzeugt bezogen auf die höhere Ebene Satz eine Konstruktionseinheit, welche Konsequenzen auf der Bedeutungsebene nach sich zieht. "küß-" ist ein Kopf, weil eine bestimmte Phrase auf spezifische Weise gebunden wird, wobei an dieser Stelle nicht interessieren muß, inwieweit die Verblexik und die Kongruenzmarkierung eigenständig als Kopf von Phrasen im Sinne der Rektion bzw. Satzdefinition gedeutet werden müssen. Entscheidend ist, daß ein morphologisch faßbares Segment in der seriell angelegten Produktion oder bei der Rezeption die Organisation eines hierarchisch strukturierbaren Konzeptes auslöst. Mit der Annahme, jede Phrase besäße einen Kopf, wird ein theoretischer Weg gewiesen, das Problem der Serialität und Hierarchie zu vereinen. Eine Phrase ist eine hierarchisch organisierte Struktur. Der "Kopf" ist ein Element in einer seriellen Anordnung. Er schafft, bildlich gesprochen, den Weg aus der "Vertikalen" und einer "Randlage" in die "Horizontale", d.h. er organisiert von links oder rechts herkommend eine serielle Folge von Morphemen so, daß sie sich einer hierarchischen Ordnung zuweisen lassen. Der "Kopf" offenbart an seinen morphologischen Merkmalen eine Eigenschaft, die für die Phrase insgesamt gilt. Er eröffnet oder beschließt eine Konstruktion als Einheit im Sinne dieses Merkmals.

Mit dem Ebenenprinzip und seinen maximalen Phrasen ist eine weitere Strategie erklärbar, aus der heraus die unterschiedliche Hierarchiedichte in syntaktischen Konstruktionen erfaßt werden kann. Vergleichbar mit dem Prinzip der Gestaltschließung ist an syntaktischen Konstruktionen zu beobachten, wie an bestimmten Punkten etwas als "fertig" erscheint, d.h. Konstruktionen erreichen einen Stand, der sie als abgeschlossen ausweist. Die Konzeption eines Satzes könnte als Prozeß gedeutet werden, der damit beginnt, durch das Realisieren von Lexemen, die als Kopf gedeutet werden, "Punkte" zu setzen, welche dann im weiteren Verlauf zu einer Gestalt geschlossen werden, wobei bestimmte Köpfe eine solche Gestaltschließung auf einem bestimmten Niveau bedingen.

Die Idee der Gestaltschließung, wenn sie sich eng mit der Syntax verbindet, hätte zu berücksichtigen, daß Äußerungssegmente auch durch Schlußprozesse des Sprachrezipienten zu Ganzheiten "erschlossen" werden können. Dieser Aspekt ist deshalb zu berücksichtigen, weil ein kognitives Konzept Aussagen darüber erlauben muß, warum Satzfragmente als Sätze verstanden werden können. Zifonun (1987, 78) führt den Begriff der "Kommunikativen Minimaleinheit" ein, um sicher zu stellen, daß Sprachbenutzer auch ein Äußerungssegment, das kein Satz ist, "verstehen". In Abhängigkeit von Geltungsansprüchen, die aus Wahrheits- oder Erfüllungsbedingungen abgeleitet werden, sind Prozeduren denkbar, welche erlauben könnten, maximale Projektionen mit semantischen und handlungsrelevanten Parametern so zu verbinden, daß sie an ihr "Ziel", verstanden zu werden, bereits vor oder ohne das Erreichen des Satzknotens gelangen (Zifonun 1987, 73). Ein weiteres Problem in einer Sprache wie dem Deutschen tut sich auf, wenn Satzglieder in verschiedenen Positionen des Satzes auftreten. Sie erwecken den Eindruck, beliebige Positionen einnehmen zu können. Um diese Bewegungen erklären zu können, ohne die zuvor erörterten Erkenntnisse in Frage zu stellen, ist nach möglicherweise grundlegenden Bewegungen zu fragen, die den beschriebenen Prinzipien in ihrer Wirksamkeit vergleichbar sind. Eine solche grundlegende Bewegung wird in der Topikalisierung gesehen. Die Satzstruktur wird in ein "Vorfeld", "linke Klammer", "Mittelfeld" und "rechte Klammer" aufgeteilt. Wird die Struktur im Konzept des Ebenenmodells dargestellt, dann stellen das Mittelfeld und die rechte Klammer eine Einheit, die linke Klammer und das Ergebnis aus rechter Klammer und Mittelfeld eine weitere hierarchisch höher gebildete Einheit dar, die mit dem Vorfeld zum "Satz" führen können.

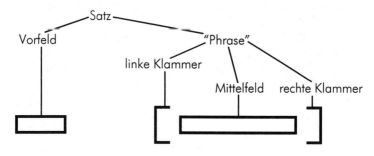

Abb. 25
Topologie des Satzes

Wenn angenommen wird, daß das Vorfeld vor der Prozedur der Linearisierung unbesetzt ist, und wenn die Position der linken Klammer als eine "Schlüsselposition" interpretiert wird, aus der heraus die lineare Realisation erfolgt, dann kann der im Deutschen vorfindliche Satz als das Ergebnis von Verschiebungen gedeutet werden, die sich aus der obligatorischen Besetzung des Vorfeldes herleiten.

Um den strukturellen Zusammenhang zwischen dem Satz "eine Vase soll auf dem Tisch stehen" und "auf dem Tisch soll eine Vase stehen" zu erfassen, wird von einer Phrase ausgegangen, in der das Mittelfeld und die rechte Klammer besetzt sind: eine Vase + auf dem Tisch (= *Mittelfeld*), stehen + soll (= *rechte Klammer*). Durch die Besetzung der offenen Position *linke Klammer* und *Vorfeld* wird darüber entschieden, welche text- bzw. diskursgrammatische Funktion der Satz annimmt. Rückt der finite Verbteil oder hier das Modalverb in die *linke Klammer,* bleibt das *Vorfeld* unbesetzt, dann entsteht ein Fragesatz "Soll eine Vase auf dem Tisch stehen?". Aus dem Mittelfeld kann nun in Abhängigkeit zur thematischen Progression das Satzglied "eine Vase" oder "auf dem Tisch" ins Vorfeld gerückt werden.

Auch komplexe Sätze werden auf diese Weise erfaßbar. Der Satz "Der Tisch gerade stehen muß, weil eine Vase auf ihm stehen soll" erhält auf diese Weise die Beschreibung:

> der Tisch (= *Mittelfeld*),
> gerade stehen muß (= *rechte Klammer*)

Wenn nun die *linke Klammer* mit "muß" und das *Vorfeld* durch "der Tisch" besetzt wird, entsteht der Satz "Der Tisch muß gerade stehen." Dieser kann durch den Kausalsatz erweitert werden.

> weil + eine Vase + auf ihm (= *Mittelfeld*),
> stehen soll (=*rechte Klammer*)

Hier nun rückt die Konjunktion "weil" in die *linke Klammer* und verhindert Bewegungen in der Verbkomponente. Das *Vorfeld* wird durch den bereits bekannten Satz besetzt, so daß der komplexe Satz "Der Tisch muß gerade stehen, weil eine Vase auf ihm stehen soll" entstanden ist.

Für die Eigenständigkeit der Syntax sprechen Beobachtungen bezüglich der besonderen Bedeutung von Strukturen bei Pronomen, wo eigentlich eher textsemantische Deutungen zu erwarten wären. Der Satz "Er wollte bei ihr anrufen, bevor er zu Christine ging" widerlegt die Vorstellung, Pronomen dürften erst gebraucht werden, wenn ein Referent eingeführt worden ist, allerdings sind die Dinge komplexer. Anders als im Beispiel zuvor verweist im Satz "Bevor er zu Christine ging, wollte er bei ihr anrufen" das Pronomen auf einen Punkt, der bereits erwähnt worden sein muß. Seit Reinhart (1976) wird versucht, die Möglichkeit des pronominalen Gebrauchs auf der Basis von Konstituentenstrukturen zu erklären. In der Linguistik geschieht dies unter dem Begriff des c-Kommandos (=constituent command), was besagt, daß ein Knoten X einen Knoten Y "c-kommandiert", wenn X und Y verschiedene Positionen in einem Baum einnehmen, und die nächste maximale Projektion, von der X dominiert wird, Y ebenfalls dominiert.

Sie wollte bei Hans anrufen, bevor Christine zu ihm ging.

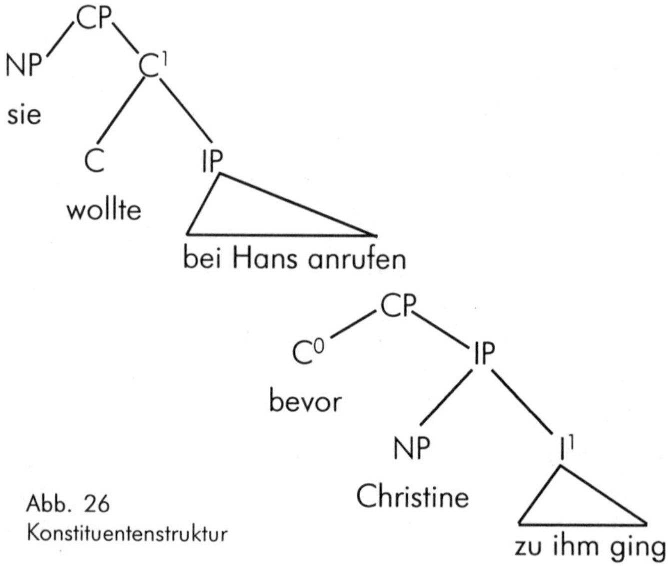

Abb. 26
Konstituentenstruktur

Die Nominalphrase *sie* "c-kommandiert" die von *Christine*: Die nächste maximale Projektion, -das ist der Knoten, wo eine mögliche abschließbare Einheit entsteht, welche *sie* dominiert, ist im vorliegenden Fall eine Phrase, die eine Satzäußerung des übergeordneten Satzes bildet - als CP bezeichnet. Diese dominiert nun aber alles im Satz. Zu vermuten ist daher, daß *sie* und *Christine* referenzverschieden sind. *Sie* ist die höchste NP im Satz. Dies impliziert keine Bezugsgleichheit.

Bevor er zu Christine ging, wollte er bei ihr anrufen.

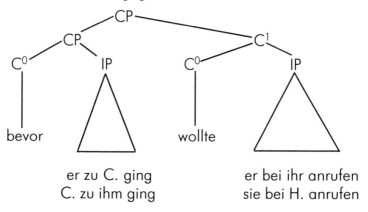

Abb. 27
Konstituentenstruktur

Dieser Satz hat dieselbe Struktur, nur die beiden Nominalphrasen *sie* und *Christine* sind vertauscht. Die nächste maximale
Projektion, welche *sie* dominiert, ist jetzt eine Phrase, die als IP
aufgrund des durch *bevor* eingeleiteten Nebensatzes entstanden ist.
Diese dominiert nicht *Christine*, was bedeutet, daß *Christine* nicht
von *sie* "c-kommandiert" wird. Koreferenz ist daher nicht ausgeschlossen.

Als syntaktisch eigenständig erweisen sich Phänomene, die aus
dem Kopf- und Phrasenprinzip hergeleitet werden sowie aus dem
Prinzip der Ebenen und dem zuletzt angesprochenen Bindungs-
prinzip. Hierbei geht es um eine Datenverarbeitung, bei der aus
seriellen Abfolgen von Elementen hierarchisch organisierte Strukturen erzeugt werden. Dabei spielt die Rektion, d.h. die morphologische Markierung von Zusammengehörigkeit, eine besondere

Rolle (Fanselow 1991). Unter dem Aspekt der Kognition kommt der Behauptung von Spuren (Chomsky 1981) Bedeutung zu. So kann eine Konstruktion als ein Netzwerk gedacht werden, das Knoten besitzt, die eine morphologische Evaluation eröffnen, ohne daß dies in der morphologischen Oberfläche sichtbar ist.

Christine scheint Peter zu lieben.

Das syntaktische Gesamtverhalten gibt Hinweise darauf, daß die Konstruktion besonderen Bedingungen unterliegt. Um strukturelle Eigenschaften eines solchen Satzes zu ermitteln, ist sein Verhalten bei Bewegungen zu beachten. Die Ausgangsstellung zeigt, daß ein eingebetteter Satz "Christine liebt Peter" und ein übergeordneter Satz "Christine scheint etwas zu tun" anzunehmen sind. Auffallend ist, daß die Besetzung der Subjektposition im übergeordneten Satz nur ein "es" oder die Subjektphrase des eingebetteten Satzes zuläßt.

Christine scheint ——Christine Peter zu lieben
Es scheint, daß Christine Peter liebt.

Das "es" verweist auf einen morphologisch markierten Knoten, der ein Subjektphrase abbildet. Ein möglicherweise ähnlicher Zusammenhang gilt für die Infinitivkonjunktion "zu", durch deren Erscheinen der Eindruck entsteht, daß eine morphologische Realisation der Subjektposition unterdrückt wird. "Spuren" verweisen, so gesehen, auf stabil erscheinende Gegebenheiten zur Realisation syntaktischer Phrasen. Dabei zeigt sich, daß die Reichweite solcher Phrasen von lokalen Grenzen begleitet wird, die sich als Barrieren zu erkennen geben.

Wen meint Christa hat Christine ——wen geheiratet
Wen ist Christa der Meinung hat Christine ——wen geheiratet

Im ersten Beispiel wurde aus dem eingebetteten Satz "Wen hat Christine geheiratet?" das Fragepronomen in die Vorfeldposition gebracht. Dasselbe geschieht im zweiten Beispiel, aber der Satz wirkt ungrammatisch. Wurde im ersten das "wen" vom Verb "heiraten" wegbewegt, so ist im zweiten das "wen" ein Teil in der Nominalphrase "der Meinung, daß Christine wen geheiratet hat." Das "wen" kann aus dieser Konstruktion nicht herausbewegt werden, ohne zu einem unakzeptablen Satz zu werden (Keller/Leuninger 1993, 140).

Zusammenhänge der beschriebenen Art behandelt die Bindungstheorie und legt Annahmen über strukturelle Zusammenhänge nahe, die in der Grammatik bisher nicht dargestellt werden konnten. Für das "es" oder "zu" lassen sich aus einer umfassenden Theorie der Syntax Erklärungen herleiten, die einen Systemzusammenhang erkennbar machen. Aus der Sicht einer kognitiven Linguistik bieten diese Annahmen Ansatzpunkte dafür, ein System für das Ganze entwickeln zu können, ohne zugleich durch ein System gebunden zu werden, d.h. zu erwarten ist das Aufdecken von Prinzipien, die innerhalb bestimmter Aufgabenbereiche operieren. Das gilt dann auch für die Behandlung der semantischen Grundlagen und ihrer lexikalischen Bedingungen. Es entsteht aus der Sicht des Syntaktikers der Eindruck, morpho-phonemische Gegebenheiten der Lexik "erzwängen" syntaktische Konstruktionen und diese müßten dann wieder inhaltsrelational interpretiert werden. Wenn davon ausgegangen werden darf, daß Konstruieren von Sätzen in kommunikative Zwecke eine integrierte Konzeptbildung bedeutet, dann sind es die Umstände des Zuerst und Danach, wie sie in Textstrukturen offenkundig werden, oder des Betonten und Nicht-Betonten von Geäußertem, welche die verbale Konzeptualisierung bedingen; es ist die Informationsgliederung, auf der die Kommunikation aufbauen können muß. Erst daraus leiten sich Konsequenzen für die Morphologie her, welche dann im Rahmen von Syntax und Lexik zu lösen sind, wobei dieser Prozeß u.U. für bestimmte Abschnitte des Konstruktionsvorgangs gilt, da nach Abschluß einer Projektionsebene wieder die Bedingungen des "Diskurses" bzw. der Textgrammatik neue und andere Vorgaben machen können.

Ein spezifisches Problem für die Syntax besteht darin, daß sie lexikalisch realisierte Segmente zu organisieren hat, die aufgrund ihrer Funktionen unterschiedlichen Einfluß auf eine Struktur nehmen. Sie können, mit dem Kopfprinzip verbunden, Phrasen bestimmter Typen erzeugen, können aufgrund des Bindungsprinzips phrasenübergreifende Strukturen herstellen und lassen weitere Prinzipien vermuten, welche zu jeweils spezifischen Strukturen beitragen, die in einer Äußerung eines Satzes feststellbar sind. Ein Bindeglied zwischen morphologischer und propositionaler Ebene bieten Konstituenten, denen thematische Eigenschaften oder sog. thematische Rollen zugeordnet werden können, wie dies bei den Tiefenkasus erläutert worden ist. Einer Phrase wird hierbei eine inhaltlich gekennzeichnete, relationale Eigenschaft zugewiesen, die eine propositionale Verknüpfung im Sinne des relationalen Merkmals interpretiert, wenn eine Satzphrase propositional bearbeitet wird. Der Charakter solcher thematischer Rolle ist zwar nicht immer eindeutig, so daß die Syntaxtheorie sich auf den Hinweis des Bestehens einer solcher "Rolle" zurückzieht und es anderen Komponenten überläßt, diese inhaltlich näher zu charakterisieren. Doch, was als Ausweichen interpretiert werden könnte, erlaubt eine offenere Sichtweise und steht den hirnphysiologischen Tatbeständen näher (Roth 1994, 266-277), wo gerade die simultane Ver- und Bearbeitung als natürlich zu erwarten ist und wo deshalb das Übergeben von bestimmten Bearbeitungszuständen wie die Klärung der thematischen Rolle plausibel erscheint, weil es sich hierbei eindeutig um propositionale Probleme und nicht um syntaktische handelt.

Die Vorstellung einer seriell organisierten Verarbeitung ist nicht haltbar (Berg 1988). Es ist daher notwendig, Teilkomponenten in ihrer Eigenständigkeit zu belassen. Zu klären sind interaktiv wirksame Zusammenhänge, wie sie sich aus einer satzphonologischen und syntaktischen Repräsentation beispielsweise herleiten lassen. Dabei hat das Augenmerk universell wirksamen Prinzipien in der Sprache zu gelten und einer Klärung, inwieweit die Unterschiede in Einzelsprachen auf Unterschiede bei der Festlegung von Parametern sind.

Für eine kognitiv orientierte Linguistik ist über die systematischen Fragestellungen hinaus die Klärung des Zusammenhangs mit der Informationsstruktur, mit Phänomenen der Fokus-Hintergrund- und Topik-Kommentar-Gliederung bedeutsam (Abraham 1986; Stechow/ Wunderlich 1991; Jacobs 1992). Diese auf die Informationsstrukur bezogenen Effekte sind nicht ohne Einfluß auf das grammatische System, bedingen Prinzipien, die einerseits eigenständige Aufgaben bewältigen, die andererseits in bestehende Systeme einer Sprache eingebunden agieren müssen.

7.4 Inkrementelle Sprachproduktion

Nachdem sich immer klarer der Grad der Komplexität der Sprachproduktion erkennen läßt, stellt sich die Frage, wie denn überhaupt eine geordnete Funktionsweise vorstellbar ist. Zwei grundsätzliche Klassen von Modellen sind bekannt: modular-serielle und interaktiv-parallele Modelle. Pechmann (1994, 102) verweist darauf, daß die Trennung zwischen modular und interaktiv etwas Irreführendes enthält. Wichtig ist, daß Modularität auf die internen Verarbeitungsprozesse auf einer Stufe zu beziehen ist, die nicht durch Verarbeitungsprozesse einer anderen Stufe beeinflußt werden. Das sagt nichts darüber aus, daß nicht zur selben Zeit verschiedene Teile einer Äußerung auf verschiedenen Stufen parallel bzw. gleichzeitig verarbeitet werden. Er hält die Annahme für geboten, ein modular-serielles Modell der Sprachproduktion, wie es von Garrett oder Levelt vertreten wird, durch eine unterstützende Annahme zu erweitern, die es erlaubt, Sprache inkrementell zu generieren. Längere Äußerungen können in ihrer Gesamtheit konzeptuell gar nicht geplant werden. Neben den bereits dargelegten Hintergründen, verweist er auf Alltagserfahrungen: Da ist zum einen die hohe Geschwindigkeit und Flüssigkeit der gesprochenen Sprache. Zum anderen hat jeder von uns an sich selbst und an anderen die Erfahrung gemacht, mit einer Äußerung begonnen zu haben, ohne zu diesem Zeitpunkt zu wissen, wie sie enden wird und wie sie auf dem Weg dahin im Detail gestaltet werden kann.

Kempen/ Hoenkamp (1987) haben ein alternatives Konzept mit dem Modell der "inkrementellen Produktion" vorgeschlagen. Sie gehen davon aus, daß einzelne Teile einer längeren Äußerung kaskadenförmig auf den verschiedenen Stufen der Sprachproduktion gleichzeitig verarbeitet werden. Ein erster Teil wird bereits artikuliert, während ein zweites Fragment phonologisch verarbeitet, eine dritte Sequenz grammatisch enkodiert und ein viertes Element konzeptualisiert wird.

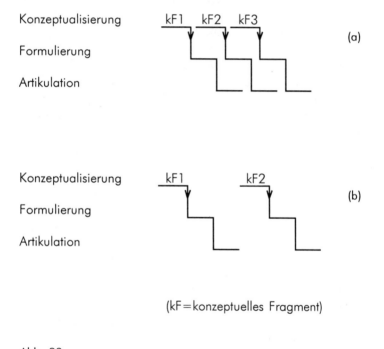

(kF=konzeptuelles Fragment)

Abb. 28
Veranschaulichung eines (a) inkrementellen und (b) nicht-inkrementellen Verlaufs der Sprachproduktion (Pechmann 1994,103)

Die Idee einer inkrementellen Sprachgenerierung findet sich bereits bei Boomer (1965, 157), wenn er darauf hinweist, daß beim Äußern Teile der folgenden Äußerung entworfen werden, weil nur so ein fließendes Sprechen vorstellbar ist. Aus Sprechfehlern schloß Fry (1969, 70) auf einen solche Prozeß. Der inkrementelle Charakter einer prozeduralen Grammatik wird auch mit der Begrenztheit der Kapazität des Arbeitsgedächtnisses begründet. Notwendig ist bei der Grammatik, sowohl Annahmen über die Form grammatischer Regeln zu bilden wie auch über ihre Verarbeitung (Kempen/ Hoenkamp 1987, 209). Eine inkrementelle Grammatik geht davon aus, daß ein Fragment der konzeptuellen Struktur, sobald es zur Verfügung steht, auf der Stufe der Formulierung und entsprechend später auf der Stufe der Artikulation weiterverarbeitet wird.

Ein Problem ist, inwieweit konzeptuelle und syntaktische Verarbeitung harmonisierbar ist. Zwei Wege werden diskutiert. Es wäre anzunehmen, daß im konzeptuellen Wissen bereits syntaktisches enthalten ist, oder es gibt keine syntaktische Interdependenz, dann muß die Syntax selbst flexibel auf konzeptuelle Strukturen reagieren. Für Kempen/ Hoenkamp (1987) ist die Syntax einem Mobile vergleichbar, innerhalb dessen einzelne Komponenten im Sinne von Phrasen organisiert werden, und Prozeduren, welche die Reihenfolge im Sinne von Bewegungen arrangieren. Dabei gilt, daß die für die Reihenfolge verantwortlichen Prozeduren versuchen, sobald wie möglich mit den zur Verfügung stehenden syntakrischen Fragmenten eine syntaktische Struktur aufzubauen. Der Aufbau einer syntaktischen Struktur wird dadurch abhängig von der Reihenfolge, in der einzelne konzeptuelle Fragmente zur Verfügung gestellt werden (Bock 1986).

Die Prozeduren zur Bildung einzelner Teile des Baumes verarbeiten Eigenschaften der konzeptuellen Struktur, welche die auszudrückende Bedeutung darstellen, und Eigenschaften der lexikalen Einheiten, mit denen diese Bedeutung ausgedrückt werden soll. Die Prozeduren werden von konzeptueller als auch von lexikaler Information abhängig. Den so gebildeten Teilbäumen werden funktionale Rollen zugeordnet, wie sie im direkten und indirekten Objekt vorfindlich sind. Aus dieser funktional-logischen Perspektive leitet sich die Reihenfolgenthematik ab. Für solche Prozeduren werden von Kempen/ Hoenkamp (1987, 210) jeweils spezialisierte Module angenommen, so daß verschiedene Module parallel bzw. simultan arbeiten. Ausgangspunkt des gesamten Prozesses ist die konzeptuelle Struktur. Ein Lexikalisierungssystem organisiert die einzelnen Schritte für die Entstehung einer Äußerung, indem es festlegt, welche lexikalischen Einheiten den auf der konzeptuellen Ebene aktivierten Repräsentationen entsprechen. Diese Einheiten werden als "Lemmas" verstanden, sind prozedural angelegt, so daß sie Informationen über jeweilige Strukturmerkmale besitzen, d.h. im Falle eines Verbs sind in der Diktion der Computermetapher Pointer enthalten, welche auf konzeptuelle Repräsentationen verweisen, wie sie aus der Subkategorisierung von Verben bekannt sind (Kempen/ Hujbers 1983). Die hierarchischen Beziehungen werden durch Zuordnungsregeln (=Appointmnent Rules) festgelegt. Diese spezifizieren die Bedingungen, unter denen sich eine Hierarchie von Prozeduren entwickeln kann. Ruft ein Lemma eine Prozedur auf, wird bestimmt, welche Rolle es im Kontext der Lexikalisierungsprozedur annimmt.

Neben diesen Prozeduren wird eine besondere Form der Generierung von gebundenen Morphemen postuliert. Ein spezielles Problem stellen nämlich Funktionswörter und gebundene Morpheme dar. Sie sind von der jeweiligen syntaktischen Konstruktion abhängig. Sie lassen sich daher nicht einfach aus einer Lexikalisierungsprozedur herleiten, es wird eine eigenständige Prozedur im Sinne der Anreicherung (=refinement) für das Einsetzen von Plural- und Kasusmarkierung sowie einzelner Funktionswörter angenommen. Diese Vorgänge werden vor Anwendung der Zuordnungsregeln vermutet, weil sie die Lexikalisierung beeinflussen können. Bei gebundenen Morphemen wird eine Liste syntaktischer Spezifikationen angesetzt, welche auf der Basis zusätzlicher Routinen entfaltet wird, liegen Funktionswörter vor, wird von einer eigenen Lexikalisierungsfunktion ausgegangen.

Ein eigenständiges Problem ist die Reihenfolge solchermaßen generierter Teilstrukturen. Kempen/ Hoenkamp nehmen an, daß es eine Prozedur gibt, die eine Datenstruktur, die Platzhalter (=holder), generiert. Sie besteht aus einer Sequenz numerierter Positionen oder Slots, in die syntaktische Äste eingefügt werden. Der Satz selbst ist Teil einer Hierarchie von Strukturen, weil Platzhalter auf verschiedenen Ebenen existieren. Dabei ist die Zuordnung von Teilbäumen zu den einzelnen Slots einer Platzhalterstruktur einerseits von den Wortstellungsregeln einer Einzelsprache abhängig und andererseits von der Reihenfolge, in der sie verfügbar werden.

Das Besondere der inkrementellen, prozeduralen Grammatik (=IPG) liegt darin, daß es keine Instanz gibt, welche zunächst einen Überblick über den gesamten Satz abwartet, bevor sein Aufbau festgelegt wird (Kemp/ Hoenkamp 1987, 246). Das wirft die Frage auf, wie dann von der konzeptuellen Struktur zum korrespondierenden syntaktischen Fragment gemäß den Regeln der jeweiligen Grammatik einer Sprache linearisiert werden kann. Eine Lösung wird im Prinzip der Iteration gesucht. Die konzeptuelle Struktur, die einem Satz zugrunde liegt, läßt sich als eine Folge von Erweiterungen entfalten. Ein erstes Fragment wird erweitert um ein zweites, dann um ein drittes usw. Der Aufbau der syntaktischen Struktur geschieht ebenfalls iterativ; ist ein konzeptuelles Fragment verfügbar, wird eine erste syntaktische Teilstruktur gebildet, und sie wird so weit wie möglich links in die des Platzhalters eingefügt. Bei den nachfolgenden konzeptuellen Fragmenten wird dann entsprechend verfahren.

Ein Problem entsteht, wenn von einer Reihenfolge der konzeptuellen Fragmente ausgegangen wird und diese nicht mit den syntaktischen Regeln korrelieren. So kann "Christine" als erstes Element konzeptualisiert werden und in einen Slot des Platzhalters eingewiesen werden, der die Subjektfunktion beinhaltet, aufgrund irgendwelcher nicht näher bestimmter Motive wird der "Liebhaber von Maria" konzeptualisiert, den Christine bei ihr ertappt. Zwischen beiden muß ein lexikales Element eintreten, weil sich aus den Konzepten "Christine" und "Liebhaber von

Maria" keine syntaktische Äußerung auf der Satzbasis bilden läßt. Es muß daher gewährleistet werden, daß beide Konzeptualisierungen auf dem Weg zur Syntax der jeweiligen Sprache über eine Struktur zueinander in Beziehung gebracht werden, welche im Verb lexikalisiert wird. Daraus wird der Schluß gezogen, daß bereits sehr früh obligatorische Konstituenten festliegen müssen (Kempen/ Hoenkamp 1987, 249-251), wie sie u.U. durch das Kopfprinzip der generativen Syntax denkbar wären. Starten konzeptuelle Fragmente syntaktische Prozeduren, die zu diesem Zeitpunkt mit obligatorischen Konstituenten nicht verträglich sind, werden weiterverarbeitende Stufen gestoppt bzw. die Verarbeitung aufgeschoben. Versprecher in Alltagsgesprächen verweisen auf solche Phänomene, wo Konstruktionen geöffnet, aber nicht oder grammatisch unkorrekt beendet werden.

In der Diskussion der inkrementellen, prozeduralen Grammatik ist die Frage nach einer möglichen Einheit der Sprachproduktion gestellt worden (Levelt 1989). Diese Vorstellung wird nahegelegt, wenn die Verarbeitung als sukzessiv von Ebene zu Ebene gedacht wird (Bock 1991, 149). Merkmal eines solchen Vorgangs ist die permanente Veränderung solcher Einheiten, was im Paradigma der generativen Grammatik aufgrund des Prinzips der maximalen Projektion leicht nachvollzogen werden kann. Pechmann (1994, 119) zieht daraus den Schluß, daß es die Sprachproduktionseinheit an sich nicht geben kann. Die inkrementelle Einheit ist daher jeweils von der Verarbeitungsebene abhängig. So ist davon auszugehen, daß bei der grammatischen Encodierung Phrasen eine bestimmende Rolle spielen, während für andere das einzelne Lexem oder Morphem die organisierende Einheit ist.

In der Alltagskommunikation gibt es Fehler beim Sprechen, welche die Frage aufwerfen, ob die Phrasen bei der grammatischen Encodierung denn als Einheiten bereits abgeschlossen sind, bevor sie durch kleinere Verarbeitungseinheiten oder phonologisch bearbeitet werden. Pechmann (1994) ist der Frage am Beispiel der Farbadjektive nachgegangen, die syntaktisch erst nach Größenadjektiven gebraucht werden dürfen.

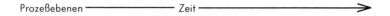

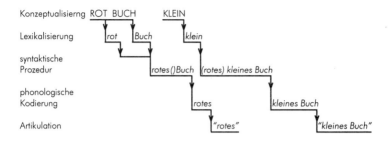

Abb. 29
Inkrementelle Produktion einer Nominalphrase (Pechmann 1994, 123)

Wenn die Nominalphrase "ein kleines, rotes Buch" gebildet wird und wenn diese Phrase vor einer Weiterverarbeitung im Sinne einer maximalen Projektion abgeschlossen wird, dann dürften Folgen wie "ein rotes, kleines Buch" nicht auftreten, wenn der Sprecher einer normal ausgebildete Sprachkompetenz besitzt. Wenn aber die Phrase inkrementell verarbeitet wird, können andere Folgen erwartet werden. Bei einer inkrementellen Sprachproduktion könnte davon ausgegangen werden, daß die für Farbadjektive notwendige konzeptuelle Information früher verfügbar ist als für die Größenbezeichung, weil Farbe an einem Objekt schneller konzeptualisiert wird. Das Lemma für Farbe könnte dann bereits phonologisch enkodiert werden, bevor der syntaktische Aufbau der Phrase abgeschlossen ist.

Strukturmodelle erhellen nur sehr begrenzt Regularitäten der Abfolge von Adjektiven (Sichelschmidt 1989). Bache (1978) unterscheidet ungebrochene und gebrochene Relationen pränominaler Adjektive. Bei Adjektiven in ungebrochener Relation steht zwischen beiden weder ein Komma noch eine Konjunktion. Bei Adjektiven in gebrochener Relation wird zwischen ihnen ein Komma oder eine Konjunktion gesetzt, ungebrochen wäre eine Phrase wie "gute künstlerische Ausbildung", gebrochene Relation wäre "ein tiefer und langer Ton". Weiter differenzierbar ist die der Klasse gebrochenen Adjektivfolgen als distributive und non-distributive Folge. Eine Sequenz von Adjektiven ist distributiv, wenn sie die Menge der Objekte, die ein Nomen denotiert, nach Merkmalen in Teilmengen unterteilt. "Neue und alte Instrumente" wäre ein Beispiel für eine distributive Folge, während "neue und kaputte Instrumente" als non-distributive Folge zu betrachten wäre, da die Attribute "neu" und "kaputt" kein gemeinsames Merkmal besitzen, während "neu" und "alt" in der Zeitdimension einen gemeinsamen Bezugspunkt haben.

Adjektivfolgen können koordinative oder subordinative Strukturen annehmen. Koordinativ ist die Struktur, wenn mengentheoretisch jedes Adjektiv eine Teilmenge des nominalen Konzepts spezifiziert und die gesamte Nominalphrase die Schnittmenge beider Teilmengen denotiert, z.B. "ein zweifarbiger, lauter Wecker". Die Menge der Wecker, auf die man sich damit beziehen kann, ist die Schnittmenge der Menge der zweifarbigen und der Menge der lauten Wecker. Von einer subordinativen Struktur ist die Rede, wenn eine Teilmenge, die durch ein erstes Adjektiv und ein Nomen spezifiziert wird, durch ein weiteres Adjektiv auf eine neue Teilmenge eingegrenzt wird. So können an der Oberfläche identische Nominalphrasen sowohl koordinativ als auch subordinativ sein. Der Unterschied ist nicht strukturell-linguistisch, sondern liegt in der konzeptuellen Verarbeitung; ein "zweifarbiger, lauter Wecker" kann von einem Sprecher als ein zweifarbiger und lauter Wecker oder als ein lauter Wecker, der zweifarbig ist, konzeptualisiert werden.

Wenn nun nach Ansätzen gefragt wird, die genannten Phänomen zu erklären, so gibt es den strukturell linguistischen von Vendler (1968). Er geht davon aus, daß ein Adjektiv umso näher am Nomen steht, je einfacher das entsprechende Attribut prädikativ umschrieben werden kann. Er definiert ca. zwanzig Klassen oder Slots, die transformationell mit verschieden komplexen prädikativen Strukturen korrespondieren. Sichelschmidt (1989, 36) weist die Grenzen eines solchen Ansatzes nach, weil die postulierte Hierarchie der Slots nicht eindeutig ist, die Definition der Slots erfolgt nicht frei von semantischen Implikationen. Im Modell von Dixon (1977) wird angenommen, physikalische Adjektive wie "salzig", "rauh" stünden vor Geschwindigkeitsadjektiven wie "schnell", "langsam". Ein solcher Ansatz findet seine Grenze an der Definierbarkeit von Dimensionen, welche die Adjektive zu klassifizieren erlaubt (Sichelschmidt, 1989, 40). Pragmatisch argumentiert (Teyssier, 1968), wenn er Adjektive danach unterscheidet, ob sie eine determinative, eine definitorische oder eine deskriptive Funktion besitzen. Sie sind determinativ, wenn sie dazu dienen, ein Objekt von anderen abzuheben, definitorisch, wenn sie ein Objekt als Element einer Klasse von Objekten kennzeichnen, und deskriptiv, wenn sie Eigenschaften eines Objekts beschreiben. Sichelschmidt (1989, 64-66) bezweifelt die Tauglichkeit dieses Ansatzes, Reihenfolgenregeln zu finden bzw. Reihenfolgen zu erklären. Es fehle die theoretische Grundlage einer sauberen Begriffsklärung der genannten drei Kategorien. Fragwürdig wird die Vorgehensweise, wenn bei gleichbleibender pragmatischer Funktion Morphemkombinationen auftreten, die den genannten Kategorisierungen zuwiderlaufen. Einen ganz anderen Weg suchen daher Ansätze, die sich im psycholinguistischen Paradigma herausgebildet haben.

Die Zugriffshypothese (Martin 1969a,b) besagt, daß früher gewählte Adjektive näher am Nomen stehen als später gewählte, die Abfolge der Adjektive werde durch die Bedeutungsnähe zum Nomen bestimmt. Martin geht vom Begriff "definiteness of denotation" aus. Damit umschreibt er das Phänomen einer gewissen syntagmatischen Interdependenz. Adjektive stehen mehr oder weniger deutlich in einem Bedeutungszusammenhang zum Nomen. Adjektive, die in ihrer Bedeutung weniger stark vom Nomen abhängen, stehen enger am Nomen als solche, die in ihrer Bedeutung stark vom Nomen abhängen. "Groß" unterscheidet sich relativ stark in seiner Bedeutung je nachdem, was "groß" ist: eine große Giraffe ist in ihrer absoluten Größe signifikant größer als ein großer Floh. Eine Farbe wie "rot" ist dagegen relativ unabhängig. Entsprechend sollte das Größenadjektiv vor dem Farbadjektiv und das relative vor dem absoluten stehen, da relative Adjektive kontextabhängiger sind. Martin (1969a,b) hat seine Annahmen empirisch überprüft. Die Ergebnisse bestätigten seine Annahme, daß die Definitheit der Denotation ein wichtiger Faktor für die Wahl der Adjektivabfolge ist. Der experimentelle Evidenznachweis für die Zugriffshypothese, bei dem Versuchspersonen Adjektivfolgen präferierten, zeigte zwar Effekte im angenommen Sinn, aber sie waren relativ schwach.

Danks/ Glucksberg (1971) nahmen an, daß die Adjektivfolge eine Funktion der Diskriminationsleistung der durch sie denotierten Merkmale ist: je stärker ein Merkmal zur referentiellen Unterscheidbarkeit eines Objekts vom Kontext beiträgt, desto weiter vorn in der Nominalphrase steht es. Versuchspersonen wurden kleine Mengen von Objekten gezeigt. Gleichzeitig erhielten sie Objektbenennungen, mit ihnen sollten sie eines der Objekte so schnell wie möglich identifizieren. Variiert wurde die diskriminative Funktion der einzelnen Merkmale. Sie fanden heraus, daß Objekte schneller identifiziert wurden, wenn das stärker diskriminierende Merkmal am Anfang der Äußerung stand. Auch wenn der Versuch in seinem Design heftig kritisiert worden ist (Richards 1975), verweist das Ergebnis zumindest darauf, daß im Sprachgebrauch die sog. normale Adjektivfolge bevorzugt verwendet wird.

Ein inkrementelles Konzept wurde von Pechmann vorgestellt (1984a,b, 1985, 1989). Die Sequenz pränominaler Adjektive spiegelt darin die Reihenfolge der Konzeptualisierung einzelner Merkmale wider. Die Reihenfolge wird auf perzeptuell-kognitive Prozesse zurückgeführt. Mit einem inkrementellen Ansatz lassen sich die Varianten von Adjektivfolgen erklären, da sie perzeptuell-kognitiv bedingt werden und von Situation zu Situation variieren.

Wenn alle Versuche und ihre Ergebnisse zusammengefaßt werden, dann spricht einiges dafür, daß es metalinguistische Präferenzen für bestimmte Adjektivfolgen gibt. Vieles deutet auf die Regel, daß Größen- vor Farbadjektiven stehen (Ertel, 1971; Richards 1979). Pechmann (1994, 130) hält es auch für denkbar, daß diese Präferenzen mit spezifischen Prozesse korrespondieren, so daß die Verarbeitung verschiedener Adjektivfolgen auch verschieden ist. In eigenen Experimenten kommt er zu dem Schluß, daß Adjektivfolgen eigenständig als syntaktisches und semantisches Problem auftreten. Syntaktische Prozeduren geben beim Aufbau komplexer Nominalphrasen eine Richtung vor, die unabhängig von Prozessen der Konzeptualisierung ist. Die dafür relevante Information muß über die semantische Komponente des Lemmas vermittelt sein. Offen bleibt, bei welchen Prozessen genau die beobachtete "semantische Infiltrierung" ausgelöst wird (Pechmann 1994, 226).

7.5 Informationsstrukutur und Satz

Für die Sprachproduktion relevant war die Frage nach den Einheiten. Hier hatte sich gezeigt, daß es nicht sinnvoll erscheint, darüber allgemeine Aussagen machen zu wollen, weil der Verarbeitungsvorgang bedingt durch die Verarbeitungsaufgabe spezifische Einheiten voraussetzt und neue für die weitere Produktion generiert. Eine besondere Rolle kommt dabei der Information zu. Das wirft die Frage auf, ob es eine Struktur für diese im Satz gibt und, wenn ja, wo eine solche zu finden ist. Der Begriff selbst umfaßt bezogen auf die Äußerungseinheit Satz im wesentlichen zwei Phänomene: eine Hervorhebung von Satzkonstituenten, die diese als Träger der im gegebenen Kontext wichtigen Information auszeichnet, und die Auszeichnung eines oder mehrerer Teile des Satzes als Gegenstand der jeweiligen Aussage. Es ist eine besondere Form der Gliederung eines Satzes, die in der linguistischen Literatur u.a. unter dem Aspekt von "Thema-Rhema" oder "Topik-Komment" erörtert worden ist (Abraham/ de Meij 1986).

Beide Phänomene, die Hervorhebung und die Auszeichnung, unterscheiden sich in ihrer funktionalen Charakteristik ebenso wie in ihrer sprachlichen Form. Der Hintergrundteil einer sog. Fokus-Hintergrund-Gliederung ist in ganz anderer Weise an den jeweiligen Äußerungskontext gebunden als das Topik innerhalb einer Topik-Kommentar-Gliederung. Für den Hintergrundteil ist eine spezifische Form kontextueller Vorgegebenheit charakteristisch. Wenn eine Ehefrau gefragt wird, auf wen ihr Mann eifersüchtig sei, dann bildet "mein Mann ist auf ... eifersüchtig" den Hintergrund, Fokus ist beispielsweise die Phrase "der Hund", wenn sie antwortet, "er ist auf den Hund eifersüchtig". Topik ist hingegen der Gegenstand, über den gesprochen wird, und dies ist im zitierten Beispiel die Phrase "mein Mann".

Sprachen, welche für die beiden Gliederungstypen feste Formen besitzen, markieren Fokus-Hintergrund- und Topik-Kommentar-Gliederung verschieden. So teilen Sprachen, die bestimmte syntaktische Positionen für Topik und Fokus reservieren, diesen niemals dieselbe Position zu (Molnar 1991).

Da neuere Ergebnisse den Einfluß beider Phänomene auf die syntaktische und die phonologische Form von Sätzen sowie auf deren grammatisch determinierte Wahrheits- und Verwendungsbedingungen nachweisen, ist es auch im Bereich der Reflexion über die Sprachproduktion und -rezeption notwendig, sich darüber Gedanken zu machen, die Informationsgliederung als eigenständiges Problem zu sehen.

Analysen zum Satz haben ergeben, daß die Fokus-Hintergrund-Gliederung sich direkt auf den propositionalen Gehalt von Sätzen auswirkt, insbesondere in der Umgebung von für diese Form der Informationsgliederung "sensitiven" Ausdrücke wie den Gradpartikeln oder Einstellungsverben (König 1981; von Stechow 1982; Jacobs 1983; Rooth 1985). Der besondere syntaktische Stellenwert der Informationsgliederung wurde durch Analysen im Ungarischen deutlich, wo im Rahmen der Generativen Grammatik Fokus-Hintergrund- und Topik-Kommentar-Gliederung die syntaktische Struktur dieser Sprache festlegen (Kiss 1981). Bei der Fixierung der lautlichen Form von Sätzen interagiert die Informationsgliederung systematisch und nach strengen Regeln mit grammatischen Faktoren (Selkirk 1984).

Satzsemantische Arbeiten zur Informationsgliederung belegen zunehmend, daß sich die Fokus-Hintergrund-Gliederung durch gegliederte Propositionen repräsentieren läßt. Solche Propositionen liegen im Skopus von Operatoren, die auf diese Gliederung 'reagieren', z.b. im Skopus der semantischen Repräsentation einer Gradpartikel, eines Negationsträgers oder des Satzmodus.

Hinsichtlich der Erörterung inkrementeller Grammatikstrategien erlaubt dies am Lemma selbst solche Phänomene als Prozeduren festzumachen. Während die älteren Vorstellungen von einer inhaltlichen Rolle der Fokus-Hintergrund-Gliederung im Sinne von 'alter' und 'neuer' Information ausgegangen sind, erlauben solchermaßen gegliederte Propositionen genau zu explizieren, auf welche Ebenen des semantischen Gehalts, sei es als propositionaler oder präsuppositionaler Gehalt oder Verwendungsbedingungen verschiedener Art, die Fokus-Hintergrund-Gliederung im einzelnen Einfluß hat. Dadurch gewinnt auch die Perspektive der Sprachrezeption an Präzision, weil an einzelnen sprachlichen Formen Verarbeitungsmerkmale erkannt und benannt werden könnten, die u.U. prozessurale Konsequenzen nach sich ziehen.

Am Beispiel des Satzes "Sogar Chomsky kennt nur ein Werk von Humboldt" verweist Jacobs (1992) konkret auf das Phänomen multipler Fokussierungen und erläutert daran, wie "Chomsky" und "ein" im Fokus sind, aber mit verschiedenen fokussensitiven Elementen assoziiert werden, es wird von "sogar Chomsky" und "nur ein Werk" gesprochen (Krifka 1992). Dabei wird die Wichtigkeit einer in sich kohärenten semantischen Beschreibung sichtbar, welche erst die Funktionen im einzelnen durchschaubar machen kann.

Vom Standpunkt der inkrementellen Sprachproduktion ist interessant, daß es einen Zusammenhang von Modalpartikeln und Fokussierungseigenschaften gibt. Aus Analysen über den speziellen Zusammenhang zwischen relationaler Fokus-Hintergrund-Gliederung und einzelnen Wortbedeutungen geht hervor, daß Partikeln wie "selbst" nicht nur quantifizierend verwendet werden

(Primus 1992). So kann die Betonung aus der Interaktion mit grammatischen Merkmalen erklärt werden, was für die Sprachproduktion zur Folge haben würde, daß die prosodische und phonologische Komponente auch mit bestimmten syntaktischen Eigenschaft korrespondieren muß. "Er hat selbst die Hauswand gestrichen" und "Er selbst hat die Hauswand gestrichen" müssen mit Bezug auf das Vorhanden- oder Nicht-Vorhandensein der quantifizierenden Funktion verstanden werden. Die Intonation hat dabei eine konstitutive Funktion. Die Lesart ist nur quantifizierend möglich, wenn die Fokusrelation auf einem Element im Fokus markiert ist. Wird die Partikel betont, gilt die Regel nicht mehr. Dieser Zusammenhang gilt beispielsweise für eine Partikel wie "selbst".

Neuere Arbeiten gehen davon aus, daß Fokussierungen inhaltlich jeweils die Bedeutungen bestimmter Teilsegmente syntaktischer Strukturen betreffen, und zwar so, daß dadurch eine Beziehung inhaltlicher Alternativen zu diesen Segmentbedeutungen hergestellt wird. Die zwei Fokussierungen in Beispiel "Sogar Chomsky kennt nur ein Werk von Humboldt" betreffen die Bedeutungen von "Chomsky" bzw. "ein". Im ersten Fall wird darauf hingewiesen, daß inhaltlich andere Besetzungen der Subjektposition die Satzaussage ebenfalls wahr machen, dies aber bei ihnen weniger bemerkenswert ist als beim vorliegenden Subjekt. Mit der zweiten Fokussierung werden inhaltliche Alternativen zum gewählten Attribut "ein" ausgeschlossen. Eine Generalisierung ist indes nicht möglich. Wenn der Satz "Peter hat das Buch gelesen" betrachtet wird, dann kann er durch eine Paraphrase umschrieben werden, die besagt: Es ist tatsächlich der Fall, daß Peter das Buch gelesen hat. Genauere Analysen haben gezeigt, daß aber keine Segmentbedeutung betroffen ist, sondern ein mit einer bestimmten strukturellen Konfiguration verbundener Bedeutungsaspekt (Höhle 1992). Das wirft für die Sprachproduktion erheblich Probleme auf, weil sich diese Art von Wahrheitsprädikat weder als Illokutionsoperator noch in der semantischen Struktur an einer Stelle fixieren läßt, für die es eben keine unabhänigige Evidenz gibt.

Die sog. freie Wortstellung sei ein syntaktischer Bereich, der wesentlich von der Informationsstruktur beeinflußt wird, diese Meinung ist zentraler Bestandteil sowohl der Wortstellungstheorie der Prager Schule(n) als auch typologischer Ansätze (Beneš 1973; Sgall 1992). Es zeigt sich aber, daß bei freier Wortstellung das syntaktische Gewicht der beteiligten Konstituenten als Anordnungsfaktor mitberücksichtigt werden muß (Hawkins 1992). Die Fokus-Hintergrund-Gliederung setzt eine neutrale Akzentuierung voraus. Eine Theorie über die neutrale Akzentuierung ist für die Sprachproduktion von Bedeutung, weil damit die Frage verbunden ist, inwieweit syntaktisches Wissen zur Realisation ausreichen kann. Jacobs (1992, 227) schlägt zur Entwicklung einer Theorie, vier Ebenen aufgrund spezifischer Prinzipien miteinander zu verbinden, vor.

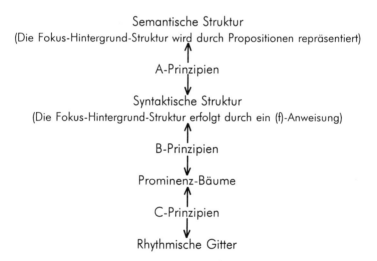

Semantische Struktur
(Die Fokus-Hintergrund-Struktur wird durch Propositionen repräsentiert)
↑
A-Prinzipien
↓
Syntaktische Struktur
(Die Fokus-Hintergrund-Struktur erfolgt durch ein (f)-Anweisung)
↑
B-Prinzipien
↓
Prominenz-Bäume
↑
C-Prinzipien
↓
Rhythmische Gitter

Abb. 30
Ebenen der Repräsentation (Jacobs 1992, 227)

Verfolgen wir das von Jacobs (1992, 226) vorgeschlagene Beispiel, dann setzt die Beschreibung bei der semantischen Repräsentation ein.

Behauptung

(# LAMBDA P (P(ER)) LAMBDA x (HAT (KÜSS (DEN KANZLER)(x))#)

Die Prinzipien von A verknüpfen die semantische mit der syntaktischen Ebene, so daß die semantische Repräsentation für einen Satz "Er hat den Kanzler geküßt" mit der syntaktischen Struktur interpretiert wird und "e(mpty)" für eine leere Stelle steht, aus der heraus das "hat" bewegt worden ist.

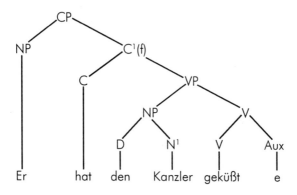

Abb. 31
Satzkonstituentenstruktur

Die Lösung des Problems der Akzentuierung wird mit Hilfe des Prinzips B angegangen, weil hier Bedingungen gesetzt werden, welche Knoteninhalte der Bäume durch "+" oder "-" gekennzeichnet werden sollen. Dabei werden die B-Prinzipien wirksam, welche die Vergabe der Wert "+" oder "-" regeln. Der Wert "+" wird beispielsweise vergeben, wenn ein Konstituentenpaar durch (f)okus markiert oder von einer solchermaßen gekennzeichneten Konstituente domininiert wird, ansonsten gilt der Wert "-". "+" wird gesetzt, wenn keine von (f) betroffene Konstituente vorliegt und ein Konstituentenpaar nicht durch (-ns) markiert ist, dann ist die Schwesterkonstituente entsprechend "+" markiert. "-ns" meint Knoteninhalte auf der terminalen Ebene, welche eigentlich nicht zur Hervorhebung geeignet sind, wie das bei Pro-Formen der Fall ist. Wenn alle Knoten bewertet worden sind, entsteht ein Baum aus Knoten, die als Inhalt den Wert "+" oder "-" besitzen (Jacobs 1992, 226).

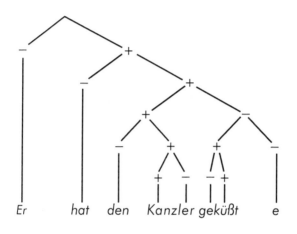

Er hat den Kanzler geküßt
```
 *   *   *    *   * *
     *       *       *
             *
```

Abb. 32
Baum und Gitter

Das dazugehörige rhythmische Gitter wird auf der Basis der Silbifizierung gewonnen. Entsprechend der Betonungsstärke kann die jeweilige Silbe verstärkt werden, so daß auf einzelnen Silben mehr Gewicht liegt. Jacobs 1992 erörtert auf der Basis von C-Prinzipien die Möglichkeit, aus der syntaktischen Struktur heraus eine Fokusmarkierung in einen Prominenz-Baum zu überführen und von diesem her einen Zusammmenhang zum rhythmischen Gitter herzustellen. Das würde bedeuten, daß Intonationsverhältnisse enger mit syntaktischen Phänomenen zu deuten sind, als dies bisher gesehen wird. Die Intonation würde während der Sprachproduktion bei der Bildung von Phrasen wirksam und könnte den Gedanken der inkrementellen Konzepte stützen.

Als bisher ungelöst werden Probleme bei der Analyse der Neutralakzentuierung angesehen, wenn sprachübergreifende Asymmetrien in den Akzentuierungsmustern von Phrasen mit unterschiedlicher Kopfposition verglichen werden (Jacobs 1992, 233-239). Das Deutsche unterscheidet sich zwar nicht in Fällen wie "Heino ist gestorben" bzw. "Heino has died", wohl aber weisen kopfinitiale englische Verbalphrasen deutlich andere Neutralakzentuierungsmuster auf als kopffinale deutsche Verbalphrasen. Im Englischen wird akzentuiert "To visit London on Sunday", aber im Deutschen heißt es "am Sonntag London besuchen". Die Unterschiede werden auf der Basis einer Theorie erklärbar, die auch die Neutralakzentuierung von Einflüssen bestimmter Formen der Informationsgliederung abhängig macht. Eine entscheidende Rolle kommt Phrasen zu, die sich intern in mehrere Informationseinheiten aufgespaltet gliedern lassen. Hetland (1991) beobachtete eine Abhängigkeit zwischen Prinzipien für die neutrale Akzentuierung und der Richtung, in welcher der Kopf seine Struktur abbildet. Zu den spezifischeren Gliederungsformen sind neben Thema-Kommentar-Gliederung auch die Koordination, die Hinzufügung "freier Angaben" u.a.m. zu rechnen.

Prosodische Prozesse sind Teil der satzinternen Kohäsion. Die zeitlich und räumlich prosodischen sowie auch die textgestalterischen Zeichensysteme bestimmen eine zusätzliche "metalokutive" Ordnungsebene, die sich durch spezifische Eigenschaften auszeichnet (Rickheit 1991, 5): Es gibt eigene kohäsive Prinzipien (sprach- und sprecherspezifische Syntax-Ton- und Akzentfolgen sowie die nichtlokalen Konturen. Anzusetzen sind eigene kohärenzbildende referentielle Interpretationen bezüglich lokutiver Äußerungskonstituenten. Das geschieht durch Hervorhebungshierarchien, durch skopusdefinierende Delimitierungen und die Topik-Fokus-Kennzeichnungen. Zur Unterstützung der Kohärenzbildung treten aufgrund spezifischer Lexeme Prozesse hinzu, die durch Skopusdisambiguierung oder Anaphernmarkierung bedingt werden. Eine eigene Rolle spielen Planungsprozesse anzeigende Äußerungseinheiten, die bei der Sprachproduktion oder zur Unterstützung der Perzeption verwendet werden.

Aus der Sicht der Kohärenz besonders bei gesprochener Sprache wird die Frage nach dem inkrementellen Konzept wieder aufgeworfen. Hier tritt das Phänomen der "Reparatur" in den Vordergrund. Diese Reparaturen beziehen sich auf syntaktische Struktur, bei der teilweise inkorrekte Äußerungteile verbessert werden und dabei ein eigenes Problem für die Kohärenz erzeugen, so daß sie als eigenständiges Problem von Kohärenzbildungen angesehen werden können (Rickheit 1991, 4).

Während diese Phänomene stark satzbezogenen Charakter besitzen, ist mit Prozessen zu rechnen, die über die Satzgrenzen hinaus operieren. Hier wird von einer lokalen Kohärenz ausgegangen, wenn Mitteilungen in den Sätzen inhaltlich und sprachlich miteinander verknüpft werden. Das kann sehr unterschiedlich erzeugt werden. Bekannt sind die sprachlichen Mittel der Anaphora, Ellipsen und Topikalisierung. Es kann aber auch durch Kontrastsetzungen von Inhalten geschehen, durch das bewußte Aufgreifen von Wörtern oder das gezielte Umschreiben eines und desselben Gegenstandes oder Sachverhaltes im fortlaufenden Text.

Von diesen aus der Sprache heraus entwickelbaren Verarbeitungshinweisen ist die globale Kohärenz zu unterscheiden. Hier müssen Sätze in ihrer Abfolge über den lokalen Bezug hinaus einer Ordnung zuweisbar sein, die sie als Teil eines thematisch umfassenden Ganzen ausweisen. Damit wird der durch Phonologie, Morphologie und die Syntax eng umrissene und formal beschreibare Boden verlassen. Worin sich allerdings auch die Forschungsentwicklung widerspiegelt, die ausgehend von der textgrammatischen Sicht über eine semantisch-thematische zu einer pragmatisch-funktionalen Perspektive vorgedrungen ist (Viehweger 1989).

Ein Grund für diese Entwicklung liegt im Umstand, daß linguistisch die Kohäsion immer klarer faßbar wird. Damit einher geht aber nicht das Erkennen der Kohärenz. "Reparaturen" beziehen sich nicht nur auf Defizite in der syntaktischen Realisation (Eikmeyer et al. 1991), sondern sichtbar wird eine semantisch bedingte Funktion. Kohärenz ist nicht ausschließlich aus dem Geäußerten selbst herleitbar, sondern basiert auf eigens dafür anzusetzenden Interpretationsprozeduren (Dijk 1977; Charolles 1989; Eikmeyer 1983). Dijk (1977) setzt Prozeduren voraus, die über die aus den Sätzen herleitbaren Propositionen hinaus auf Propositionen schließen können, um Kohärenz herzustellen. Semantische Kohärenz wird dann aus den Relationen herleitbar, die aus den Propositionen abgeleitet oder erschlossen werden, wenn sie nicht explizit realisiert sind. Wie solchermaßen organisierende Relationen formal operieren könnten, erläutert Hobbs (1979; 1983). Wenn innerhalb eines Segmentes eine Mitteilung gemacht wird und wenn diese im nächstfolgenden fortgesetzt wird, werden diese auf besondere Weise semantisch verknüpft, so daß eine lokal feststellbare Kohärenz entsteht. Kohärenz bedeutet dann in einem Text für jedes Segment des Textes semantische Verknüpfungen zuweisen zu können. Inkohärenz basiert auf dem Fehlen solcher Verknüpfungen.

Für Hobbs (1983) kommt diesen Verknüpfungen kommunikative Funktion zu, weil sie dazu beitragen, Mißverständnisse zu vermeiden. In einem von ihm als dreistufig gedachten Modell wird Kohärenz auf der mittleren Stufe hergestellt, indem die auf der vorausgegangenen Stufe ausgewählten Propositionen aufgrund von Kohärenzrelationen geordnet und im nächsten Schritt sprachlich markiert werden. Bezogen auf den Rezipienten bedeutet es, daß diesem ein Zugang zur Art geboten wird, wie die Propositionen zueinander interpretiert werden sollen. Das Verständnis eines Textes ist insofern abhängig von der Art und dem Grad der zugrundeliegenden Kohärenz. Die Annahme von Propositionen zur Bearbeitung von Kohärenzproblemen hat sich empirisch als sinnvoll erwiesen. Die Lesezeit hängt von der Zahl der Propositionen im Satz ab und die Reproduktionswahrscheinlichkeit einer Proposition steigt mit ihrer Hierarchieebene an (Kintsch/ Keenan 1973;

Kintsch/ Kozminsky u.a.1975). In Erweiterung des Ansatzes haben Kintsch und van Dijk (1978) eine prozedurale Textrezeptionstheorie entwickelt, deren Grundprinzip in der Annahme eines zyklisch ablaufenden Kohärenzprozesses im menschlichen Arbeitsgedächtnis besteht. Nach dieser Vorstellung wird bei jedem Verarbeitungszyklus eine bestimmte Anzahl von Propositionen in den Arbeitsspeicher eingelesen und mit den bereits aktivierten Propositionen auf hierarchische Weise verknüpft. So wird eine bestimmte Anzahl von Propositionen ausgewählt und zur Anknüpfung der im folgenden Verarbeitungszyklus einzulesenden Propositionen verarbeitbar gemacht, was übrigbleibt, wird ins Langzeitgedächtnis abgeschoben oder vergessen.

Werden neu eingelesene Propositionen nicht auf die im Arbeitsspeicher verfügbaren Propositionen bezogen, dann wird nach der fehlenden Information im Langzeitgedächtnis gesucht oder sie wird neu aus dem Kontext erschlossen. Die Idee eines zyklisch ablaufenden Kohärenzprozesses hat sich in verschiedenen Simulationen bei der Vorhersage von Verarbeitungsleistungen als sinnvoll erwiesen (Miller/ Kintsch 1980; Wagenaar, Schreuder/ Wijlhuizen 1987). In einer Reihe weiterer psycholinguistischer Theorieansätze wird gefordert, Kohärenz auf Prozesse der konzeptuellen Vernetzung aufeinanderfolgender Äußerungen zu beziehen (Lockman/ Klappholz 1980). Kohärenz müsse das Erschließen von im Text nicht expliziter, eine Vernetzung erst ermöglichender Information umfassen. Prozeduren im Sinne wissensbasierter Inferenzen werden vorgeschlagen (Zabrucky 1986).

Für diese Modellvorstellungen ist die Beobachtung bedeutsam, nach dem Lesen eines Texts können Rezipienten oft nicht mehr unterscheiden, ob eine sachlich korrekte Information explizit im Text vorgekommen ist oder nicht. Gelesene und erschlossene Information werden während der Textverarbeitung konzeptuell integriert (Bransford/ Barclay/ Franks 1972; Richardson 1985). Die Annahme, daß eine über die sprachliche Äußerung hinausgehenden Repräsentation im Spiel ist, kann als gemeinsames Merkmal aller konstruktivistischen Theorieansätze gelten (Sanford/ Garrod 1981; Johnson-Laird 1983).

Die in konstruktivistischen Ansätzen vorfindliche Konzeption von Kohärenz wird bestimmt durch die dynamische Natur des Modells: "The coherence of discourse depends in part on how easy it is to construct a single mental model from it" (Johnson-Laird 1989, 472). Kohärenz wird aus dem Verarbeitungsaufwand definiert, der zur Rekonstruktion konzeptueller Zusammenhänge nötig ist. Anders als in den zyklischen Modellen wird Kohärenz aber nicht aus der sprachlichen Basis hergeleitet, sondern sachverhaltsbezogen aufgebaut.

Kohärenzkonstitutiv sind verschiedene kognitive Operationen. Diese können zu unterschiedlichen Zeitpunkten während der Verarbeitung eines Texts zur Anwendung gelangen. Johnson-Laird (1983: 250) charakterisiert den Vorgang "as a function of its referring expressions, the context as represented in the current mental model, and the background knowledge that is triggered by the sentence". Zu den Operationen, die kohärenzkonstitutiv sein können, werden gezählt (Schade u.a. 1991, 19): die Modellanlage (wenn ein sprachlicher Ausdruck sich nicht auf das aktuelle Diskursmodell bezieht, so wird ein neues angelegt), die Modellerweiterung (wenn ein sprachlicher Ausdruck sich auf das aktuelle Diskursmodell bezieht, so wird es erweitert), die Modellanreicherung (in Abhängigkeit vom aktivierte Wissenshintergrund kann das Diskursmodell durch spezifische Objekte und Relationen angereichert werden), die Modellintegration (wenn ein Ausdruck sich auf zwei aktuelle Diskursmodelle bezieht, so werden diese integriert) und die Modellrevision (wenn ein Ausdruck in Widerspruch zum aktuellen Diskursmodell steht, so wird es in Abhängigkeit vom aktivierten Wissenshintergrund revidiert).

Inkohärenz wird daran sichtbar, daß Ambiguität oder Inkonsistenz der sprachlichen Äußerung kein eindeutiges Diskursmodell zu entwickeln erlauben. In Experimenten konnten selektive Einflüsse auf Interpretation, Behalten und Verarbeitungsdauer sprachlicher Äußerungen aufgezeigt werden (Anderson/ Pichert 1978; Tabossi 1985). Kohärenzfördernd sind referentielle Kontinuität und Spezifität (Foos 1980; Oakhill/ Garnham 1985). Ungeachtet einer gewissen Vagheit haben sich konstruktivistische

Positionen zur Erklärung einer Reihe unterschiedlicher Kohärenzphänomene wie Ambiguität (Crain/ Steedman 1985; Frazier/ Rayner 1987), Anaphern (Sanford/ Garrod 1989; Garnham/ Oakhill 1990) und Inferenzen (Rickheit et al. 1985; Singer 1988) bewährt.

Der Komplexität der bei der Textverarbeitung ablaufenden Kohärenzprozesse kommt die Strategie-Theorie am ehesten entgegen. Sie ist eine Weiterentwicklung der Theorie zyklischer Verarbeitung, bei der globale Kohärenzaspekte in stärkerem Maß ausgebaut wurden (van Dijk/ Kintsch 1983). Die Strategie-Theorie geht von einer mehrfach gestuften Hierarchie kohärenzrelevanter Operationsebenen aus (Schade et al. 1991, 20).

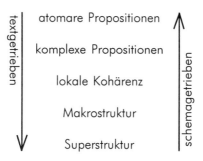

Abb. 33
Hierarchiekohärenzrelevanter Operationsebenen

Auf der Ebene atomarer Propositionen mit einfacher Prädikat-Argument-Struktur erfolgt eine kontextspezifische Repräsentation einzelner Morpheme und Wörter. Komplexe Propositionen entstehen aufgrund hierarchischer Einbettung atomarer Propositionen, wobei Argumentwiederholung lediglich eine von mehreren Strukturdeterminanten ist. Die lokale Kohärenz konstituiert sich durch eine integrale Repräsentation aufeinanderfolgender komplexer Propositionen, ein Prozeß, der als ganzheitlicher, kontext- und wissensabhängiger Vorgang beschreibbar ist. Eine dynamische Repräsentation des wesentlichen Textinhaltes erfolgt auf

225

der Makrostruktur-Ebene. Die Superstruktur-Ebene organisiert eine globale Repräsentation des gesamten Textes unter Einbeziehung kognitiver, affektiver, ästhetischer und sozialer Dimensionen. Jedes neu eingelesene Wort wird ein Teil der zur Bildung übergeordneter Organisationsebenen benötigten Einheiten und trägt selbst dazu bei, wiederum mit Hilfe übergeordneter Ebenen interpretiert zu werden. Es entsteht eine Wechselwirkung von aufsteigenden (textgetriebenen) und absteigenden (schemagetriebenen) Teilprozessen bei der Textverarbeitung (Engelkamp 1984; Schnotz 1988).

8 Kognition - Konnektion - Konstruktion und Sprachwirklichkeit

8.1 Verstehen in Systemen der Künstlichen Intelligenz

Die Möglichkeiten zu einer Sicht- und Darstellungsweise komplexer Vorgänge im Rahmen eines Theorieansatzes wurden durch Forschungen im Bereich der Computermodellierung und -simulation gefördert. Diese Entwicklungen finden sich dort unter dem Terminus "Künstliche Intelligenz" versammelt. Es ist daher sinnvoll, so wie es beim Ansatz der Assoziationspsychologie notwendig gewesen ist, einige Hintergrundaspekte herauszuarbeiten, um besser nachvollziehen zu können, was mit "KI" gemeint ist, und welcher Wirklichkeitsausschnitt damit abgedeckt wird.

Nachdem psycholinguistische Untersuchungen immer wieder an die Grenzen ihrer Methodik gestoßen sind, tat sich mit der Entwicklung der Computersimulation ein völlig neues Feld der Forschung auf, das in seinen Konsequenzen noch nicht überschaubar war und Anlaß zu großen Hoffnungen gab. Erstmals, so schien es nämlich, fand sich die Möglichkeit, den Umgang mit Wirklichkeit als komplexen Prozeß darzustellen, in Regeln zu fassen und aus den Resultaten bzw. ihren Produkten auf Regeln zu schließen, ob und inwieweit die Ergebnisse dem entsprachen, was aufgrund der Regelhypothesen intendiert gewesen war. Die Computersimulation besitzt für die Linguistik deshalb einen so hohen Stellenwert, weil Linguistik - abgesehen von einer kurzen Phase des Strukturalismus - stets eine Wissenschaft war, die auf Interdisziplinarität angelegt ist. Erkenntnisse aus der Psychologie bedingten Sichtweisen, die das Sprachverständnis beeinflußten (Assoziationspsychologie). Einsichten der Logik (Wiener Kreis) veränderten die Grundhaltung zur Semantik und wirkten auf die Vorstellungen über die Syntax (Kategorialgrammatik). Die Informatik diktierte das Kommunikationsmodell für eine Kommunikation einbeziehende Linguistik, und mit der Entstehung des Kognitivismus wurden uns Modelle vorgelegt, die, am sichtbarsten in den Dialogsystemen von Expertensystemen, vorgaben, sogar Kommunikation abbilden zu können.

Die Dissertation von Winograd (1972) bewies erstmals, daß Programme möglich sind, die eine natürlichsprachliche Kommunikation mit einem Computer erlauben. Das Hamburger Redepartner-Modell (1980) zeigte, wie kompliziert einerseits die Konstruktion eines natürlichsprachlichen Dialogsystems ist, wie effektiv im Hinblick auf Erkenntnisse über linguistische Strukturen andererseits ein solcher Ansatz sein kann. Es ist daher sinnvoll, einen Blick auf diese Entwicklungen zu werfen, um aufgrund der vorgelegten Ergebnisse zu prüfen, inwieweit damit Einblick in die Funktionsweise von Sprache als psychische Realität gewonnen worden ist. Eine sprachorientierte KI-Forschung stellte einen Schwerpunkt der Forschungen dar. Wahlster (1982, 204) fordert, komplexe Informationsverarbeitungsprozesse, welche dem Verstehen, der Produktion und dem Erwerb natürlicher Sprachen zugrundeliegen, sollten mit informatischen Mitteln exakt beschrieben und erklärt werden. An intelligentes Sprachverhalten gebundene Leistungen sollten maschinell verfügbar gemacht werden, und die Mensch-Maschine-Kommunikation wäre durch die Entwicklung natürlichsprachlicher Systeme besser dem Menschen anzupassen. Wahlster (1982, 205) sieht drei Ebenen, denen sich die sprachlich ortientierte KI-Forschung zuzuwenden hat:

1. Syntax als die Struktur der Äußerung,
2. Semantik als die Bedeutung der Äußerung und
3. Pragmatik als die Verwendung der Äußerung.

Ihm schwebt ein Industrieroboter vor, der auf natürlichsprachliche Anweisungen handeln soll und in der Lage sein müßte, eine Anweisung der Art "Die große Flügelschraube muß den Kühler am Sockel halten" hinsichtlich der syntaktischen Mehrdeutigkeit zu erkennen, semantisch zu lösen sowie die Äußerung als Handlungsanweisung zu identifizieren. Grundsätzlich sieht er folgende Aufgabenbereiche, die zu lösen wären: Fragen über ein Sachgebiet oder einen Text beantworten, beraten, Texte paraphrasieren, nach Anweisungen handeln sowie Texte übersetzen können.

Die genannten Aufgabenbereiche wurden tatsächlich in verschiedenen Projektansätzen verfolgt, so daß Wahlster auf konkrete Projekte Bezug nehmen konnte. Sog. Expertensysteme waren die ersten

Entwicklungen, bei denen mit einer spezifischen Fragetechnik, dann immer offener im Fragen, Wissen aus dem Bereich der Wasserwirtschaft, Medizin, Rechtswissenschaft und Pharmazie abgerufen werden konnte. Das System GUS (Genial Understanding System) von Bobrow (1977) war eines der frühesten, welches Flugbuchungen vornahm und den Benutzer hinsichtlich ökonomischer Flugverbindungen beraten konnte, Vergleichbares entwickelte Hahn mit Hotelreservierungen. Das System PAM (Plan Applier Mechanism) von Wilensky (1978) ermöglichte die Eingabe einer Kurzgeschichte. Dann konnte nach Begründungen hinsichtlich der Kausalität einzelner Handlungen gefragt werden. Über Textparaphrasierungen berichtet Rothkegel (1989; 1991; 1993), wobei sie den Zusammenhang von Wissen und der Möglichkeit bei einer maschinellen Verarbeitung zu Text erörtert.

Sprachverstehen geht von Kenntnissen hinsichtlich des besprochenen Bereichs aus. Voraussetzung ist die Beschreibung und Definition einer Diskurswelt, d.h. es muß ein wissensbasiertes System konstruiert werden. Ein solches System ist eine Sammlung von Daten, die Kenntnisse und Erfahrungen beinhaltet und Angaben darüber macht, wie auftretende Probleme zu lösen sind, so daß Verfahren angegeben werden können, welche den rezeptiven und produktiven Umgang mit den Kenntissen und Erfahrungen darstellen. Die Repräsentation erfolgt auf der Basis der Definition von Objekten, Relationen und Prozessen; sie läßt verschiedene Ebenen zu, so daß zwischen Wissensbasis, Wissensquellen und Metawissen unterschieden werden kann. Entscheidend ist die Verankerung dieses Wissens in einem Wirklichkeitsausschnitt. Das wird mit Hilfe der Referenzsemantik und über die Inhaltssemantik geleistet, d.h. semiotische Definitionen sichern die Beziehungen, wie Zeichen zu Dingen der Welt und begrifflichen Darstellungen derselben stehen. Extensionale und intensionale semantische Beziehungen müssen definiert sein. Anders als in der Linguistik, wo Sprache und Handeln nicht unbedingt als Einheit gesehen wird - erinnert sei an den Streit der Systemlinguistik mit der angewandten Linguistik -, bekommt die sprachorientierte KI-Forschung gerade hier ihren besonderen Sinn. Aus dem, was geäußert wird, muß und will sie zu "Handlungen" gelangen. Daher muß eine Komponente existieren, aus der Absichten und Ziele eines Sprechers und Hörers abgeleitet werden können. Programme brauchen Wissen über mögliche Intentionen, um das Geäußerte in einen übergeordneten Handlungszusammenhang zu stellen, um so wiederum Schlüsse darüber ziehen zu können, was von anderen erwartet wird. In Anlehnung an die Sprechakttheorie löst beispielsweise das erweiterte Hamburger Redepartner-Modell (Hoeppner/Mosik 1983) das Problem, indem Äußerungen hinsichtlich ihres propositionalen Aktes und ihrer illokutionären Funktion bewertet werden.

Um nachvollziehen zu können, was im einzelnen gemeint ist, soll in Anlehnung an den Vorschlag von Winograd (1972) die Arbeitsweise veranschaulicht werden. Winston (1970) hatte gezeigt, daß geometrische Figuren in semantischen Netzen erfaßt werden können - etwas Vergleichbares liegt in einem Sowa-Netz zur Darstellung einer Katze vor. Die Netze benennen jeden Punkt und jede Kante einer Figur. Werden solche Netze als Programm gelesen bzw. in ein solches übersetzt, dann lassen sich die Figuren auf einem Bildschirm so darstellen, daß dort ein Wirklichkeitsausschnitt in Form einer Blockwelt sichtbar wird. Wenn das System - um es einfach zu halten - mit einer Komponente ausgerüstet wird, Sprache zu verstehen, die sich darauf beschränkt, erkennen zu können, ob und welche Figur auf dem Bildschirm erscheinen soll, dann lassen sich die Repräsentationen der Figuren sprachlich "benennen", d.h. sie werden durch Wörter erkannt. Geäußerten Wörtern müßte entnommen werden, ob sie eine Figur setzen oder löschen oder hinzufügen sollen. Ist sich das System unsicher, was eigentlich erwartet wird, muß es in der Lage sein, die fehlende Information herauszufinden, in Sprache umzusetzen und eine Antwort darauf zur Lösung des Problems auszuwerten. Ein solches System identifiziert im ersten Schritt die Wörter, die der Sprecher eingibt, prüft, ob es diese Wörter kennt, ob beispielsweise dem Wort eine Figur zugeordnet werden kann oder nicht oder, ob mit dem Wort das Abbilden oder Löschen einer Figur gemeint ist.

Der Dialog könnte beim Benutzer beginnen, der das System zu etwas auffordert: *"Zeige mir einen Würfel!"* Das Wort "zeige" aktiviert ein Programm zur Darstellung geometrischer Figuren. Die Wörter "mir" und "einen" sind keine geometrischen Figuren und würden übergangen. "Würfel" wird erkannt und als Figur für eine Darstellung aufgerufen. Auf dem Bildschirm erscheint ein Würfel als Figur. Nehmen wir nun aber an, der Benutzer hat sich vertan, denn er wollte eine Pyramide sehen, und reagiert mit dem Satz: *"Nein, eine Pyramide !"* Das System würde jetzt "Pyramide" erkennen. Eine Anweisung, was zu geschehen hat, liegt nicht vor. Um mit dem Geäußerten umgehen zu können, muß das System eine Routine erhalten, um zu erkennen, was "Nein" semantisch bewirkt, und wie mit Phrasen umzugehen ist, welche nicht durch Verben in einen Handlungskontext eingebettet werden.

Ein einfacher Weg besteht darin, das Antwortmuster "Nein, ein y!" dahingehend zu interpretieren, daß die vorausgegangene Phrase "Handle mit einem y!" durch die Negation "nein" zurückgewiesen wird; es solle kein Würfel gezeigt werden. Das Problem bestünde in der anderen Belegung des y. Würde die Gesamthandlung abgelehnt, dann geschähe dies mit dem einfachen Nein, wird nun aber ein anderer Gegenstand genannt, dann ist es plausibler, das Nein auf das durch y Bezeichnete zu beziehen, so daß die neue Lesart im "Handle mit einer Pyramide" entstünde und das y=Würfel durch das y=Pyramide ersetzt würde. Ein System muß daher eine Routine besitzen, entweder intern eine Lösung zu versuchen oder das Problem interaktiv so zu behandeln, daß klar wird, was der Benutzer will.

Eine interne Lösung könnte darin bestehen nach Antwortmustern zu suchen, sie im Sinne konventioneller Routinen auszuwerten und entsprechend benutzerunabhängig eine Handlung ausführen, die dann vom Benutzer akzeptiert wird oder Anlaß für weitere Interaktionen ist. Ein anderer Weg läge in besonderen Klärungsroutinen, die aus Phrasen bestimmte Wissensbestände oder -lücken erschließen und diese zum Gegenstand für die Konstruktion von Fragen benutzen.

Benutzer: *Nein. Eine Pyramide.*
System: *Was soll ich mit der Pyramide tun ?*

Ein solcher Dialog ist unnatürlich, er erweckt in natürlich-sprach-
lichen Situationen bei Wiederholung nicht nur Unverständnis,
sondern kann sogar Aggression auslösen. Wenn aber einfaches
Abfragen mit Störungen im Kommunikationsverlauf auftreten
kann, muß das System mit elliptischen Äußerungsformen umgehen und Äußerungen so interpretieren können, daß sie immer in
ihrem Diskursganzen verstanden werden. Dabei ist nicht vor-
entschieden, ob interne oder interaktive Verfahren oder eine
Strategie aus beiden genutzt wird. Ein weiteres Problem ist bei
Dialogsituationen zu erwarten. Oft tritt bei einem Gesprächspartner nämlich der Fall ein, nicht das richtige Wort zur Hand zu
haben, so daß eine Äußerung wie die folgende natürlichsprachlich
zu beobachten ist: *"Ein Dings bitte, ich meine oben spitz."*

Das System kann sich nicht damit begnügen, nur nach einem
passenden Wort zu suchen, sondern es muß die Äußerung so
interpretieren, daß es erkennt, welches Merkmal in der Wissensrepräsentation zu einer Identifikation führen kann, d.h. es muß
erstmals etwas leisten, was als "Verstehen einer Äußerung" bezeichnet werden könnte. Die Äußerung ist in die Aussage "ein Objekt, das
oben spitz ist" zu überführen. Dies zu leisten, bedeutet mehr als nur
den Satz syntaktisch erkennen zu können und semantisch zu interpretieren. Während "ein Dings bitte" noch als Handlungsanweisung
"bilde das Dings ab!" gelesen werden könnte, muß mit der Ergän-
zung "ich meine oben spitz" Wissen über konversationelles Verhalten vorhanden sein, das Korrekturen als Art der Präzisierung
erkennt, die mit "ich meine x" z.B. möglich ist. Der dann unvollstän-
dige Satz "oben spitz" muß als Ellipse interpretiert werden können.
Dieser Arbeitsvorgang ist ohne konversationelle Intuition nicht
ohne weiters erkennbar. Er ist aber für ein System, das natürlichsprachliche Dialoge zuläßt, unabdingbar.

Dialogpartner bilden im Verlauf eines Dialogprozesses eigenständig den Wissens- und Ergebnisstand des Handlungs- und
Informationsaustauschs ab. Um effektiv miteinander "reden" zu

können, sind daher Annahmen darüber zu bilden, was der Dialog-partner jetzt weiß. Wenn vom Dialogpartner angenommen werden kann, daß er nur über einen Würfel und eine Pyramide als Gegenstände einer Welt verfügt, dann ist das "oben spitze Ding" leicht als Pyramide zu erkennen, da nur zwischen einem Ding unterschieden werden muß, das "spitz ist" und einem, das bei normaler Lage nicht "spitz ist". Damit offenbart bereits ein bescheidenes Schreibtischbeispiel, mit welcher Komplexität die Programmierung fertig werden muß. Von Hahn selber gesteht für die Arbeiten am Hamburger Projekt ein, daß es nicht gelungen sei, eine Performanzleistung des Systems zu erreichen, die befriedigen könne.

Auf die hier angesprochene Komplexität läßt sich nun unterschiedlich reagieren. Hoeppner/ Morik (1986) tun dies mit dem Hinweis auf die immensen Möglichkeiten einer Weiterentwicklung der Prozessoren und der damit verbundenen unendlichen Menge an Speicherplatz und -geschwindigkeit. Das würde bedeuten, die qualitativ zu beschreibenden Mängel durch einen quantitativen Kraftakt ausgleichen zu wollen; bezogen auf das Beispiel hätte das zur Folge: Das System wird mit einem Konversationswissen "aufgerüstet", und es wird mit einem "Ellipsenmanager" in die Lage versetzt, alle möglichen Formen von Ellipsen zu bewältigen. Bereits entwickelt sind Systeme für eine spezifische Logik der Vagheit, "fuzzy logic" genannt, um mit alltagsgebräuchlichen Begriffen umgehen zu können. In weiteren Systemen wird von der Wahrnehmung aus Sprache und Bildeindrücken ausgegangen, es erfolgt eine Verarbeitung im Rahmen von Problemlösesystemen für Sprache, wobei nach Erklärungen gesucht wird und Lösungen angeboten werden, die innerhalb fester Systeme mathematisch-logisch interpretiert, taxonomisch sortiert, wissensstrukturell evaluiert und konversationell konstruiert werden können. Fraglich ist, ob das menschliche Denken so vorzustellen ist, als funktioniere Sprache wie ein "Abfragealgorithmus" von Datenbänken.

8.2 Kognition oder Konnektion

Die bisher erörterte Darstellung von Wissen in propositionalen Netzwerken (Anderson 1988) oder als konzeptuelle Graphen (Sowa 1983) stellt Wissen als Abbildung über Beziehungen zwischen Entitäten gegenständlicher oder begrifflicher Art dar. Es ist ein Ausschnitt einer gedachten Welt, der das verfügbare Wissen faktisch festhält. Dieses kann dann aufgrund neuer Fakten erweitert oder, wenn neue Erkenntnisse vorliegen, modifiziert werden. Eine solche Form der Darstellung wird als "deklaratives Wissen" bezeichnet.

Dem stand eine Gruppe von KI-Forschern gegenüber, die Wissen nicht als etwas Statisches verstanden wissen wollten, sondern die Ansicht vertraten, die menschliche Intelligenz müsse als eine Reihe von Tätigkeiten, über die der einzelne verfügt, konzipiert werden. Der Mensch erkenne ein Problem, suche dann durch die Definition eines oder mehrerer Lösungswege ein Ziel, das auf eine bestimmte Weise oder auf unterschiedlichen Wegen zu erreichen versucht wird. Wissen könne daher gar nicht fixiert werden, weil es stets in Abhängigkeit von einer solchen Prozedur definiert werden müsse. Die Entwicklung eines Roboters, der beispielsweise elementare Arbeiten wie das Putzen eines Zimmers ausführen soll, wird nicht mit Wissen über mögliche Einrichtungen und mögliches Aussehen von Zimmern "ausgerüstet", sondern er erhält Programme, wie er sich bezogen auf bestimmte "Probleme" verhalten soll. Wenn er vom Teppichboden auf einen Holzboden wechselt, muß er dies erkennen und sein Putzprogramm ändern. Er muß Vertikalität wahrnehmen, um sie umgehen zu können, d.h., wenn ihm ein Tischbein im Weg steht, muß er um dieses herum "gehen"; daß es Tische gibt, wie diese aussehen und welche Formen Tischbeine haben können, braucht ihn nicht zu "interessieren". Er wird mit einem "prozeduralen Programm" ausgerüstet.

Aus den Arbeiten von Boden (1977), Cohen (1977), Newell (1983) und Winograd (1975) ist ersichtlich, daß eine "prozedurale Programmierung" den Vorteil besitzt, Steuerinformationen ausnutzen zu können, um Wissen unterschiedlicher Anlage und höherer Ordnung zu integrieren sowie auf verschiedene Anwendungsbereiche zu übertragen, sofern ein höherer Grad der Generalisierbarkeit angestrebt wird. Im Streit, ob deklaratives oder prozedurales Wissen die angemessenere Repräsentationsform sei, hat die Entwicklung gezeigt, daß eigentlich beide Formen benötigt werden, um zu erfolgreichen Lösungen zu gelangen. In einer von Bobrow und Winograd (1977) entwickelten Repräsentationsprache sind beide Formen enthalten. Habel (1986, 41-42) kennzeichnet den Kompromiß mit dem Hinweis darauf, daß deklarative Repräsentationen den Vorteil der Flexibilität und Ökonomie bezüglich des Aufbaus der Wissensrepräsentation haben. Es müssen keine expliziten Kontrollstrukturen vorgegeben werden, sondern übergeordnete Informationsprozesse steuern den Zugriff auf die unterschiedlichen Wissenskomponenten. Der Vorteil der prozeduralen Wissensrepräsentation liegt in der Form von Kontrollstrukturen, die durch Prozeduren explizit gemacht werden und in der Einfachheit von Verweisen auf als relevant vermutete Wissenseinheiten. Er fordert daher eine Repräsentationssprache, die aus den Vorteilen beider Systeme entwickelt wird, und sieht im Vorschlag von Winograd (1975) einen Weg, der beide Komponenten zuläßt. Einen Widerspruch zwischen den Repräsentationsformen gibt es insofern nicht. Die Diskussion hatte aber die Frage aufgeworfen, ob Repräsentationen der genannten Art wirklich etwas von dem abbilden, was im menschlichen Gehirn stattfindet.

Einer der Pioniere auf dem Gebiet, das sich später als "Artificial Intelligence" etabliert hat, Weizenbaum, war auch einer der ersten, der sich von dieser wieder mit einer deutlichen Kritik absetzte. Seine Kritik berührt zwei Ebenen. Sie zielt intern darauf ab, daß die Kluft zwischen Anspruch und Wirklichkeit von der KI-Forschung bisher nicht überbrückt werden konnte. Simon/ Newell läuteten (1958, 6) die Ära der intelligenten Maschinen mit folgenden Bemerkungen ein: "Wir sind im Begriff zu lernen, wie wir Computer bei Problemen einsetzen können, für die uns keine systematischen und effizienten Algorithmen zur Verfügung stehen. Und wir wissen jetzt ... nicht nur, wie man Computer programmieren muß, damit sie solche Probleme erfolgreich lösen; wir wissen auch, wie man Computer programmieren muß, damit sie diese Dinge lernen. ... wir können mit Hilfe dieser Theorie zu einem Verständnis heuristischer Prozesse beim Menschen gelangen und sie mit Digitalcomputern simulieren. Intuition, Erkenntnis und Lernen sind nicht länger ausschließlich menschliche Eigenschaften."

Eine solche Position bezeichnete Weizenbaum als maßlos. Was in den 70er Jahren erreicht worden ist, blieb weit hinter den Erwartungen zurück. Seiner Meinung nach wird sich daran auch in Zukunft nicht viel ändern. Die Kritik richtete sich zugleich auf die mit der KI-Forschung verbundenen Implikationen bezüglich des Bildes vom Menschen und seiner Gesellschaft. Menschliche Intelligenz zeichne sich gerade dadurch aus, daß sie sich einer Simulation entziehen kann. Ähnlich argumentiert Dreyfuß (1985); der Mensch unterscheidet sich seiner Meinung zufolge gerade dadurch von Computern, daß sein Denken nicht eineindeutig ist, daß inneres Erleben und äußere Welt nicht vorhersagbar sind und gerade Subjektivität ein Faktor sei, der das bewegende Moment in der Wirklichkeitsbewältigung ausmache. Der Begriff "Intelligenz" (Dreyfus 1985, 28) sei völlig irreführend gewählt. "Niemand erwartet von einem Roboter, daß er jedes intelligente Verhalten des Menschen simulieren kann. Er muß weder eine Frau fürs Leben finden noch eine stark befahrene Straße überqueren können."

Die wohl schärfste Kritik gegen die KI-Forschung findet sich bei Lighthill (1972, 17): "Die meisten Forscher im Bereich der KI und den angrenzenden Disziplinen gestehen, sie seien von dem, was in den letzten 25 Jahren erreicht wurde, tief enttäuscht. Forscher schlossen sich um 1950, sogar um 1960 dieser Disziplin mit großen Hoffnungen an, die 1972 von ihrer Verwirklichung noch sehr weit entfernt sind. Unterdessen wurden Behauptungen und Vorhersagen über zukünftige Ergebnisse der KI-Forschung veröffentlicht, die sogar noch weiter gingen als die Erwartungen der meisten Wissenschaftler im Fach, deren peinliche Lage nun durch das beklagenswerte Scheitern derart inflationärer Vorhersagen verschlimmert wurde."

Weiter merkt er zur Situation an: "Wenn fähige und renommierte Wissenschaftler in Briefen an den Verfasser schreiben, daß es sich bei der KI ... um einen weiteren Schritt im allgemeinen Evolutionsprozeß handele, daß zu den Möglichkeiten der 80er Jahre eine universelle Intelligenz mit einem dem Menschen vergleichbaren Grundwissen gehöre, daß sich atemberaubende Möglichkeiten eröffnen, die auf Maschinen-Intelligenz basieren und bis zum Jahr 2000 die menschliche Intelligenz übertreffen werden, dann darf man zu Recht skeptisch sein."

Damit ist ein dritter Aspekt berührt, auf den gern von seiten der KI-Forschung hingewiesen wird, der sich aber bei näherem Hinsehen als nicht unproblematisch erweist. Es wird geglaubt, die KI-Forschung bewege sich in einem psychologisch und biologisch abgesicherten Umfeld. Daten aus der Kognitionspsychologie werden u.a. von Sowa (1985) herangezogen, um die Richtigkeit der Repräsentation zu belegen und aus den positiven Ergebnissen auf die Angemessenheit zu schließen. Andererseits haben sich die genannten Disziplinen der Sichtweise der KI-Forschung so eng angeschlossen, daß beispielsweise in der Neurobiologie die Informationsverarbeitungsperspektive sogar bis ins Lehrbuchwissen vorgedrungen ist, so daß dort Positionen vertreten werden, die besagen: Es gibt eine Übereinstimmung zwischen Begriffen und spezifischen Neuronen. Unter dem Stichwort "Großmutterzellen" ist diese von Barlow (1972) vertretene Position populär geworden.

Varela (1990, 51) charakterisiert diese Situation so: "In Übereinstimmung mit der kognitivistischen Hypothese werden solche Ergebnisse gewöhnlich so interpretiert, als würden sie die Vorstellung biologisch untermauern, daß das Gehirn visuelle Informationen von der Retina über die merkmalsspezifischen Neuronen im Cortex aufnimmt, und daß diese Information sodann durch weitere Stadien im Gehirn zusätzlicher Verarbeitung unterworfen wird (begriffliche Kategorisierung, Gedächtnisverknüpfung, ... Handlungen)." Damit schließt sich ein "Teufelskreis". Begonnen hatte alles mit der Entdeckung, daß Computer auch für die Bearbeitung von Problemen genutzt werden können, die geistige Fähigkeiten voraussetzen. Der Durchbruch war gelungen, als die Symbolverarbeitung auf den

Rechenanlagen möglich geworden war. Die Phantasien über eine künstliche Intelligenz wurden geweckt, als Speicherplatz und Rechengeschwindigkeit zu vernachlässigbaren Größen wurden. Die Neugier, ob solche Symbolverarbeitung beim Menschen auch zu bestätigen sei, löste im Bereich der Psychologie Forschungen aus, die, besonders in der kognitiven Psychologie, Zusammenhänge zur KI zu erkennen glaubten. Es wurde daraus der Schluß gezogen, man besitze Modelle, welche die neuronalen Zusammenhänge erklären.

Vergleichbares läßt sich auch im Bereich der Linguistik beobachten. Unter dem Stichwort der kognitiven Linguistik wurden nach Hoeppner/ Morik (1983a) Ansätze versammelt, die, orientiert an den Hypothesen des Kognitivismus, wie die Entwicklung in der KI-Forschung von Varela bezeichnet wird, Aussagen über die psychische Realität von Sprache versuchen. Grundlegend ist die Idee, daß die Komplexität von Sprache durch spezifische Methoden, wie sie die Künstliche Intelligenzforschung entwickelt hat, erfaßbar ist, wenn entsprechende modifizierende und erweiternde Forschungen in der Linguistik erfolgen. So richtet sich das Interesse darauf, auf welchen Wegen natürlichsprachliche Äußerungen in Wissensrepräsentationen überführt werden können. Damit wird ein spezielles Problem, wie nämlich eine Maschine Sprache verarbeitet, mit dem Problem, wie wir Sprache verstehen, vermischt. Diese Vermischung erfolgte, als mit der Einführung der Ebene der Wissensrepräsentation bei Winograd (1972) betont wurde, daß damit im Gegensatz zu Weizenbaum (1966) und seinem System ELIZA erstmals der Rechner "Sprache versteht".

Die eigentliche Entdeckung Winograds bestand darin, ein Verfahren gefunden zu haben, über verbale Äußerungseinheiten einen Zugriff auf computerverarbeitete Daten zu erlangen. Er hat Sprache als Repräsentationssprache entdeckt, die wie die Repräsentationssprache zur Abbildung von geometrischen Figuren interpretiert und in Programme umgesetzt werden kann. Damit verbunden waren Probleme, wie diese für einen Rechner sehr "ungeordnete Sprache" so "übersetzt" werden kann, daß sie dem Computer angepaßt funktionstüchtig wird. Das Problem lag darin, geeignete Übersetzungsprogramme zu finden und zu entwickeln, die aus natürlichen Äußerungen eine computergerechte Sprache für die weitere Verarbeitung erlauben.

Aus der Wissenschaftsentwicklung der Neurobiologie und kognitiven Psychologie geht hervor, wie sich aus einem technischen Lösungsvorschlag ein erkenntnisleitender Erklärungsansatz entwickelte. Die Frage lautet dann aber nicht mehr, wie sprachliche Zeichenstrings in computertaugliche Programme umgeformt bzw. computerlesbare Datenstrukturen überführt werden können, sondern das Thema wird in der Evaluationsmöglichkeit linguistischer Theorien gesehen. Das geht besonders deutlich aus den Forschungen des Hamburger Projektes hervor, wo gezielt Syntax- und Sprechakttheorie der aktuellen linguistischen Theorie entnommen wurden und in den Programmen realisiert werden sollten. Hoeppner/Morik (1983) sehen gerade darin eine besondere Aufgabe und ein Programm für die kognitive Linguistik. Andererseits haben wiederum die Entwicklungen dieses Modells gezeigt, daß sich die linguistischen Theorien, das gilt vor allem für die pragmatischen Teile, nicht eignen und nicht zu den Ergebnissen geführt haben, die man sich erhofft hatte.

8.3 Emergenz - eine Alternative zur Symbolverarbeitung

Varela (1990, 54) verweist auf die Tatsache, daß schon auf der Macy-Konferenz zu Beginn der Entwicklung für alle Beteiligten klar gewesen ist, daß in Gehirnen weder Regeln noch so etwas wie eine zentrale logische Verarbeitungseinheit nachweisbar ist. Alles bis dahin Bekannte deutete darauf hin, daß Gehirne auf der Basis zahlloser, weitverzweigter Verknüpfungen arbeiten. Tatsächliche Beziehungen zwischen Neuronengruppen verändern sich aufgrund einzelner Erfahrungen. Entscheidend ist dabei, daß Neuronengruppen die Fähigkeit zur Selbstorganisation besitzen. Rosenblatt (1958) entwickelte ein "Perzeptron"; mit diesem Programm konnten Wiedererkennungsleistungen erbracht werden, die ausschließlich Veränderungen der Beziehungen zwischen neuronenähnlichen Bestandteilen betreffen. Es wird daher von der Konnektivität zwischen den Neuronen gesprochen.

Ashby (1952) führte Untersuchungen durch, in denen die Dynamik großer Systeme mit Zufallsverknüpfungen beobachtet wurden. Er konnte belegen, daß diese zu kohärenten und übergreifenden Verhaltensveränderungen geführt hatten. Diese Ansätze haben sich nicht durchgesetzt (Varela 1990, 55). Sie wurden erst wiederentdeckt, als der sog. Neumann-Engpaß immer deutlicher geworden war. Damit ist der Umstand gemeint, daß die Symbolverarbeitung sequentiellen Regeln folgt. Der Arbeitsablauf erfolgt von Einzelergebnis zu Einzelergebnis auf der Basis jeweils spezieller Operationen. Das führt bei großen Datenmengen zu erheblichen Schwierigkeiten, weil die Rechnung Zeit und Speicherplatz benötigt. Ein weiteres Problem der Symbolverarbeitung besteht darin, daß diese nur dann fehlerfrei funktioniert, wenn Daten und Regeln keine Fehler enthalten. Bei komplexen Systemen ist dies so gut wie unmöglich; hinzu kommt die Gefahr von Datenverlust durch äußere Einwirkung wie Stromausfall u.ä.m. Das Problem ist nicht lösbar, da eine Sicherung der Daten durch Kopien zu einer Verdoppelung oder Verdreifachung der Speicherkapazität führt. Diese neue Datenmenge muß wieder eigens verwaltet und "gepflegt" werden; das endet im von-Neumann-Engpaß.

Varela (1990, 57) faßt seine Erfahrungen in der folgenden Formulierung zusammen: "Es ist notwendig, die Position des Experten mit der des Kindes zu vertauschen, was die Rangfolge der Leistungen angeht. Die ersten Versuche richteten sich auf die Lösung der allgemeinsten Probleme, etwa der Übersetzung natürlicher Sprachen oder der Konstruktion eines allgemeinen Problemlösers. Alle diese Versuche zielten auf die Objektivierung der Intelligenz eines Menschen, der ein hochausgebildeter Experte ist ... . In dem Maß, in dem diese Versuche bescheidener und begrenzter wurden, wurde klar, daß die weitaus komplexere und grundlegendere Art der Intelligenz die des Kleinkindes ist, das Sprache aus fragmentarischen alltäglichen Äußerungen aufbauen und dort bedeutsame Gegenstände konstruieren kann, wo es nichts als eine Lichterflut zu geben scheint." Am Anfang steht nicht das Symbol und die Repräsentation, sondern einzig und allein die Fähigkeit von Neuronen, Verbindungen zueinander und miteinander eingehen zu können. Verknüpfungsregeln müssen zu graduellen Veränderungen von Verknüpfungen führen, so daß aus einem willkürlichen Ausgangszustand einzelner Neuronen allmählich ein kohärentes und geordnet erscheinendes Netzwerk entsteht.

In der von Anderson/ Hintonj und Norman organisierten interdisziplinären Konferenz von La Jolla (Juni 1979) erörterte man entsprechende Konzepte. Der Begleitband der Konferenz (Hinton/ Anderson 1981; Feldman/ Ballards 1982) leitete ein erneutes Interesse an konnektionistischen Modellen ein. McClelland und Rumelhart erklärten mit ihren Arbeiten zur Buchstabenerkennung auf der Basis eines konnektionistischen Modells Ergebnisse psycholinguistischer Experimente (McClelland / Rumelhart 1981; Rumelhart / McClelland 1982). Auf diesem Hintergrund kam es zur Modellbildung, um natürlichsprachliche Rezeption abzubilden (Bookman 1987; Cottrell 1985, 1989; Cottrell/ Small 1983; Fanty 1986; Howells 1988; Jain/ Waibel 1990; McClelland/ Elman 1986; McClelland/ Kawamoto 1986; Nakagawa/ Mori 1988; Reilly 1984; Sellman/ Hirst 1985; Small et al. 1982; Waltz/ Pollack 1985). Andere Arbeiten nutzen den konnektionistischen Ansatz zur Darstellung von Produktionsprozessen (Berg 1986a, 1988; Dell 1985, 1986, 1988; Dell/Reich 1980; Schade/ Eikmeyer 1990; Schade 1987, 1988, 1989; Stemberger 1982, 1983, 1984, 1985) oder um natürlichsprachliche Ausdrücke abzubilden. Auffallend war der Versuch von MacKay (1987), ein Modell zu entwerfen, das alle kognitiven Prozesse modellieren können sollte.

Bewährt hat sich der konnektionistische Ansatz bei der Mustererkenung und Bildverarbeitung (Kemke 1988, 155). In den Anwendungsbereichen, bei denen Lernverhalten berücksichtigt werden muß, ist dieses Konzept erfolgreich. Es können nämlich Lernalgorithmen aufgrund mehrschichtiger Netzwerke entwickelt werden. Bekannt ist der "Back Propagation"-Algorithmus (Werbos 1974; Le Chun 1985; Parker 1985; Rumelhart et al. 1986a; 1986b). Die Information, über die ein konnektionistisches

Modell verfügt, basiert auf den Verbindungen zwischen den einzelnen Knoten. Es muß für jedes Modell eine Aussage darüber gemacht werden, unter welchen Umständen zwei Knoten miteinander verbunden sind. In einem konnektionistischen Netz verfügen die einzelnen Knoten nur über geringe Prozessorfähigkeiten. Sie haben einen Aktivierungswert, der durch eingehende numerische Signale aktualisiert wird, sowie die Möglichkeit, abhängig davon eine numerische Ausgabe zu erzeugen. Die einzelnen Knoten unterscheiden sich ausschließlich durch ihre Position im Gesamtnetzwerk. Der Netztopologie kommt daher die entscheidende Bedeutung zu.

Bei konnektionistischen Modelle zur Modellierung kognitiver Prozesse wird das Prinzip der geringen Konnektivität angewendet. Das geht aus dem biologischen Vorbild hervor, im menschlichen Gehirn, das über etwa 10^{11} Neuronen verfügt, ist jedes mit etwa tausend anderen verbunden, was im Vergleich zur Gesamtzahl eine geringe Verknüpfung bedeutet (Schnelle 1987, 10). Eine geringe Konnektivität ergibt sich aufgrund der Theorie über assoziative Speicher. Diese modellieren das menschliche Gedächtnis im Hinblick auf Fehlertoleranz und schnellen Zugriff auf die Speicherinhalte. Damit verbunden ist die Forderung nach schneller Information darüber, daß der gewünschte Inhalt nicht im Speicher vorhanden ist. In assoziativen Speichern werden die zu speichernden Konzepte durch die Belegung einer größeren Anzahl möglicher Speichereinheiten kodiert. Die Anzahl der Speichereinheiten für die Kodierung eines Konzeptes soll dabei im Vergleich zu der Gesamtanzahl der vorhandenen Speichereinheiten gering sein (Willshaw 1981, 93; Palm 1985, 169). "This means that a network of 1,000,000 units should use an encoding with about 20 active unit per concept - essentially a localized representation" (Feldman et al. 1988, 93). Geringe Konnektivität ist nicht gleichbedeutend mit lokalen konnektionistischen Netzwerken, in denen jede zu modellierende Einheit durch genau einen Knoten repräsentiert wird.

Anders ist das bei "distribuierten" Netzwerkmodellen, wo die zu modellierenden Einheiten durch Muster von Aktivierungsverteilungen innerhalb einer großen Menge von Knoten dargestellt werden (Rumelhart/ McClelland 1986, 108). Ihr Vorteil besteht darin, daß beim Ausfall eines oder mehrerer Knoten nicht gleichzeitig zu modellierende Konzepte ge- oder zerstört werden.

Netzwerke mit verteilter Repräsentation nähern sich durch Anwendung des Prinzips der geringen Konnektivität den lokalen Netzwerken sehr an. Ein typisches Beispiel dafür ist das Modell von Rumelhart und McClelland zur Buchstabenerkennung. Die Knoten repräsentieren Wörter, Buchstaben und Merkmale von Buchstaben sowie Wissen über das prinzipielle Aussehen von Wörtern. Zu erkennen ist das an der unterschiedlichen Reaktion des Modells bei der Buchstabenerkennung im Kontext eines Pseudowortes, d.h. einer Buchstabenfolge, die ein Wort sein könnte wie das englische Beispiel "MAVE" und im Kontext eines Nichtwortes eine Buchstabenfolge wie "XQTU". Dieses Wissen ist nicht durch einen Knoten repräsentiert, liegt also "verteilt" vor.

Die Angemessenheit verteilter Repräsentation wird sichtbar, wenn das Prinzip der Aktivierungsausbreitung einbezogen wird. Wenn ein einziger Knoten, der ein Wort repräsentiert, mit Aktivierung versorgt wird, dann breitet sich von diesem Knoten Aktivierung aus, und nach einer gewissen Zeit sind andere Knoten wie die Silben und die Buchstaben des Ausgangswortes aktiviert. Stabilisiert sich die Aktivierungsverteilung, kann von einer typischen Verteilung der Repräsentation des Ausgangswortes gesprochen werden. Eine grundsätzliche Überlegenheit des konnektionistischen Ansatzes ist indes aus dem Dargelegten nicht ableitbar, obwohl sich die Robustheit konnektionistischer Systeme bei der Modellierung von Sprachproduktion bewährt hat. Wenn nämlich die Eingabemuster von dem gelernten/gespeicherten Muster, das als Prototyp der Klassifkation gilt, geringfügig abweicht, dann können diese dennoch richtig klassifiziert werden. Für Sprachproduktionsmodelle bedeutet Robustheit, in schwierigen Fällen, bei Überlagerungen des Aktivierungsflusses durch zufällig erzeugte, andere Aktivierung, eine Ausgabe zu produzieren, die in etwa der eigentlich induzierten Ausgabe entspricht. Eine andere ebenso wichtige Motivation, kognitive Prozesse mit konnektionistischen Modellen nachzubilden, liegt in deren Möglichkeit, Daten parallel verarbeiten zu können.

Für strukturelle Eigenschaften, wie sie für die Darstellung von Sprache bedeutsam sind, erweisen sich konnektionistische Modelle als vorteilhaft. Dies hat zur Folge, solche Prozesse konnektionistisch zu modellieren, die auf folgenden Prinzipien beruhen: "(1) the idea that processing in a multilayer processing system is continuous, so that information accumulates gradually over time and is propagated as it is built up, and (2) the idea that this kind of continuous processing may be interactive, so that influences can be bidirectional, flowing both from higher to lower levels and from lower levels to higher levels." (McClelland 1988, 115) Konnektionistische Systeme haben dort Nachteile, wo versucht werden muß, sequentielle Abläufe zu modellieren, in denen Information von einem Teilprozeß zum anderen weitergegeben werden und Unidirektionalität den Prozeß konstituiert. Bei Expertensystemen mit Erklärungskomponente gilt dieses. Wird ein solches Expertensystem konnektionistisch konstruiert und läßt man auf dem Netzwerk eine Lernkomponente operieren, dann ist die Art und Weise, wie Folgerungen gezogen werden, nicht mehr ohne weiteres zu rekonstruieren (Hoeppner 1988; Lischka 1989). Ein Vorteil des konnektionistischen Ansatzes liegt in einer gewissen Vergleichbarkeit mit biologischen Systemen. Dieser Aspekt wurde in der bisherigen KI-Forschung nicht berücksichtigt. Für Varela (1990, 68) gibt es daher keinen Zweifel, daß die bisher entwickelten Konzepte bereits ausreichen, um visuelle Wahrnehmung oder Spracherkennung lösen zu können.

Forschungen aus dem Bereich der Neurowissenschaft belegen, wie problematisch die Vorstellungen des Kognitivismus geworden sind, wenn ein sehr einfacher Vorgang wie der des Neigens eines Körpers (Allman et al. 1985) zu völlig veränderten neuronalen Reaktionen führt, obwohl der wahrgenommene Gegenstand un-

244

verändert geblieben ist. Für die Neurowissenschaft ist damit klar geworden, daß Neuronen als Ensembles von nicht zu unterschätzender Größe vorzustellen sind, die sich ständig wandeln, wobei dies in Abhängigkeit vom jeweiligen Kontext erfolgt. Alles ist reziprok verknüpft, die Zellen sind mit anderen so verbunden, daß diese wieder mit anderen rückverbunden sind; es entsteht eine große Systemstabilität, die mit dem Stichwort "Kooperativität" der Neuronen umschrieben wird. Deutlich ist, daß Aktivitäten einer einzelnen Zelle stets die Aktivität anderer auslösen, wobei dies lokale oder globale Auswirkungen nach sich ziehen kann. "Man kann das gesamte Gehirn nach der Art der Zellen und Funktionsbereiche in Einzelabschnitte unterteilen. ... Alle diese Einzelteile bestehen aus komplexen Netzwerken von Zellen, die sich aber auch untereinander nach der Art eines Netzwerkes verknüpfen. Das gesamte System entwickelt daher eine innere Kohärenz über höchst verwickelte Muster" (Varela 1990, 73).

Zur Demonstration, welche Konsequenzen diese andere Sichtweise letztlich nach sich zieht, erläutert Varela Ergebnisse zum Wahrnehmungsvorgang. Der Sehnerv verbindet Auge und Thalamus sowie Auge und visuellen Cortex. Das, was im Thalamus - genauer im lateralen Kniehöcker - verarbeitet werden muß, kommt nun nicht vom Auge her, sondern die Impulse vom Auge betragen 20% des Energiepotentials, das an dieser Stelle zu beobachten ist. 80% der Energie (Varela/ Singer 1987) entstammen Aktivitäten aus dem visuellen Cortex, dem "formatio reticularis", "colliculus superior" und Hypothalamus. Die neurologischen Befunde zum Sehen können als Hinweis auf die Arbeitsweise des ganzen Gehirns gesehen werden. Dabei ist das Sehen ein wichtiges Beispiel, da hier die Forschung am weitesten vorangeschritten ist. Grosberg (1984) hat in seinen Detailstudien begründet, warum nicht das einzelne Neuron bedeutsam ist, sondern daß seine Wirksamkeit im Hinblick auf die Funktion in Netzwerken Bedeutung erlangt.

8.4 Sprache und "Wirklichkeit erzeugende Systeme"

Varela (1990, 89) kritisiert an der bisherigen KI-Entwicklung, daß ihr, wenn sie über Kognition spricht, eine Auseinandersetzung mit dem "gesunden Menschenverstand" fehle. Während im Kognitionismus von informationellen Merkmalen, die Eigenschaften der Welt repräsentieren, die Rede sei und von dafür geeigneten Problemlösestrategien, tue man so, als sei Welt etwas in sich wohl Definiertes. Ein Umstand, der von keinem ohne eine hochgradige Abstraktion nachvollzogen werden kann. Denn die Erfahrung lehrt permanent, daß jene Wohlgeordnetheit nicht besteht, sondern gerade das Gegenteil ist wahrnehmbar, daß nämlich mühsam erreichte Ordnungen sich sogleich wieder umwandeln und Zustände eintreten, die eben nicht erwartet worden sind.

Die größere kognititve Erklärungkraft ist daher jenen Modellen zuzuweisen, die aus einem weiten Kreis von Wahrnehmungseindrücken Probleme zu erfassen in der Lage sind. Probleme sind insofern nicht vorgegeben, sondern werden handelnd erzeugt und aus einem spezifischen Hintergrundkontext hervorgebracht. Das Wichtige an sich gibt es nicht, es ist ein Ereignis des handelnden Subjekts. Verstehen wird nicht durch eine Abbildrelation von der Außenwirklichkeit auf das Gehirn erfaßbar, sondern muß aus dem Handeln und Erkennen eines jeden einzelnen gedeutet werden, das in einen ihn umfassenden Kontext eingebettet ist, der auf diese Weise wiederum wirksam wird. Varela (1990, 109) zieht daraus den Schluß: "Das Gehirn ist ein Organ, das Welten festlegt, keine Welten spiegelt"- und (1990, 110) "Wenn aus dieser Perspektive heraus nach Konsequenzen für das Verstehen von Sprache und Sprachentwicklung gefragt wird, dann würde das eine radikale Abkehr von Vorstellungen nach sich ziehen, die gegenwärtig das linguistische Paradigma beherrschen."

Sprache hat nicht die Funktion einer formalen Wissensrepräsentation, indem Zeichen Entitäten zugewiesen werden, die als Merkmalskonfigurationen gedacht oder als prototypische Gestalten vorzustellen sind. Sprachverstehen ist nicht Entschlüsseln von Botschaften eines Senders auf der Basis gemeinsamer Codes

(Schmidt 1994, 55). Sprache ist ein Sammelbegriff für den Umgang mit Zeichen in Abhängigkeit von den wahrnehmungspsychologischen Möglichkeiten, den neurophysiologischen Grundlagen, dem Austausch von Objekten der Außenwelt und innerorganischen Prozessen, immer mitgetragen von der Interaktion der Benutzer untereinander, die das Wahrgenommene und Verarbeitete über Zeichen untereinander austauschen und auf diese Weise Sinn herstellen. Information und Botschaft sind nicht Entitäten an sich, sondern stellen sich bei der genannten Perspektive als etwas dar, was jeweils in Situationen erzeugt wird und in den Köpfen der Teilnehmer eines Kommunikationsprozesses produziert werden muß. Sprache schafft Wirklichkeit (Baecker et al. 1992, 120). Den Unterschied zum Kognitivismus verdeutlicht Varela (1990, 118) durch eine Reihe von Begriffsoppositionen:

von	zu
aufgabenbezogen	kreativ
Problemlösung	Problemdefinition
abstrakt, symbolisch	historisch, körperbezogen
universal	kontextsensitiv
zentralisiert	verteilt
sequentiell, hierarchisch	parallel
vorgegebene Welt	hervorgebrachte Welt
Repräsentation	wirksames Handeln
Implementation durch Konstruktion bzw. Technik	Implementation durch evolutionäre Strategien
abstrakt	verkörpert

Zu klären ist bei der rechtsspaltig beschriebenen Position, wie diese ermöglicht wird. Der radikale Konstruktivismus glaubt dies durch vier Begriffe leisten zu können: Diskurs, kommunales System, kulturelle Mythen und Sprachskripte. Gergen (1985a, 1986, 1989) sieht Wirklichkeit erst durch den kommunalen sprachlichen Diskurs hergestellt. "Individuelle Beschreibungen und Charakterisierungen der eigenen Person ergeben sich nicht aus den Erfahrungen, die jemand mit dem Verstand, seinem Geist selbst macht, sondern aus den kulturell definierten Konventionen der Verständigung und des Verstehbaren. Die Sprache des Sich-Selbst Verstehens hat sich nicht aus dem spezifischen Charakter des individuellen Selbst entwickelt, sondern aus Metaphern, bildlichen Ausdrücken, Sprachfiguren und anderen Konventionen des kommunalen Diskurses" (Gergen 1985).

Zu analysieren sind der "kommununale Diskurs" bzw. seine elementaren Einheiten, die einzelnen "Sprachskripte" und die hinter ihnen stehenden "Mythen". Kommunale Systeme lassen sich nach unterschiedlichen Ebenen differenzieren. Mythen sind umfassende Strukturen, die Sprachskripten und Interaktionsequenzen Sinn zuweisen und Plausibilität ermöglichen. Die individuellen Wirklichkeitskonstruktionen werden durch die im Diskurs ventilierten Sprachskripte und Metaphern bestimmt. Die Grundannahme wird durch die Vorstellung bedingt, wir könnten nur zu uns selbst sprechen, wie wir mit anderen sprechen; und die Art und Weise, wie wir mit uns selbst sprechen, prägt Wahrnehmen und Denken. Was ein Wort wie "freundlich" bedeutet, kann nur erfahren werden, wenn selber Wissen und Erfahrung durch einen Diskurs vorhanden sind, in dem das Wort verwendet worden ist. Nur dann werden die dazugehörenden Symptome an mir wahrgenommen werden können.

Um ein sozialdeterministisches Menschenbild zu vermeiden, das Menschen auf Träger kommunal definierter Sprachskripte reduziert, werden drei radikal konstruktivistische Konzepte vorgeschlagen: die Konzepte Strukturdeterminismus und die darauf aufbauenden Annahmen informationeller Geschlossenheit und orientierender Interaktion. Der Begriff des Strukturdeterminismus entstammt der Kognitionstheorie von Maturana (Roth 1986).

Nach Maturana wird das Verhalten eines Organismus durch dessen Struktur bestimmt und nicht durch irgendwelche Umweltreize (bei Maturana: das Medium). Reize der Umwelt stellten Störungen dar, auf welche der Organismus strukturspezifisch reagiere, ein Organismus nehme nicht Information auf, sondern er erzeuge sie selbst unter kontinuierlicher Veränderung der eigenen Struktur: der Organismus sei informationell geschlossen.

"Es bleibt dem Gesprächspartner überlassen auszuwählen, wohin er sich in seinem kognitiven Bereich aufgrund einer sprachlichen Interaktion orientiert" (Maturana 1985, 58). Kommunikation wird als erfolgreiche sprachliche Interaktion gedeutet, welche mit einem funktionalistischen Verständnis von Sprache und Kommunikation erklärbar ist wie beispielsweise als Sprachspiel im Sinne von Wittgenstein (Schmidt 1990). Individuen sind nicht gezielt beeinflußbar, sondern in ihren Konstruktionen autonom. Dies aber widerspricht der sozialkonstruktionistischen Annahme einer sozialen Determiniertheit. Die Lösung wird in der Annahme gesucht, daß die individuellen Wirklichkeitskonstruktionen von Menschen größtenteils im Diskurs kommunal hergestellte, kulturelle Wirklichkeiten sind. Als autonome, informationell geschlossene Systeme sind Personen einer solchen kulturell vorgegebenen Wirklichkeit nicht ausgeliefert, denn sie besitzen die Fähigkeit, diese Wirklichkeit zu reflektieren, umzudefinieren oder eine Auswahl von Mythen und Sprachskripten vorzunehmen.

Das Sammeln von Sprachskripten erfolgt unter dem Blickwinkel, daß diese nicht nur im Diskurs existieren, sondern unabhängig davon auch eine psychische Realität für den Einzelnen darstellen. Sprachskripte strukturieren das Erleben und sind verhaltensrelevant; sie sind reflektierbar und als individuelle psychische Realität sowohl zu beeinflussen als auch zu verändern. Die Wirklichkeitsprüfung will durch das Sammeln und die Darstellung von Sprachskripten zu einer Distanzierung und Reflexion der kulturell vorgegebenen Wirklichkeit führen. Die Wirklichkeitsprüfung hat nicht die Abbildung von Realität zum Ziel.

Der Kommunikatbildungsprozeß wird als ein komplexer kognitiver Vorgang verstanden, der immer dann initiiert wird, wenn ein sprachlich sozialisiertes Individuum in einer konkreten Situation mit einem Text als Medienangebot konfrontiert wird. Das Individuum nimmt dann diesen als Text in einer natürlichen Sprache wahr. Das bedingt zugleich spezifische kognitive Prozesse für die Bearbeitung. Wichtig ist hierbei die Einmaligkeit des Vorgangs; weil Bewußtseinsprozesse "ereignisförmig" sind, ist der Kommunikationsprozeß flüchtig und nicht wiederholbar (Schmidt 1994, 126), etwas was aus dem Bereich der Mündlichkeit selbstverständlich ist. Das ist auch dann der Fall, wenn derselbe Text neuerlich rezipiert wird.

An diesem Vorgang tritt eine Reihe von Komponenten als konstitutiv hervor; es wird von Prozeßfaktoren gesprochen. In der linguistischen Textverstehensforschung werden darüber hinaus Modelle erörtert, wie das Verstehen aufgrund der Strukturierung des Kommunikatbildungsprozesses und aus der Identifikation psychischer wie sozialer Einflußgrößen rekonstruiert werden kann. Genannt werden sog. Wissenskomponenten, Strategien, gesprochen wird von Plänen, Mikro- und Makrostrukturen sowie Inferenzoperationen. Es werden Gedächtnis- und Schemamodelle entwickelt, die das Problem der sogenannten Repräsentation von Wissen im Bewußtsein erklären sollen, was zu den bereits erörterten Problemen der Abbildung führt, so daß klar erkennbar eine Akzentverlagerung von Schematheorien weg auf Wissenstheorien hin festzustellen ist.

Das Konzept des Horizontes (Brinkmann 1965) eröffnete textlinguistisch bzw. texttheoretisch zu Beginn der 70er Jahre der Linguistik erstmals einen Zugang, Text und Kontext/Situation als sprachverarbeitendes Bewußtsein bei der Analyse von kognitivem Textverstehen zu berücksichtigen. Dies wird mit Hilfe des Konzepts "Kenntnissystem" zu systematisieren versucht (Scherner 1991). Erörtert wird, welche Kenntnisse Kommunikationspartner unter konkreten Handlungsbedingungen für die Textproduktion und Textinterpretation aktualisieren müssen (Vieweger 1987, 4). Diese Kenntnisse werden als ein System, bestehend aus eigenständigen Modulen, die ihre eigenen Strukturen ausbilden, theoretisch konzipiert. Dabei wird unterschieden zwischen dem sprachlichen Wissen (mit syntaktischen, semantischen, morphologischen, phonologischen und lexikalischen Subsystemen), einem pragmatischen Wissen (mit den Subsystemen konzeptionelles System, Alltagswissen, enzyklopädisches Wissen, Konversationsmaximen), einem Kenntnissystem für die Strukturierung des Informationsgehalts einer Äußerung nach Fokus und Hintergrund (= neu/ nicht neu im jeweiligen Kontext), dem Illokutionswissen (System des Interaktionswissens), dem prozessualen Wissen (Wissen für die Strukturierung und

Formulierung sprachlicher Äußerungen) sowie dem Textsortenwissen und dem affektiven System. Solche Kenntnis- bzw. Fähigkeitssysteme erinnern in ihrem Modulkonzept an die bereits in Frage gestellten Arbeitsweisen von Computern oder die Ideen des orthodoxen Kognitivismus (Scherner 1991).

Im Unterschied zu Modularitätsmodellen bietet Busse (1992) ein Konzept, das Wissen als Fähigkeit interpretiert, eine Heuristik zu entwickeln, die in der Lage ist, verstehensrelevantes Wissen aufzudecken und damit mündliche und schriftliche Kommunikationssituationen zu interpretieren. Dabei wird zwischen einer Ebene des Wissens, das sich auf den Verstehensprozeß bezieht, unterschieden und davon abgetrennt von Typen von Wissen gesprochen, die innerhalb der Ebenen unterschieden werden können, was wiederum zu differenzieren ist von Modi des Wissens, die den epistemischen Status einzelner Wissenselemente bestimmen. Entsprechend wird die formale bzw. funktionale Differenzierung von der materialen bzw. inhaltlichen im Gegensatz zur modalen unterschieden (1992, 141).

Wird der Diskussionsstand über die verstehensbeeinflussenden Faktoren in den Kognitionswissenschaften und der Linguistik zusammengefaßt, tritt deutlich die Schwierigkeit zutage, diese Faktoren und ihre Relationen genauer zu bestimmen, ohne wieder in ein als unangemessen empfundenes Denken zu verfallen. Varela (1990) charakterisiert den Stand der Überlegungen mit dem Hinweis, daß man in letzter Zeit nicht viel Genaueres gelernt habe, als daß Verstehen etwas sei, was "den ganzen Menschen" in seiner Lebensgeschichte und diese in ihrer jeweiligen gesellschaftlichen Situation zu erfassen scheint. Faktoren-Dimensionen wirken so kognitiv zusammen, daß durch kognitive Selbstorganisation Ordnungen (= Kommunikate) "emergieren", welche vom kognitiven System selbst nur bis zu einem gewissen Grad bewußt mitverfolgt, sicherlich nicht durchgehend intentional gesteuert werden.

Heuristisch bleibt nur die Möglichkeit, zwischen bestimmten Dimensionskontrukten zu unterscheiden. So können Medienangebote als Auslöser spezifischer Kommunikatbildungsprozesse angesehen werden, Präsuppositionen aus der biographischen Situation "verstehender" Individuen anzusprechen, wo allgemeine und spezielle Erwartungen an Ziele und intendierte Anschlußhandlungen ins Zentrum rücken. Die Anforderungen an den Umgang mit spezifischen Medienangeboten erzeugen kognitive Dispositionen, zu der die Differenziertheit des Wirklichkeitsmodells eines Individuums (z. B. Umfang und Komplexität verfügbarer Vorinformationen) zu zählen ist, wobei dem Gedächtnis als Produktionsinstanz für Wissen jeder Art eine besondere Rolle zukommt. In diesem Zusammenhang sind Diskrepanz- und Komplexitätstoleranzen, affektive Zustände, Interesse am Thema, Anmutungsqualitäten usw. zu berücksichtigen (Früh 1980). Ein weiteres Dimensionskonstrukt baut sich auf aus Konventionen wie Sprechaktkonventionen, literarischen Konventionen, sozialen Konventionen und den Strategien zur Makro-Strukturbildung, Inferenz- und Elaborationsstrategien, Lesestrategien. Nicht übergangen werden können Kosten-Nutzen-Erwägungen und allgemein alle Formen der Relevanzabschätzung.

"Der Wissensbestand der modernen Gesellschaft ist weder in seinem Geltungsanspruch noch in der Einschätzung seiner Entwicklungsmöglichkeiten durch Bezug auf Bewußtseinsprozesse zu erfassen. Er ist ein Artefakt von Kommunikation; und was daran erstaunlich ist, ist dann nicht so sehr, daß die Welt so ist, wie sie in der modernen Wissenschaft konstruiert wird, sondern daß unter den Bedingungen dieser Konstruktion Kommunikation immer noch fortgesetzt werden kann. Das aber erklärt sich evidentermaßen nicht aus der Kapazität des (welchen?!) Bewußtseins, sondern aus den Möglichkeiten der Zwischenlagerung, die der Buchdruck und inzwischen die elektronische Datenverabeitung eröffnet haben" (Luhmann 1990, 53).

Literatur

Abraham, W. / Meij de, S. (eds.): Topic, focus, and configurationality. Amsterdam Benjamins 1986.

Adjukiewicz, K.: Die syntaktische Konnexität. Studia philosophica Vol. I 1935, 1-27.

Aebli, H.: Cognitive development: Schemata, systems and the structural puzzle. Seiler, T.B./Wannenmacher, W. (eds.): Concepts development and the development of word meaning. Berlin Springer 1983, 54-66.

Aitchison, J.: Der Mensch, das sprechende Wesen. Eine Einführung in die Psycholinguistik. Tübingen Narr 1982.

Alajouanine, T. / Ombreddane, A. / Durand, M.: Le Syndrome de desintegration phonetique dans l'aphasie. Paris Masson 1939.

Alajouanine, T. / Pichot, P. / Durand, M.: Dissociations des altération phonétiques avec conversation relative de la langue anciennce dans un cas d'anathrie pure chez un sujet francais bilingue. Énzcephale 28 1949, 245-246.

Albert, M.L./ Bear, D.: Time to understand: A case study of word deafness with reference to the role of time in auditory comprehension. Brain 97 1974, 373-384.

Allman, J. / Meizen, F. / McGuiness, E.: Annual Review of Neuroscience 8 1985, 407-430.

Allport, D.A./ Funnel, E.: Components of the mental lexicon. Philosophical Transactions of the Royal Society of London 1981, 397-410.

Allport, D.A.: Language and cognition. Harris, R. (Hrsg.): Approaches to language. Oxford Pergamon Press 1983.

Anderson, J.: Language, memory and thought. Hillsdale Lawrence Erlbaum 1976.

Anderson, J.R.: Cognitive psychology and its implications. San Francisco 1980 (= Kognitive Psychologie, eine Einführung. Heidelberg Spektrum der Wissenschaft Verlagsgesellschaft 1988).

Anderson, J.R.: Arguments concerning representations for mental imagery. Psychological Review 85 1978, 249-277.

Anderson, J.R./ Pichert, J.W.: Recall of previously unrecallable information following a shift in perspective. Journal of verbal Learning and verbal behavior 17, 1978 1-12.

Anderson, J. R./ Pirolli P.L.: Spread of activation. Journal of Experimental Psychology: Learning, Memory and Cognition 10 1984, 791-798.

Anglin, J.: Word, object and conceptual development. New York Norton 1977.

Arbib, M. A. / Hesse, M. B.: The construction of reality. Cambridge Cambridge University Press 1986.

Arbib, M. A.: The metaphorical brain. Neural networks and beyond. New York Wiley 1989.

Aschman, H.P.: Totonaco phonemes. International Journal of American Linguistics 12 1946, 34-43.

Ashby, W.R.: Design for a Brain. New York 1952.

Auerbach, S.H./ Allard, T./ Naeser, M./ Alexander, M.P./ Albert, M.L.: Pure word deafness: A analysis of case with bilateral lesion and a defect at the prephonemic level. Brain 105 1982, 271-300.

Augst, G.: Dialogfähigkeit von Kindern im Grundschulalter. Zeitschrift für Germanistische Linguistik 10 1982, 240-244.

Austin, J.: How to do things with words. Oxford University Press 1962.

Ausubel, D.P.: The psychology of meaningful verbal learning. New York Grune & Stratton 1963.

Baars, B.J.: On eliciting predictable speech errors in the laboratory. Fromkin, V. A. (eds.): Errors in linguistic performance. New York Academic Press 1980, 307-318.

Babkoff, H./ Genser, S./ Hegge, F.W.: Lexical decision, parafoveal eccentricity, and visual hemifield. Cortex 21 1985, 581-593.

Baddeley, A.D./ Lewis, V.: Inner active processes in reading: The inner voice, the inner ear, and the inner eye. Lesgold, A.M./ Perfetti, C.A. (eds.): Interactive processes in reading. Hillsdale Lawrence Erlbaum 1981.

Baecker, J., Borg-Laufs, M., Duda, L., Matthies, E.: Sozialer Konstruktivismus - eine neue Perspektive in der Psychologie. Schmidt, S.J. (Hrsg.): Kognition und Gesellschaft. Suhrkamp Frankfurt a.M., 116-145.

Baeriswyl, F.: Verarbeitungsprozesse und Behalten im Arbeitsgedächtnis. Heidelberg Asanger 1989.

Bailey, P.J./ Summerfield, Q.: Information in speech: Observations of stop cluster. Journal of Experimental Psychology: Human Perception and Performance 6 1980, 536-563.

Barlow, H.: Single units and sensation: A neuron doctrine for perceptual psychology. Perception 1 1972, 371-394.

Baron, R J.: Semantic components and conceptual development. Cognition 2 1973, 299-318.

Barrett, M.D.: Lexical development and overextension in child language. Journal of Child Language 5 1978, 205-219.

Barrett, M.D.: Distinguishing between prototypes: The early acquisition of the meanings of object names. Kuzcaj, S.A. (eds.): Language development: Syntax and semantics. Hillsdale Erlbaum 1982.

Bartlett, E.J.: Sizing things up: The acquisition of meaning of dimensional adjectives. Journal of Child Language 3 1976, 205-219.

Barwise, J./ Perry, J.: Situations and attitudes. Cambridge Mass. 1983.

Bache, C.: The order of premodifying adjectives in present-day English. Odense Odense University Press 1978.

Bates, E.: The emergence of symbols: Cognition and communication in infancy. New York Academic Press 1979.

Beattie, G.W./ Butterworth, B.: Contextual probability and word frequency as determinants of pauses and errors in spontaneous speech. Language and Speech 22 1979, 201-211.

Beaumont, J.G.: Einführung in die Neuropsychologie. Weinheim Beltz 1987.

Beauvois, M.-F./ Dérousné, J./ Bastard, V.: Auditory parallel to phonological alexia. Paper presented at the Third European Conference of the International Neuropsychological Society. Chianciano Italy 1980.

Beauvois, M.-F.,/ Dérousné J.: Phonological alexia: three dissocations. Journal of Neurology, Neurosurgery and Psychiatry 42 1979, 1115-1124.

Behaghel, O.: Deutsche Syntax. Bände 1-4. Heidelberg 1919-1923.

Bendix, E.M.: Componential analysis of general vocabulary. The Hague Mouton 1966.

Beneš, E.: Thema-Rhema-Gliederung und Textlinguistik. Sitta, H./ Brinker, K. (Hrsg.): Studien zur Texttheorie und zur deutschen Grammatik. Düsseldorf Schwann 1973, 42-62.

Benguerel, A.-P./ Cowan, H.A.: Coarticulation of upper lip protrusion in French. Phonetica 30 1974, 41-55.

Benson, D.F.: Neurologic correlates of anomia. Whitaker, H./ Whitaker, H.A. (eds.): Studies in neurolinguistics. Vol.4. New York Academic Press 1979.

Berndt, R.S./ Caramazza, A.: A redefinition of the syndrome of Broca's aphasia: implications for a neuropsychological model of language. Applied Linguistics 1 1980, 225-278.

Berndt, R.S.: Symptomm co-occurrence and dissociation in the interpretation of agrammatism. Coltheart, M./ Sartori, G./ Job, R. (eds.): The cognitive neuropsychology of language. London 1987.

Bernstein, B.: Studien zur sprachlichen Sozialisation. Düsseldorf Schwann 1972.

Bierwisch, M.: Eine Hierachie syntaktisch-semantischer Merkmale. Syntaktische Studien Berlin 1966, 29-86.

Bierwisch, M.: Fehler-Linguistik. Linguistic Inquiriy 1 1970, 397-414.

Bierwisch, M.: Grammatik des deutschen Verbs. Berlin Akademie Verlag 1971.

Bierwisch, M.: Major Aspects of the Psychology of Language. Linguistische Studien, Reihe A, Arbeitsberichte 114 1983, 1-38.

Bierwisch, M.: On the grammar of local prepositions. Bierwisch, M./ Motsch, W./ Zimmermann, I. (Hrsg.): Semantik und Lexikon. Berlin Akademie Verlag 1988, 1-66.

Bierwisch, M.: Psychologische Aspekte der Semantik natürlicher Sprachen. Motsch, W./ Viehweger, D. (Hrsg.): Richtungen der modernen Semantikforschung. Berlin Akademie Verlag 1983, 15-64.

Bierwisch, M.: Schriftstruktuktur und Phonologie. Probleme und Ergebnisse der Psychologie 43 1972, 21 44.

Bierwisch, M.: Semantische und konzeptuelle Repräsentation lexikalischer Einheiten. Ruzicka, R./ Motsch, W.: Untersuchungen zur Semantik. Berlin Akademie Verlag 1982, 61-99.

Bierwisch, M.: Some semantic universals of German adjectives. Foundations of Language 3 1967, 1-36.

Bierwisch, M./ Lang, E.: Grammatische und konzeptuelle Aspekte von Dimensionsadjektiven. Berlin Akademie Verlag 1987.

Bloomfield, L.: Language. 13.Aufl. London 1976 (1.Aufl. 1933).

Blumstein, S.E./ Tartter, V.C./ Michel, D./ Hirsch, B. Leiter, E.: The role of distinct features in the dichotic listening perception of vowels. Brain and Language

4 1977, 508-520.

Blumstein, S.E.: A phonological investigation of aphasic speech: Den Hague Mouton 1973.

Blumstein, S.E.: Some phonological investigations of aphasic speech. Goodglass, H./ Blumstein, S. (eds): Psycholinguistics and aphasia. Baltimore Johns Hopkins University Press 1973.

Bobrow, D.G./ Collins, A. (eds.): Representation and understanding. New York Wiley 1975.

Bobrow, D.G./ Winograd, T.: An Overview of KRL, or knowledge representation language. Cognitive Science 1 1977, 3-46.

Bobrow, D.G.: Natural language input for a computer problem-solving system. Minsky, M. (ed.): Semantic information processing. Cambridge Mass. 1968, 146-226.

Bock, J.K.: A sketchbook of production problems. Journal of Psycholinguistic Research 20 199, 141-160.

Bock, J.K.: Co-ordinating words and syntax in speech plans. Ellis, A.W. (ed.): Progress in the psychology of language. Vol. 3. London Erlbaum 1987, 337-390.

Bock, J.K.: Syntactic persistence in language production. Cognitive Psychology 18 1986, 355-387.

Bock, M.: Der Einfluß phonetischer und semantischer Faktoren auf das Behalten von visuell und akustisch dargebotenen Wörtern. Zur Charakteristik von kurz- und längerfristigen Speicherprozessen. Bochum Dissertation 1972.

Bock, M.: Wort-, Satz-, Textverarbeitung. Stuttgart Kohlhammer 1978.

Boden, M.: Artifical intellegence and natural man. New York Harvester Hassoks 1977.

Bolinger, D.L.: Verbal evocation. Lingua 10 1961, 113-127.

Bookman, L.A.: A microfeature based scheme for modelling semantics. IJCAI 87.2 1987, 611-614.

Boomer, D.: Hesitation and grammatical encoding. Language and Speech 8 1965, 215-220.

Boomer, D./ Laver, J.: Slips of the tongue. British Journal of Disorders of Communication 2 1968, 2-12.

Borer, H./ Wexler, K.: The maturation of syntax. Roeper, T./ Williams, E. (eds.): Parameter setting. Dordrecht Reidel 1987, 123-172.

Borer, H.: Parametric Syntax. Dordrecht Foris 1984.

Boueke, D./ Klein, W.: Alltagsgespräche von Kindern als "Interaktionsspiele". Frier, W. (Hrsg.): Pragmatik. Theorie und Praxis. Amsterdam 1981, 183-208.

Boueke, D./ Klein, W. (Hrsg.): Untersuchungen zur Dialogfähigkeit von Kindern. Tübingen Narr 1983.

Bousfield, W.A.: The occurence of clustering in the recall of randomly arranged associates. Journal of General Psychology 49 1953, 229-240.

Bower, G./ Clark, H./ Lesgold, A./ Winzenz, D.: Hierarchical retrieval schemes in recall of categorized word lists. Journal of Verbal Learning and Verbal Behavior 8 1969, 323-343.

Bower, G.H./ Karlin, M.B./ Dueck, A.: Comprehension and memory for pictures. Memory and Cognition 3 1975, 216-220.

Bowerman, M.: Systemtizing semantic knowledge: changes over time in the child's organization of word meaning. Child Development 49 1978, 977-987.

Boysson-Bardies, B. de/ Sagart, L./ Durand, C.: Discernible differences in the babbling of infants according to traget language. Journal of Child Language 11 1984, 1-15.

Bradshaw, J.L./ Gates, E.A.: Visual field differences in verbal tasks: Effects of task familiarity and sex of objects. Brain and Language 5 1978, 166-187.

Brain, L.: Statement of the problem. De Reuck, A.V.S./ O'Connor, M. (eds): Ciba foundation symposium on disorders of language. London Churchill 1964.

Bramwell, B.: Illustrative cases of aphasia. The Lancet 1897, 1256-1259 (=Reprinted in: Cognitive Neuropsychology 1 1984, 245-258).

Bransford, J.D./ Barclay, J.R./ Franks, J.J.: Sentence memory: A construktive versus interpretativ approach. Cognitive Psychology 3 1972, 193-209.

Bransford, J.D./ Franks, J.J.: The abstraction of linguistic ideas. Cognitive Psychology 2 1971, 331-350.

Braunmüller, K.: Referenz und Pronominalisierung. Tübingen Niemeyer 1977.

Bredenkamp, J./ Wippich, W.: Lern- und Gedächtnispsychologie. Band II. Stuttgart Kohlhammer 1977.

Bresnan, J. (ed.): The mental representation of grammatical relations. Cambridge Mass. MIT Press 1982.

Bresnan, J./ Kaplan, R.M.: Lexical-functional grammar: A formal system of grammatical representation. Bresnan, J. (ed.): The mental representation of grammatical relations. Cambridge Mass. 1982.

Bretherton, I./ Beeghly, M.: Talking about internal states: The acquisition of an explicit theory of mind. Developmental Psychology 18 1982, 906-921.

Brewer, W.F./ Treyens, J.C.: Role of schemata in memory for places. Cognitive Psychology 13 1981, 207-230.

Brewer, W.F./ Stone, J.B.: Acquisition of spatial antonym pairs. Journal of Experimental Child Psychology 19 1975, 299-307.

Broadbent, D.E.: The minimization of models. Chapman, A.J./ Jones, D.M. (eds.): Models of man. London 1980, 113-127.

Broadbent, D.E.: Perception and communication. London 1958.

Broadbent, D.E.: The role of auditory localization in attention and memory span. Journal of Experimental Psychology 47 1954, 191-196.

Broca, P.: Remarques sur le siege de la faculte du langage articule. Bulletin de la Societe d Anthropologie de Paris 1861, 377-393.

Broca, P.: Sur le siège de la faculté de langage articulé. Bulletin de la Societe d'Anthropologe VI 1865, 337-393.

Brown, J.W. (Hrsg.): Jargonaphasia. New York Academic Press 1981.

Brown, R./ McNeil D.: The "tip of the tongue" phenomenon. Journal of Verbal Learning and Verbal Behavior 5 1966, 325-337.

Brown, R.W./ Leneberg, E.H.: A study in language and cognition. Journal Abnorm. Soc. Psychology 49 1954, 454-462.

Brown, R.W.: Language and category. Bruner, J.S./ Goodnow, J.J./ Austin,

G.A. (eds.): A study of thinking. New York 1956, 247-312.

Brownell, H.H./ Michel, D./ Powerson, J./ Gardner, H.: Surprise but not coherence: Sensitivity to verbal humor in right-hemisphere patients. Brain and Language 18 1983, 20-27.

Bruner, J.: From communication to language-a psychological perspective. Cognition 3 1974/75, 255-287.

Bruner, J.: On cognitive growth. Bruner, J./ Olver, R./ Greenfield, P.M. (eds.): Studies in cognitive growth. New York Wiley 1966.

Bruner, J.: The role of dialogue in language. Sinclair, A./ Jarvella, R./ Levelt W.(eds.) The child's conception of language. Berlin Springer 1978.

Bruner, J./ Goodnow, J.J./ Austin, G.A.: A study of thinking. New York 1956.

Bruner, J.: Child's talk: Learning to use language. New York Norton 1983.

Bruner, J.: (Unter Mitarbeit von Rita Watson) Wie das Kind sprechen lernt. Bern Huber 1987.

Brünner, G.: "Wer oder was kennst du ?" Probleme des Grammatikunterrichts in der Grundschule. Detering, K. u.a. (Hrsg.): Sprache beschreiben und erklären, Band 1. Tübingen Niemeyer 1982, 136-146.

Bub, D./ Black, S./ Howell, J./ Kertesz, A.: Speech output processes and reading. Coltheart, M./ Sartori, G./ Job, R. (eds.): The cognitive neuropsychology of language. London Lawrence Erlbaum 1987.

Bub, D./ Kertesz, A.: Deep agraphia. Brain and Language 17 1982, 146-165.

Bub, D./ Kertesz, A.: Evidence for lexicographic processing in a patient with preserved written over oral single word naming. Brain 105 1982, 697-717.

Buckingham, H.W.: On correlating aphasic erros with slips of the tongue. Applied Psycholinguistics 1 1980, 199-220.

Buckingham, H.W./ Kertesz, A.: Neologistic jargon aphasia. Amsterdam Swets Zeitlinger 1976.

Bühler, K.: Sprachtheorie. Die Darstellungsfunktion der Sprache. (=Ungekürzter Neudruck der Ausgabe Jena 1934) Stuttgart Fischer 1982.

Butterworth, B.: Hesitation and the production of verbal paraphasias and neologisms in jargon aphasia. Brain and Language 8 1979, 133-161.

Butterworth, B.: Speech errors. Old data in search of new theories. Linguistics 19 1981, 627-662.

Bierwisch, M.: Grammatik des Verbs. Berlin Akademie Verlag 1963.

Bradshaw, J.L.: Right-hemispere language: A review of related issues. Brain and Language 10 1980, 172-188.

Butterworth, B.: Some constraints on models of language production. Butterworth, B. (ed.): Language production. Vol.1. Speech and talk. London Academic Press 1980.

Butterworth, B.: Lexical representation. Butterworth, B. (ed.): Language production. Vol.2. Development, writing, and other language processes. London Academic Press 1983.

Campbell, R.: Cognitive neuropsychology. Claxton, G. (ed.) New directions in cognition. London Routledge and Kegan Paul 1987.

Caplan, D./ Kellar, L./ Locke, S.: Inflection of neologisms in aphasia. Brain 95 1972, 169-172.

Caramazza, A./ Basili, A.G./ Koller, J.J./ Berndt, R.S.: An investigation of repetition and language processing in a case of conduction aphasia. Brain and Language 14 1981, 235-271.

Caramazza, A./ Berndt, R.S./ Basili, A.G.: The selective impairment of phonological processing: a case study. Brain and Language 18 1983, 128-174.

Caramazza, A./ Gordon, J./ Zurif, E.B./ DeLuca, D.: Right-hemispheric damage and verbal problem solving behavior. Brain and Language 3 1976, 41-46.

Caramazza, A./ Zurif, E.B.: Dissociation of algorithmic and heuristic prozesses in language comprehension: evidence from aphasia. Brain and Language 3 1976, 572-582.

Caramazza, A.: On drawing inferences about the structure of normal cognitive systems from the analysis of patterns of impaired performance: the case for single-patient studies. Brain and Cognition 5 1986, 41-66.

Caramazza, A.: The logic of neuropsychological research and the problem of patient classification in aphasia. Brain and Language 21 1984, 9-20.

Carey, S.: Semantic development- state of the art. Wanner, E./ Gleitman, L. (ed.): Language acquisition. Cambridge Cambridge University Press 1982, 347-389.

Carey, S.: Constraints on the meanings of natural kind terms. Seiler, T.B. / Wannenmacher, W. (Hrsg.): Begriffs- und Wortbedeutungsentwicklung. Berlin Springer 1983, 126-143.

Carey, S.: The child as a word learner. Halle, M./ Bresnan, J./ Miller, G.A. (eds.): Linguistic theory and psychological reality. Cambridge Mass. MIT Press 1978.

Carnap, R.: Der logische Aufbau der Welt. Scheinprobleme in der Philosophie. Berlin 1928.

Cauzinille-Marmeche, E./ Dubois, D./ Mathieu, J.: Catégories et processus de catégorisation. Netchine-Greenberg, G. (ed.): Dévelopement et fonctionement cognitifs chez l'enfant. Paris PUF 1990, 93-119.

Cavalli-Sforza, L.L.: Spectrum der Wissenschaften 1 1992, 90.

Cazden, C.B.: Child language and education. New York Holt Rinehart and Winston 1972.

Cazden, C.B.: Environmental assistance to the child's acquisition of grammar. Unpublished doctoral dissertation. Harvard University 1965.

Changeux, J.P.: Der neuronale Mensch. Wie die Seele funktioniert - die Entdeckungen der neuen Gehirnforschung. Reinbek Rowohlt 1984.

Charolles, M.: Coherence as a prinziple in regulation of discursive production. Heydrich, W./ Neubauer, F./ Petöfi, J.S./ Sözer, E. (eds.): Connexity and coherence. Analysis of text and discourse. Berlin de Gruyter 1989, 3-15.

Cheang, K.: Semantik der Deixis. Eine organismische Analyse sprachlicher Deixis. Opladen Westdeutscher Verlag 1990.

Cherry, E.E.: Some experiments on the recognition of speech, with one and with two ears. Journal of the Acoustical Society of America 25 1953, 975-979.

Chiarello, C./ Dronkers, N.F./ Hardyck, C.: Choosing sides. On the variability of language lateralization in normal subjects. Neuropsychologica

22 1984, 363-374.

Chiarello, C./ Senehi, J./ Soulier, M.: Viewing conditions and hemisphere asymmetry for the lexical decision. Neuropsychologica 24 1986, 521-529.

Chiarello, C.: Lateralization of lexical processes in normal brain: A review of visual half-field research. Whitaker, H.A. (ed.): Contemporary reviews in neuropsychology. Springer New York 1988, 36-76.

Chomsky, N./ Halle, M.: The sound pattern of English. New York Harper & Row 1968.

Chomsky, N.: Three Models for the descriptione of language. I.R.E.Transactions on Information Theory Vol. IT-2/3 1956, 113-24.

Chomsky, N.: Aspects of the theory of syntax. Cambridge Mass. 1965.

Chomsky, N.: Lectures on government and binding. Dordrecht Foris 1981.

Chomsky, N.: Syntactic Structures. The Hague Mouton 1957.

Chomsky, N.: Knowledge of language: Its nature, origin, and use. New York 1986.

Churchland, P.M.: Eliminative materialism and the propositional attitudes. Journal of Philosophie 78 1981, 67-90.

Churchland, P.M.: Matter and consciousness. A contemporary introduction to the philosophy of mind. Cambridge Mass. MIT Press 1984.

Clahsen, H.: Constraints on parameter setting. A grammatical analysis of some acquisation stages in German child language. Düsseldorf Ms 1989.

Clahsen, H.: Der Erwerb des Syntax in der frühen Kindheit. Wuppertal Dissertation 1981.

Clahsen, H.: Normale und gestörte Kindersprache. Linguistische Untersuchungen zum Erwerb von Syntax und Morphologie. Amsterdam/ Philadelphia Benjamins 1988.

Clark, E.V.: Meanings and concepts. Mussen, P. (Hrsg.): Handbook of child psychology. Vol III. New York Wiley 1983.

Clark, E.V.: The ontogenesis of meaning. Wiesbaden Athenaion 1979.

Clark, E.V.: What's in a word? On the child´s acquisition of semantics in his first language. Moore, T.E. (Hrsg.): Cognitive Development and the acquisition of language. New York Academic Press 1973, 65-110.

Clark, H./ Clark, E.V.: Psychology and language. An introduction to psycholinguistics. New York Harcourt 1977.

Clements, G.: The geometry of phonology features. Phonology Yearbook 2 1985, 225-254.

Code, C.: Language, aphasia and the right hemisphere. Chichester John Wiley 1987.

Cohen, A.: Connecting speech error in a shadowing task. Fromkin, V.A. (Hrsg.): Error in Linguistic performance. New York Academic Press 1980, 157-163.

Cohen, G./ Freeman, R.: Individual differences in reading strategies in relation to cerebral asymmetries. Requin, J. (Hrsg.): Attention and performance VII. Hillsdale Lawrence Erlbaum 1978, 411-426.

Coltheart, M./ Funnell, E.: Reading and writing: One lexicon or two? Allport, D.A./ MacKay, D.G./ Prinz, W./Scheerer, E. (Hrsg.): Language perception and production: Shared mechanisms in listening, reading and writing. London Academic Press 1987.

Coltheart, M.: A Deep dyslexia: a review of the syndrome. M.Coltheart/ Patterson, K.E/ Marshall, J.C. (Hrsg.): Deep dyslexia. London Routledge 1980.

Coltheart, M.: Deep dyslexia: a right-hemispheric hypothesis. Coltheart, M./ Patterson, K.E./ Marshall J.C. (eds.): Deep dyslexia. London Routledge 1980.

Coltheart, M.: Cognitive neuropsychology. Posner, M./ Marin, O.S.M. (eds.): Attention and Performance XI. Hillsdale Lawrence Erlbaum 1986.

Coltheart, M.: Disorders of reading and their implications for models of normal reading. Visible Language 15 1981, 245-286.

Cooper, W. E./ Ross J. R.: World order. Papers from the parasession on functionalism. Grossmann, L.J./ San, T./ Vance, J. Chicago Chicago Linguistic Society 1975.

Cordier, F./ Dubois, D.: Typicalite et representation cognitive. Cahiers de psychologie cognitive 1 1981, 299-333.

Coseriu, E.: Pour une sémantique diachronique structurale. Travaux de linguisàque et de linérnture 2.1. 1964, 139-186 (=Für eine strukturelle diachrone Semantik. Geckeler, H. (Hrsg.): Strukturelle Bedeutungslehre. Darmstadt Wissenschaftliche Buchgesellschaft 1978, 90-163).

Cotton, J.: Normal "visual hearing". Science 82 1935, 592-593.

Cottrell, G.W.: Connectionist parsing. Proceedings of the Seventh Annual Conference of Cognitive Science. Irvine CA Erlbaum 1985, 201-211.

Cottrell, G.W./ Small, S.: A connectionistic scheme for modelling word sense disambiguation. Cognition and Brain Theory 1 1983, 89-120.

Cottrell, G.W.: A connectionist apprach to word sense disambiguation. San Mateo CA Kaufmann 1989.

Coughlan A.K./ Warrington, E.K.: The impairment of verbal semantic memory: a single case study. Journal of Neurology, Neurosurgery and Psychiatry 44 1981, 1079-1083.

Coulmas, F.: Über Schrift. Frankfurt a.M. Suhrkamp 1981.

Crain, S./ Steedman, M.: On not being led up the garden path: The use of context by the psychology syntax processor. Dowty, D.R./ Karttunen, L./ Zwicky, A.R. (eds.): Natural language parsing. Cambridge Cambridge University Press 1985, 320-358.

Cresswell, M. J.: Logic and Languages. London Methuen 1973.

Critchley, M.: Speech and speech-less in relation to the duality of the brain. Mountcastle, V. (ed.): Interhemispheric relations and cerebral dominance. Baltimore Johns Hopkins University Press 1962.

Cromer, R.: The cognitive hypothesis of language acquisition and its implications for child language deficiency. Morehead, D./ Morehead, A. (eds.): Normal and deficient child language. Baltimore University Park Press 1976.

Crompton, A.: Syllables and segments in speech production. Linguistics 19 1981, 663-716.

Cruse, D. A.: The Pragmatics of lexical specificity. Joumal of Linguistics 13 1977, 153-164.

261

Cruse, D.A.: Lexical semantics. Cambridge Cambridge University Press 1987.

Daniloff, R.G./ Hammarberg, R.E.: On defining coarticulation. Journal of Phonetics 1 1973, 239-248.

Darwin, C.J.: Ear differences in the recall of fricatives and vowels. Quarterly Journal of Experimental Psychology 23 1971, 46-62.

Da Valois, R.L./ Abramov, I./ Jacobs, G.H.: Analysis of response patterns of LGN Cells. Journal of the Optical Society of America 56 1966, 966-977.

Danks, J.H./ Glucksberg, S.: Psychological scaling of adjective orders. Journal of Verbal Learning and Verbal Behavior 10 1971, 63-67.

Danks, J.H./ Glucksberg, S.: Experimental Psycholinguistics. Annual Review of Psychology 31 1980, 391-417.

Day, J.: Right-hemisphere language processing in normal right-handers. Journal of Experimental Psychology: Human Perception and Performance 3 1977, 518-528.

Deese, J.: Form class and the determinants of association. Journal of Verbal Learning and Verbal Behavior 1 1962/63, 79-84.

Deese, J.: The structure of associations in language and thought. Baltimore Johns Hopkins University Press 1965.

Déjerine, J.: Sémiologie des affections du systeme nerveux. Paris Masson 1914.

Dell, G.S./ Reich, P.A.: Slips of the tongue.The facts and a stratificational model. Copeland, J.E./ Davis, P.W. (eds.): Papers in cognitive Stratifica-tional Linguistics. Vol. 66 1980, 19-34.

Dell, G.S./ Reich, P.A.: Stages in sentence production. Analysis of speech error data. Journal of Verbal Learning and Verbal Behavior 20 1981, 611-629.

Dell, G.S.: A spreading activation theory of retrieval in science production. Psychological Review 93 1986, 263-321.

Dell, G.S.: Positive feedback in hierarchical connectionist models: Applications to language production. Cognitive Science 9 1985, 3-33.

Dell, G.S.: Representation of serial order in speech: Evidence the repeated phoneme effect in speech errors. Journal of Experimental Psychology: Learning, Memory and Cognition 10 1984, 222-233.

Dell, G.S.: Phonological and lexical encoding in speech production: an analysis of naturally occurring and experimentally elicited speech errors. University of Toronto Unpublished doctoral dissertation 1980.

Demuth, K.: Maturation and the acquisition of the Sesotho passive. Language 65 1989, 56-80.

Denes, G./ Semenza, C.: Auditory modality-specific anomia: Evidence from a case study of pure word deafness. Cortex 11 1975, 401-411.

Dijk, T.A. van/ Kintsch, W.: Strategies of discourse comprehension. London Academic Press 1983.

Dijk, T.A. van: Text and context. Explorations in the semantics and pragmatics of discourse. New York Longman 1977.

Dingler, H.: Von der Tierseele zur Menschenseele. 1941.

Dirven, R./ Radden, G. (eds.): Concepts of case. Tübingen Narr 1987.

Dittmann, J.: Versprecher und Sprachproduktion. Ansätze zu einer psycholinguistischen Konzeption von Sprachproduktionsmodellen. Blanken, G. u.a. (Hrsg.): Sprachproduktionsmodelle. Freiburg Hochschulverlag 1988, 35-82.

Dixon, R.M.W.: Where have all the adjectives gone ? Studies in Linguistics 1 1977, 19-80.

Dogil, G.: Moderne Merkmalstheorie als Grundlage für eine Deutung der neurogenen Lautstörungen. Rickheit, G. u. a.(Hrsg.): Linguistische Aspekte der Sprachtherapie. Opladen Westdeutscher Verlag 1992, 49-66.

Dogil, G./ Luschützky, H.-C.: Notes on sonority and segmental strength. Phonetica Saraviensia 10 1989.

Donaldson, M./ Wales, R.: On the acquisition of some relational terms. J. Hayes (eds.): Cognition and the development of language. New York Wiley 1970.

Dressler, W.: Explaining natural phonology. Phonology Yearbook 1 1984, 29-51.

Dressler, W.: Tendenzen in kontaminatorischen Fehlleistungen (und ihre Beziehung zur Sprachgeschichte). Die Sprache 22 1976, 1-10.

Dreyfus, H.L.: Die Grenzen der künstlichen Intelligenz. Königstein Athenäum 1985.

Dreyfus, H.L.: What computers can't do. New York Harper and Row 1972.

Drife, J.O.: Can the fetus listen and learn? British Journal of Obstetrics and Gynaecology 92 1985, 777-779.

Dukelïskiy, N.I.: Principles of segmentation of the speech stream. Joint Publications Research Service No. 32790 Washington 1965.

Duncan, J./Whitaker, H.A.: 1976 Language Acquisition Followink Hemidecortication: Linguistic Superiority of the left over the right hemisphere. Brain and Language 3 1976, 404-433.

Duncan, J.: Disorganisation of behavior after frontal lobe damage. Cognitive Neuropsychology 3 1986, 271-290.

Easton, T.A.: On the normal use of reflexes. American Scientist 60 1972, 591-599.

Eccles, J.C.: Die Evolution des Gehirns - die Erschaffung des Selbst. München Piper 1993.

Egli, U./ Schleichert, H. A.: Bibliography on the theory of questions and answers. Linguistische Berichte 41 1976, 105-128.

Ehrenfels, C. von: Über Gestaltqualitäten. Vierteljahresschrift für Wissenschaft und Philosophie 14 1890, 249-292.

Eikmeyer, H.J./ Kindt, W./ Laubenstein, U./ Lisken, S./ Polzin, T./ Rieser, H./ Schade, U.: Kohärenzkonstitution im gesprochenen Deutsch. Rickheit, G. (Hrsg.): Kohärenzprozesse. Opladen Westdeutscher Verlag 1991, 59-136.

Eikmeyer, H.J.: Procedural analysis of discourse. Text 3 1983, 11-37.

Eimas, P.D.: Sprachwahrnehmung beim Säugling. Singer, W.(Hrsg.): Gehirn und Kognition. Heidelberg Spektrum der Wissenschaft Verlagsggesellschaft 1990, 120-127.

Eisenson, J.: Language and intellectual modifications associated with right cerebral damage. Language and Speech 5 1962, 49-53.

Ellis A.W./ Shepard, J.W.: Recognition of abstract and concrete words presented in left and right visual fields. Journal of Experimental Psychology 103 1974, 1035-1036.

Ellis A.W.: Intimations of modularity, or The modularity of mind. Coltheart, M./ Sartori, G./ Job, R. (eds.): The cognitive neuropsychology of language. London Erlaum Associates Ltd 1987 .

Ellis A.W.: Syndromes, slips and structures. Bulletin of the British Psychological Society 36 1983, 372-374.

Ellis, A.W.: Spelling and writing (and reading and speaking). Elling, A.W. (ed.): Normality and pathology in cognitive functions. London Academic Press 1982.

Ellis, A.W.: Reading, writing and dyslexia: A cognitive analysis. London Lawrence Erlbaum Associates 1984.

Ellis, A.W./ Flude, B.M./ Young, A.W.: Neglect dyslexia and the early visual processing of letters in words. Cognitive Neuropsychology 4 1987, 439-464.

Ellis, A.W./ Miller, D./ Sin, G.: Wernickes aphasia and normal language processing: a case study in cognitive neuropsychology. Cognition 15 1983, 111-144.

Ellis, A.W.: Slips of the pen. Visible Language 13 1979, 265-282.

Ellis, A.W./ Young, A.W.: Einführung in die kognitive Neuropsychologie. Bern Huber 1991.

Elman, J.L./ Takahashi, K./ Tohsaku, Y.: Lateral asymmetries for the identification of concrete and abstract Kanji. Neuropsychologia 19 1981, 407-412.

Emmorey, K.D.: The neurological substrates for prosodic aspects of speech. Brain and Language 30 1987, 305-320.

Engelkamp, J.: Satz und Bedeutung. Stuttgart Kohlhammer 1976.

Engelkamp, J.: Word meaning and word recognition. Th.B. Seiler, T.B./ Wannenmacher, W. (eds.): Concept development and the development of word meaning. Berlin Springer 1983.

Engelkamp, J.: Semantische Struktur und die Verarbeitung von Sätzen. Bern Huber 1973.

Engelkamp, J.: Sprachverstehen als Informationsverarbeitung. Engelkamp. J. (Hrsg.): Psychologische Aspekte des Verstehens. Gedenkschrift für Hans Hörmann. Berlin Springer 1984, 31-53.

Entwisle, D.R./ Forsyth, D.F./ Muus, R.: The syntactic-paradigmatic shift in children´s word assoziations. Journal of Verbal Learning and Verbal Behavior 3 1964, 19-29.

Epstein, M.L./ Philipps, W.D./ Johnson, Sh.J.: Recall of related and unrelated word pairs as a function of processing level. Journal of Experimental Psychology: Human Learning and Memory 1 1975, 149-152.

Ervin, S.M.: Changes with age in the verbal determinants of word-assoziation. American Journal of Psychology 74 1961, 361-372.

Eysenck, M.: Handbook of cognitive psychology. London Lawrence Erlbaum 1984.

Ertel, S.: Pronominale Adjektivfolgen und semantische Tiefenstruktur. Studia Psychologica 13 1971, 127-135.

Fancher, R.E.: Pioneers of Psychology. New York 1979.

Fanselow, G./ Felix, S.: Sprachtheorie I -Grundlagen und Zielsetzungen. Tübingen Franke UTB 1987.

Fant, G.: Speech sounds and features. Cambride Mass. MIT Press 1973.

Fant, G./ Björn L.: Studies of minimal speech and sound units. Speech Transmission Laboratory. Quarterly Progress Report 2, Royal Institute of Technology 1961, 1-11.

Fanty, M.: Context-free parsing with connectionist networks. Denker, J.S. (ed.): AIP Conference Proceedings 151. New York American Institute of Physics 1986.

Feldman, J.A./ Ballard, D.H.: Connectionist models and their properties. Cognitive Science 6 1982, 205-254.

Feldman, J.A/ Fanty, M.A./ Goddard, N.H.: Computing with structured neural networks. Computer 88/3 1988, 91-102.

Felix, S.W./ Kanngießer, S./ Rickheit, G.: Perspektiven der Kognitiven Linguistik. Opladen Westdeutscher Verlag 1990, 5-36.

Felix, S.W.: Cognition and language growth. Dordrecht Foris 1987.

Ferber, R.: Fehlerlinguistik. Eine Sprechfehlersammlung und ihre beschreibende Darstellung. Freiburg/Br. Magisterarbeit 1986.

Ferguson, C.A./ Macken, M.A.: Phonological development in children- play and cognition. Nelson,K. (ed.): Children's language 4. New York Gardner & Hillsdale 1983, 231-255.

Feyerabend, P.: Mental events and the brain. Journal of Philosophy 60 1963, 295-296.

File, S.E./ Jew, A.: Syntax and the recall of instructions in a realistic situation. British Journal of Psychology 64 1973, 65-70.

Fillenbaum, S.: Memory for gist: Some relevant variables. Language and Speech 9 1966, 217-227.

Fillmore, C.: Frame Semantics. Linguistic Society of Korea (ed.): Linguistics in the Morning Calm. Seoul Hanshin 1982, 11-137.

Fillmore, C.: Some problems for case grammar. O'Brien, R.J. (ed.): Report of the twenty-second annual round table meeting on linguistics and language studies. (Monograph Series on Languages and Linguistics, No. 24.) Washington Georgetown University Press 1971, 53-56.

Fillmore, C.: The case for case. Bach, E./ Harms, R. (eds.): Universals in linguistic theoy. New York Holt, Rinehart & Winston 1968.

Fillmore, C.: A private history of the concept `frame´. Dirven, R./ Radden, G.(eds.): Concepts of case. Tübingen Narr 1987, 28-336.

Fillmore, C.: Pragmatics and the description of discourse. Schmidt. S. (Hrsg.): Pragmatik 2. München Fink 1975, 83-106.

Fillmore, C.: The case for case reopened. Cole, P./ Sadock, J.M. (eds.): Grammatical relations (Syntax and Semantics 8). New York Academic Press 1977, 59-82.

Fodor J.A./ Bever, T.G./ Garrett, M.F.: The psychology of language. New York McGraw Hill 1974.

Fodor, J.A./ Garrett, M.: Some syntactic determinants of sentential complexity. Perception and Psychophysics 2 1967, 289-296.

Fodor, J.A.: Against definitions. Cognition 8 1980, 263-267.

Fodor, J.A.: Precis of modularity of mind. The Behavioral and Brain Sciences 8 1985, 1-42.

Fodor, J.A.: Psychological explanation: An introduction to philosophy of psychology. New York Random House 1968.

Fodor, J.A.: The modularity of mind. Cambridge Mass. MIT Press 1983.

Fodor, J.A./ Garrett, M./ Merrill, F./ Edward, C.T./ Walker, C.H./

Fowler, G.A./ Rubin, P./ Remez, R.E./ Turvey,M.T.: Implications for speech production of a general theory of action. Butterworth, B.L. (ed.): Language production Vol.1: Speech and talk. London Academic Press 1980, 373-420.

Fodor, J.D.: Psychosemantics: The problem of meaning in the philosophy of mind. Cambridge Mass. MIT Press 1987.

Fodor, J.D.: Semantics: Theories of meaning in generative gammar. New York Crowell 1977.

Fodor, J.D./ Fodor, J.A./ Garrett, M.F.: The psychological unreality of semantic representations. Linguistic Inquiry 6 1975, 515-532.

Foos, P.W.: Construktive cognitive maps from sentences. Journal of Experimental Psychology and Human Learning and Memory 6, 1980 25-38.

Fowler, C.: Coarticulation and theories of extrinsic timing. Journal of Phonetics 8 1980, 113-133.

Franz, S.I.: The relations of aphasia. Journal of Genetic Psychology 3 1930, 401-411.

Frazier, L./ Rayner, K.: Making and correting errors during sentence comprehension: Eye movement in the analysis of structurally ambiguous sentences. Cognitive Psychology 14 1982, 178-210.

Frege, G.: Die Grundlagen der Arithmetik. Eine logisch-mathematische Untersuchung über den Begriff der Zahl. Darmstadt (1884) 1961.

Freud, S.: Zur Auffassung der Aphasien. Wien Deuticke 1953 (Reprint). **Freud, S.:** On aphasia. New York International Universities Press 1891.

Friederici, A.D.: Syntactic and semantic processsesion aphasic deficits: The availability of prepositions. Brain and Language 15 1982, 249-258.

Friederici, A.D.: Neuropsychologie der Sprache. Stuttgart Kohlhammer 1984.

Frisch, K. von.: Dialects in the language of the bees. Scient. American 207 H.2 1962, 79-87.

Frisch, K. von: The dancing bees. London Methuen 1954.

Frisch, K. von: Über die "Sprache" der Bienen. Eine tierpsychologische Untersuchung. Jena 1923.

Fromkin, V.A.: Appendix. V.A.Fromkin (ed.) Speech errors as linguistic evidence. The Hague Mouton 1973, 243-269.

Fromkin, V.A.: Introduction. Fromkin, V.A. (ed.): Speech errors as linguistic evidence. The Hague Mouton 1973.

Fromkin, V.A.: The non-anomalous nature of anomalous utterances. Fromkin, V.A (ed.): Speech errors as linguistic evidence. The Hague Mouton 1971, 215-242.

Friedrich, F.J./ Walker, J.A./ Posner, M.I.: Effects of parietal lesions on visual matching: Implications for reading errors. Cognitive Neuropsychology 2 1985, 253-264.

Früh, W.: Lesen, Verstehen, Urteilen. Untersuchungen über den Zusammenhang von Textgestaltung und Textwirkung. Freiburg Alber 1980.

Fry, D.: The linguisuc evidence of speech errors. Brno Studies of English 8, 1969, 69-74.

Fudge, E.C.: Branching structure within the syllable. Journal of Linguistics 23 1980, 359-377.

Fujimura, O./ Lovins, J.B.: Syllabels as concatenative phonetic units. Bell, A./ Hooper, J.B. (eds.): Syllabels and segments. Amsterdam Elsevier North Holland 1978, 107-120.

Funnell, E.: Morphological errors in acquired dyslexia: A case of mistaken identiy. Quarterly Journal of Experimental Psychology 39A1987,497-538.

Funnell, E.: Phonological processes in reading: New evidence from acquired dysgraphia. Britisch Journal of Psychology 74 1983, 159-180.

Gadenne, V./ Oswald, M.E.: Kognition und Bewußtsein. Berlin Springer 1991.

Galton, F.: Psychometric experiments. Brain 2 1880, 149-162.

Gardner, H.: Dem Denken auf der Spur. Der Weg der Kognitionswissenschaft. Stuttgart Klett-Cotta 1989.

Gardner, J.: The development of object identity in the first six months of human infancy. Havard Ph.D. Thesis, Department of Social Relations, Harvard University 1971.

Gardner, R.A./ Gardner, B.T.: Early signs of language in child and chimpanzee. Science 187 1975, 752-753.

Gardner, R.A./ Gardner, B.T.: Comparative psychology and language acquisition.Vortrag auf der XVth International Ethological Conference, 23-31 August 1977 in Bielefeld.

Gardner,R.A. /Gardner, B.T.: Teaching sign language to a chimpanzee. Science 165 1969, 664-672.

Garnham, A./Oakill, J.V.: Mental models as contextes for interpreting textes: Implications from studies of anaphora. Journal of Semantics 7 1990, 379-393.

Garrett, M.F.: Production of speech. Observations from normal and pathological use. Ellis, A.W. (ed.): Normality and pathology in cognitive functions. London Academic Press 1982, 19-76.

Garrett, M.F.: Levels of processing in sentence production. Butterworth, B. (ed.): Language production. Vol. 1 London 1980.

Garrett, M.F.: Syntactic processes in sentence production. Wales, R.J./ Walker, E. (eds.): New approaches to language mechanisms. A collection of psycholinguistic studies. Amsterdam North-Holland 1976.

Garrett, M.F.: The analysis of sentence production. Bower, G.H. (Hrsg.): The psychology of learning and motivation. Advances in research and Theory Vol. 9. New York Academic Press 1975 133-177.

Garrett, M.F.: The organization of processing structure for language production. Caplan, D./ Lecours, A.R./ Smith, A. (eds.): Biological perspectives on language. Cambridge Mass, 1984, 172 193.

Gazdar, G./ Klein, W./ Oullum, H,G,/ Sag, I.: Generalized phrase structure grammar. Oxford University Press 1985.

Gazzaniga, M.S.: Right hemisphere language following brain bisection: a 20-year perspective. American Psychologist 38 1983, 525-537.

Gentner, D.: Verb semantic structures in memory for sentences: Evidence for componential representation. Cognitive psychology 133 1981, 56-83.

Gergen, K.J.: If persons are texts. Messer, S.B./ Sass, L.A./ Woolfolk, R.L. (eds.): Hermeneutics and psychological theory: Interpretative perspectives on personality, psychotherapy, and psychopathology. London Rutgers University Press 1988, 28-51.

Gergen, K.J.: The social constructivist movement in modern psychology. American Psychologist 49 1985, 266-275.

Gibbon, D.: Perspektives of intonation analysis. Forum Linguisticum 9 Bern Lang 1976.

Gibson, J.: The ecological approach to visual perception. Boston Hougthon Mifflin 1979.

Glanzer, M./ Schwartz, A.: Mnemonic structure in free recall: Differential effects on STS and LTS. Journal of Verbal Learning and Verbal Behavior 10 1971, 194-198.

Gleason, J./ Goodglass, H./ Green, L./Ackerman, N./Hy, M.R.: The retrieval of syntax in Broca´s aphasia. Brain and Language 2 1975, 451-471.

Glencross, D.J.: The effect of changes in task conditions on temporal organization of a repetitive speech skill. Ergonomics 18 1975, 17-28.

Glushko, R.J.: The organization and activation of orthographic knowledge in reading aloud. Journal of Experimental Psychology: Human Perception and Performance 5 1979, 674-691.

Godfrey, J.J.: Perceptual difficulty and the right ear advantage for vowels. Brain and Language 1 1974, 323-335.

Goldblum, M.C.: Auditory analogue of deep dyslexia. Creutzfeldt, O./ Scheich, H./ Schreiner, C. (eds.) Hearing mechanisms and speech. (Experimental brain research) Supplementum 2 Berlin Springer 1979.

Goldman-Eisler, F.: Psychological mechanisms of speech production as studied through the analysis of simultaneous translation. Butterworth, B. (ed.): Language production Vol. 1. London 1968.

Goldsmith, J.A.: Autosegmental and metrical phonology. Oxford Blackwell 1990.

Goldstein, K.: Die Transkortikalen Aphasien. Jena Fischer 1915.

Goldstein, M.N.: Auditory agnosia for speech ("pure word deafness"): A historical review with current implications. Brain and Language 1 1974, 195-204.

Goodenough, W.: Componential analysis and the study of meaning. Language

33/3 1957, 195-216.

Goodglass, H./ Berko, J.: Aphasia and inflectional morphology in English. Journal of Speech Hearing Research 3 1960, 257-267.

Goodglass, H./ Geschwind, N.: Language disorders. Carterette, E.C./ Friedman, M. (eds.): Handbook of preception VII. New York Academic Press 1976, 389-428.

Goodglass, H./ Hunt J.: Grammatical complexity and aphasic speech. Word 14 1958, 197-207.

Goodglass, H./ Klein, B./ Carey, P./James, K.J.: Specific semantic word categories in aphasia. Cortex 2 1966, 74-89.

Goodman, R.A./ Caramazza, A.: Aspects of the spelling process: Evidence from a case of acquired dysgraphia. Language and Cognitive Processes 1 1986, 1-34.

Goodman, R.A./ Caramazza, A.: Dissociation of spelling errors in written and oral spelling: The role of allographic conversion in writing. Cognitive Neurosychology 3 1986, 179-206.

Goodman, R.A./ Caramazza, A.: Phonological plausible errors: Implications for a model of the phonem-grapheme conversion mechanism in the spelling process. Augst, G. (ed.): New trends in graphemics and orthography. Berlin de Gruyter 1986.

Gott, P.S.: Language after dominant hemispherectomy. Journal of Neurology, Neurosurgery and Psychiatry 36 1973, 1082-1088.

Graesser, A./ Mandler, G.: Recognition memory for the meaning and surface structure of sentences. Journal of Experimental Psychology: Human Learning and Memory 1 1975, 238-248.

Graman, M.: Early grammatical development. Fletcher, P./ Garman, M. (eds.): Language acquisition. Cambridge University Press 1979.

Greenberg, J.H./ Kuczaj, S.A.: Toward a theory of substantive word-meaning acquisition. Kuscaj, S.A. (ed.): Language development: Syntax and semantics. Hillsdale Erlbaum 1982.

Greenberg, J.H.: Language universals with special reference to feature hierarchies. The Hague Mouton 1966.

Greenberg, J.H.: Language universals. The Hague Mouton 1976.

Greenberg, J.H.: Universals of human language. Stanford California University Press 1978.

Greenfield, P./ Smith, J.: Communication and the beginnings of language: the development of semantic structure in one-word speech and beyond. New York Academic Press 1976.

Greimas, A.J.: Sémantique structurale. Recherche de methode.Paris Larousse 1966 (=Strukturale Semantik. Braunschweig Vieweg 1971).

Grimshaw, J.: Form, function, and the language acquisition device. Baker, C.L./ Mc Carthy, J.J. (eds.): The logical problem of language acquisition. Cambridge Mass. MIT Press 1981.

Grosberg, S.: Studies in mind and brain. Boston Reidel 1984.

Gross, C.G./ Rocha-Miranda, C.E./ Bender, D.: Visual properties of neutrons in inferotemporal cortex of the macaque.Journal of Neurophysiology 35 1972, 96-111.

Gross, M./ Lentin, A.: Mathematische Linguistik. Berlin Springer 1971.

Günther, H.: Schriftliche Sprache. Strukturen geschriebener Wörter und ihre Verarbeitung beim Lesen. Tübingen Niemeyer 1988.

Habel, C./ Kanngießer, S.: Prolegomena zu einer Nicht-Saussureschen Linguistik. Habel, C./ Kanngießer, S. (Hrsg.): Sprachdynamik und Sprachstruktur. Tübingen Niemeyer 1978.

Habel, C.: Inference - the base of semantics?". Bäuerle, R./ Schwarze, C./ Stechow, A. von (eds.): Meaning, use, and interpretation of language. Berlin de Gruyter 1983, 147-163.

Habel, C.: Logische Systeme und Repräsentationsprobleme. Neumann, B. (Hrsg): GWAI-83 Berlin Springer 1983, 118-143.

Habel, C.: Prinzipien der Referentialität Untersuchungen zur propositionalen Repräsentation von Wissen. Berlin Springer 1986.

Habel, C.: Referential nets as knowledge structures- some structural and dynamical properties. Ballmer, T. (ed.): Linguistics dynamics. Berlin de Gruyter 1985, 62-84.

Habel, C.: Stories - An artificial intelligence perspective. Poetics 1986.

Habermas, J.: Theorie des kommunikativen Handelns. Band 1-2 Frankfurt a.M. Suhrkamp 1981.

Haggard, M.P.: Encoding and the REA for speech signals. Quarterly Journal of Experimental Psychology 23 1971, 34-45.

Hahn, W. von.: Überlegungen zum kommunikativen Status und der Testbarkeit von natürlichsprachlichen Artificial-Intelligence-Systemen. Sprache und Datenverarbeitung 1 1978, 145-169.

Hahn, W. von/ Hoeppner, W./ Jameson, A./ Wahlster, W.: The anatomy of the natural language dialogue system HAM-RPN. Bolc,L. (ed.): Natural language computer systems. München London Hanser Macmillan 1980, 119-253.

Harley, T.A.: A critique of top-down indepedent levels of speech production. Evidence from non-plan-internal speech errors. Cognitive Science 8 1984, 191-219.

Harris, P.: Inference and semantic development. Journal of Child Language 2 1975, 143-152.

Hart, J./Berndt, R.S./Caramazza, A.: Category-specific naming deficit following cerebral infarction. Nature 316 1985, 439-440.

Hasler, H.: Lehren und Lernen der geschriebenen Sprache. Darmstadt Wissenschaftliche Buchgesellschaft 1991.

Hatfield, F.M./ Patterson, K.E.: Phonological spelling. Quarterly Journal of Experimental Psychology 35 A 1983, 451-468.

Hawkins, J.A.: Syntactic weight versus information structure in word order variation. Linguistische Berichte. Sonderheft 4 1992, 196-219.

Hécaen, H./ Marcie, P.: Disorders of written language following right hemisphere lesions. Dimond, S.J./ Beaumont, J.G. (eds.): Hemisphere function in the human brain. London Elek 1974.

270

Heeschen, C.: On the representation of classificatory and propositional lexical relations in the human brain. Bäuerle, R./ Egli, U./ Stechow, A.von (eds.) Semantics from different points of view. Berlin 1979, 364-375.

Heeschen, C./ Reischies, F.: Zur Lateralisierung von Sprache. Argumente gegen eine Überbewertung der rechten Hemisphäre. Schnelle, H. (Hrsg.): Sprache und Gehirn. Frankfurt a.M. Suhrkamp 1981, 41-58.

Heilman, K.M./ Bowers, D./ Speedie, L./ Coslett, H.B.: Com-prehension of affective and nonaffective prosody. Neurology 34 1984, 917-921.

Hemphil, R.E./ Stengel, E.: A study on pure word deafness. Journal of Neurology, Neurosurgery and Psychiatry 3 1940, 251-262.

Henderson, L.: The psychology of morphemes. Ellis, A.W. (ed.): Progress in the psychology of language. London Lawrence Erlbaum Associates Ltd 1985.

Henke, W.L.: Dynamic articulatory of speech production using computer simulation. Cambridge Mass. MIT Diss. 1966.

Henne, H.: Semantik und Lexikographie. Berlin de Gruyter 1972.

Henne, H.: Lexikographie. Althaus, H.P./ Henne, H./ Wiegand, H.E. (Hrsg.): Lexikon der germanistischen Linguistik. Tübingen 1980, 778-786.

Heringer, H.-J.: Berlin Deutsche Syntax 1970.

Hermann, E.: Über primäre Interjektionen Indogermanische Forschungen 31 1912/13 24-34.

Herrmann, T.: Allgemeine Sprachpsychologie Grundlagen und Probleme. München Urban & Schwarzenberg 1985.

Hetland, J.: Über Köpfe, Direktionalität und Fokusprojektion. Tübingen Paper held at the S&P workshop 1991.

Hier, D.B./ Mohr, J.P.: Incongruous oral and written naming: evidence for a subdivision of the syndrome of Wernickes aphasie. Brain and Language 4 1977, 115-126.

Hildebrand-Nilshon, M.: Die Entwicklung der Sprache. Phylogenese und Ontogenese. Frankfurt a.M. Campus 1980.

Hilty, G.: Der distinktive und der referentielle Charakter semantischer Komponenten, Stimm, H./ Raible, W. (Hrsg.): Zur Semantik des Französischen. Wiesbaden (Zeitschrift für Romanische Philologie Beiheft 9) 1983, 30-39.

Hines, D.: Differences in tachistoscopic recognition between abstract and concrete words as a function of visual half-field and frequency. Cortex 13 1977, 66-73.

Hines, D.: Recognition of verbs,abstract nouns and concrete nouns from left and rightvisual half fields. Neuropsychologia 14, 1976 211-216.

Hinton, G.E./ Anderson J.A. (eds.): Parallel models of associative memory. Hillsdale Lawrence Erlbaum Associate 1981.

Hobbs, J.R.: Coherence and coreference. Cognitive science 3 1979, 67-90.

Hobbs, J.R.: Why is discourse coherent? Neubauer, F. (ed.): Coherence in natural language textes. Hamburg Buske 1983, 29-70 .

Hockett, C.F.: Logical considerations in the study of animal communication. Lanyon, W.E./ Tavolga, W.N. (eds.) Animal sounds and communication. American Institute of Biological Sciences. Symposium Series number 7 1960, 392-430.

Feyerabend, P.: Mental events and the brain. Journal of Philosophy 60 1963, 295-296.

Hoeppner, W./ Morik, K.: Das Dialogsystem HAM-ANS. Worauf basiert es, wie funktioniert es und wem antwortet es? Linguistische Berichte 88/83 1983, 3-36.

Hoeppner, W./ Morik, K.: Was haben Hotels, Straßenkreuzungen und Fische gemeinsam ? Mit HAM-ANS spricht man darüber. Bericht ANS-20, Forschungsstelle für Informationswissenschaft und Künstliche Intelligenz, Universität Hamburg 1983.

Hogger, C.J.: Introduction to logic programming. London Academic Press 1984.

Höhle, T.N.: Über Verum-Fokus im Deutschen. Linguistische Berichte. Sonderheft 4 1992, 112-141.

Holmes, V.M./ Langford, J.: Comprehension and recall of abstract and concrete sentences. Journal of Verbal Learning and Verbal Behavior 15 1976, 559-566.

Holmes, J.M.: Dyslexia: A neurolinguistic study of traumatic and developmental disorders of reading. Dissertation University of Edinburgh 1973.

Holmes, J.M.: Regression and reading breakdown. Caramazza, A./ Zurif, E.B. (eds.): Language acquisition and language breakdown: Parallels and divergences. Baltimore Johns Hopkins University Press 1978.

Hörmann, H.: Meinen und Verstehen. Grundzüge einer psychologischen Semantik. Frankfurt a.M. Suhrkamp 1976.

Hörmann, H.: Psychologie der Sprache. Berlin Springer 1970.

Hotopf, W.H.N.: Lexical slips of the pen and tongue: what they tell us about language production. Language Production. Vol. 2: Butterworth, B. (ed.): Development, writing and other language processes. London Academic Press 1983, 147-199.

Howard, D.: Agrammatism. Newman, S.K./ Epstein, R. (eds.): Current perspectives in dysphasia. Edinburgh Churchill Livingston 1985.

Howard, D./ Franklin, S.: Three ways for understanding written words, and their use in two contrasting cases of surface dyslexia. Allport, D.A./ MacKay, D./ Prinz, W./ Scheerer, E. (eds.): Language perception and production: Common processes in listing, speaking, reading and writing. London Academic Press 1987.

Howard, D.: The semantic organization of the lexicon: evidence from aphasia. London Dissertation 1985.

Hockett, C. F.: The oringin of speech. Scientific American 203.3 1960 (= Der Ursprung der Sprache. Schwidetzky, I. (Hrsg.): Über die Evolution der Sprache. Fischer Frankfurt a.M., 135-150).

Hockett, C. F.: The view from language: Selected essays. 1948-1974. Athens Ga. The University of Georgia Press.

Hoeppner, W.: Konnektionismus, Künstliche Intelligenz und Informatik - Beziehungen und Bedenken. KI 88/4 1988, 27-31.

Howells, T.: A connectionist parser. Proceedings of the tenth annual conference of the Cognitive Science Society. Irvine CA Erlbaum 1988, .

Hume, D.: An inquiry concerning human understanding. New York Liberal Arts Press 1748 (=Eine Untersuchung über den menschlichen Verstand.

Hamburg 1984).

Humphreys, G.W./ E.tt, L.J.: Are there independent lexical and nonlexical routes in reading? An evaluation of the dual route theory of reading. The Behavioral and Brain Sciences 8 1985 689-740.

Huttenlocher, J.: The origins of language comprehension. Solso, R. (ed.): Theories in cognitive psychology: the Loyola symposium. Potomac Md. Lawrence Erlbaum 1974.

Hyams, N.: The theory of parameters and syntactic development. Roeper, T./ Williams, E. (eds.): Parameter setting. Dordrecht Reidel 1987, 1-21.

Inhelder, B./ Piaget, J.: The growth of logical thinking from childhood to adolescence. New York Basic Books 1958.

Ipsen, G.: Der alte Orient und die Indogermanen. Stand und Aufgaben der Sprachwissenschaft. Festschrift für W. Streitberg. Heidelberg 1924, 200-237.

Ivanov, V.V.: Čet i nečet; asimmetrija mozga i znakovyx sistem. Moskau 1978.

Jackendoff, R.S.: Consciousness and the computational mind. Cambridge Mass. M.I.T. Press 1987.

Jackendoff, R.S.: Toward an explanatory semantic representation. Linguistic Inquiry 7 1976, 89-150.

Jackendoff, R.S.: Semantics and cognition. Cambridge Mass. MIT Press 1983.

Jacobs, J.: Fokus und Skalen. Zur Syntax und Semantik der Gradpartikeln im Deutschen. Tübingen Niemeyer 1983.

Jacobs, J. (Hrsg.): Informationsstruktur und Grammatik. Linguistische Berichte Sonderheft 4 1992.

Jacobs, J.: Neutral stress and the position of heads. Linguistische Berichte Sonderheft 4 1992, 220-244.

Jacques, F.: Über den Dialog. Eine logische Untersuchung. Berlin New York De Gruyter 1986.

Jacubowicz, C.: Maturation or invariance of universal grammar principles in language acquisition. Talk presented at the 14th BU Conference on language development October 1989.

Jakobson, R.: Child language, aphasia and phonological universals. Uppsala Almqvist & Wiksell 1941 (= Kindersprache, Aphasie und allgemeine Lautgesetze. Suhrkamp Frankfurt a.M. 1969.

Jakobson, R.: Gehirn und Sprache. Gehirnhälften und Sprachstrukturen in wechselseitiger Beleuchtung. Schnelle, H. (Hrsg.): Sprache und Gehirn. Frankfurt. a.M. Suhrkamp 1981, 18-40.

Jakobson, R.: Toward a linguistic classification of aphasia. The Hague Mouton 1970.

Joanette. Y./ Keller, E./ Lecours, A.R.: Sequence of phonemic approximations in aphasia, brain and language in aphasia. Brain and Language 11 1980, 30-44.

Johnson-Laird, P.N.: The mental representation of the meaning of words. Cognition 25 1987, 189-212.

Johnson-Laird, P.N.: Mental models. Posner, M.I. (Hrsg.): Foundation of

cognitive science. Cambridge Mass. Harvard University Press 1983, 469-499.
Johnston, J./ Slobin, D.: The development of locative expressions in English, Italian, Serbo-Croatien and Turkish. Journal of Child Language 6 1979, 529-545.
Jolles, A.: Antike Bedeutungsfelder. Paul Braunes Beiträge 58 1934, 97-109.

Kainz, F.: Die Sprache der Tiere. Stuttgart Enke 1961.
Kainz, F.: Linguistisches und Sprachpathologisches zum Problem der sprachlichen Fehlleistungen. Wien Rohrer 1956.
Kainz, F.: Psychologie der Sprache. Vergleichend-genetische Sprachpsychologie. Stuttgart Enke 1969.
Katz, J.J./ Fodor, J.A.: The structure of semantic theory. Language 39 1963, 170-210.
Kay, J./ Ellis, A.W.: A cognitive neuropsychology case study of anomia: Implications for psychological models of word retrieval. Brain 110 1987, 613-629.
Kay, J./ Marcel, T.: One process not two in reading aloud: Lexical analogies do the work of nonlexical rules. Quaterly Journal of Experimental Psychology 33A 1981, 397-413.
Kay, J.: Mechanisms of oral reading: A critical appraisal of cognitive models. Ellis, A.W. (ed.): Progress in the psychology of language. Vol. 2. London Lawrence Erlbaum 1985.
Kean, M.-L.: Agrammatism: A phonological deficit? Cognition 7 1979, 69-83.
Kean, M.-L.: The linguistic interpretation of aphasic syndromes: Agramamatism in Broca´s aphasia, an example. Cognition 5 1977, 9-46.
Keller, E.: Planning and execution in speech production. Recherches linguistiques a Montreal 13 1980, 34-51.
Keller, E.:-Introduction aux systemes psycholinguistiques. Chicoutimi Quèbec Getan Morin 1985.
Keller, J./ Leuninger, H.: Grammatische Strukturen - kognitive Prozesse. Ein Arbeitsbuch. Tübingen Narr 1993, 102-113.
Keller, R.: Sprachwandel. Von der unsichtbaren Hand in der Sprache. Francke Tübingen 1990.
Kemke, C.: Der neuere Konnektionismus. Ein Überblick. Bericht Nr.32, KI-Labor Universität Saarbrücken 1988.
Kempen, G./ Huijbers, P.: The lexicalization process in sentence production and naming: indirect election of words. Cognition 14 1983, 185-209.
Kempen, G./ Hoenkamp, E.: An incremental procedural grammar for sentence formulation. Cognitive Science 11 1987, 201-258.
Kent, H.G./ Minifie, F.D.: Coarticulation in recent speech production models. Journal of Phonetics 5 1977, 115-133.
Kent, H.G./ Rosanoff: A study of association in insanity. American Journal Insanity 67 1910, 37-96; 317-390.
Kent, R.D./ Carney, P.J./ Severeid, L.: Velar movement and timing. Evaluation of a model for binary control. Journal of Speech and Hearing Research 17 1974, 470-488.
Kent, R.D./ Forner, L.L.: Speech segment duration in sentence recitations by

children and adults. Journal of Phonetics 8 1980, 157-168.

Kent, R.D./ Moll, K.L.: Vocal tract characteristics of the stop consonants. Journal of the Acoustical Society of America 46 1969, 1549-1555.

Kent, R.D./ Rosenbek, J.C.: Prosodic disturbance and neurology lesion. Brain and Language 15 1982, 259-291.

Kent, R.D.: The segmental organisation of speech. McNeilage, P.F. (ed.): The production of speech. Heidelberg Springer 1983, 57-89.

Kimura, D.: Cerebral dominance and the perception of verbal stimuli. Canadian Journal of Psychology 15 1961, 166-171.

Kinsburne, M./ Warrington, E.K.: A variety of reading disability associated with right hemispere lesion. Journal of Neurology, Neurosurgery and Psychiatry 25 1962, 339-344.

Kintsch, W./ Dijk, T.A. van: Toward a model of text comprehension and produktion. Psychological Review 85 1978, 363-394.

Kintsch, W./ Keenan, J.M.: Reading rate and retention as a function of the number of propositions in the base structure of sentences. Cognitive Psychology 5 1973, 257-278.

Kintsch, W./ Kozminsky, E/ Streby, W.J./ McKoon, G. Keenan, J.M.: Comprehension and recall of text as function of content variables. Journal of Verbal Learning and Verbal Behaviour 14 1975, 196-214.

Kintsch, W.: Abstract nouns: Imagery versus lexical complexity. Journal of Verbal Learning and Verbal Behavior 11 1972, 59-65.

Kintsch, W.: The representation of meaning in memory. Hillsdale 1974.

Kiss, E.K.: Structural relations in Hungarian, a `free´ word order language. Linguistic Inquiry 12 1981, 185-213.

Klatt, D.H.: The limited use of distinctive features and markedness in speech production: evidence from speech error data. Journal of Verbal Learning and Verbal Behavior 18 1979, 41-55.

Kleiber, G.: Prototypensemantik. Eine Einführung. Narr Tübingen 1993.

Kleiman, G.M.: Speech recording in reading. Journal of Verbal Learning and Verbal Behavior 14 1981, 323-339.

Klein, R./ Harper, J.: The problem of agnosia in the light of a case of pure word deafness. Journal of Mental Science 102 1956, 112-120.

Kleist, K.: Kriegsverletzungen des Gehirns in ihrer Bedeutung für die Hirnlokalisation und Hirnpathologie. Bonhoeffer, K. (Hrsg.): Handbuch der ärztlichen Erfahrungen im Weltkriege 1914-1918, Band 4 Leipzig Barth 1934.

Klich, R.J./ Ireland, J.V./ Weidner, W.E.: Articulatory and phonological aspects of consonant substitution in apraxis of speech. Cortex 15 1979, 451-470.

Kochendörfer, G.: Notation, Modellbildung, Simulation. Grundlagenprobleme kognitivistischer Darstellung in der Linguistik. Tübingen Narr 1989.

Köhler, W.: Die physischen Gestalten in Ruhe und im stationären Zustand. Erlangen 1920.

Kohn, S.E./ Friedmann, R.B.: (1986) Word meaning deafness: A phonological-semantic dissociation. Cognitive Neuropsychology 3 1986, 291-308.

Kolk, H.H.J. Van Grunsven, M.J.F. Keyser, A.: On parallelism between production and comprehension in agrammatism. Kean, M.-L. (ed.): Agrammatism. Orlando Academic Press 1985.

Konerding, U./ Wender, K.F.: Experimentelle Belege gegen die psychologische Realität semantischer Komponenten. Seiler, Th.B,/ Wannenmacher, W. (Hrsg.): Begriffs- und Wortbedeutungsentwicklung. Berlin Springer 1985, 132-144.

König, E.: The meaning of scalar particles in German. Eikmeyer, H./ Rieser, H. (eds.): Words, worlds and contexts. Berlin de Gruyter 1981, 107-132.

Kozhevnikov, V.A./ Chisovich, L.A.: Speech: Articulation and perception. Joint Publications Research Service No. 30 Washington D.C. 1965.

Krifka, M.: A compositional semantics for multiple focus constructions. Linguistische Berichte. Sonderheft 4 1992, 17-53.

Kuehn, D.P./ Tomblin, J.B.: The use of cineradiographic techniques for the study of articulation disorders. Paper presented at the Annual Convention of the American Speech and Hearing Association. Las Vegas Nev. 1974.

Kühn, P.: Der Grundwortschatz. Tübingen Niemeyer 1979.

Künzel, H.J.: Some observations on velar movements in plosives. Phonetica 36 1979, 384-404.

Kussmaul, A.: Die Störungen der Sprache.Versuch einer Pathologie der Sprache. Leipzig Vogel 1877.

Kutschera, F. von: Sprachphilosophie. München Fink 1971; Sprachphilosophie. 2. völlig neu bearb. und erweiterte Auflage. München Fink 1975.

Lakoff, G.: Women, fire, and dangerous things: What categories reval about the mind. Chicago University of Chicago Press 1987.

Lambert, A.J.: Right hemisphere language ability: 2. Evidence from normal subjects. Current Psychological Review 2 1982, 139-152.

Langacker, R.W.: Foundations of cognitive grammar. Stanford Stanford Universtity Press 1987.

Langacker, R.W.: An overview of cognitive grammar. Rudzka-Ostyn, B. (ed.): Topics in cognitive linguistics. Amsterdam J.Benjamins 1988, 3-48.

Lang, E.: Symmetrische Prädikate: Lexikoneintrag und Interpretationsspielraum. Eine Fallstudie zur Semantik der Personenstandslexik. Linguistische Studien, Reihe A 1985, 75-112.

Lang, E.: Primary perceptual space and inherent proportion schema: Two interacting categorization grids underlying the conceptualization of spatial objects. Duisburg L.A.U.D. 1988.

Lashley, K.S.: The problem of serial order in behavior. Jeffres, L. (ed.): Cerebral mechanisms in behavior. New York Wiley 1951.

Lebeaux, D.: Comments of Hyams. Roeper, T./ Williams, E. (eds.): Parameter setting. Dordrecht Reidel 1987, 23-39.

Le Chun, Y.: (1985). Une procédure d'apprentissage pour réseau à seul asymétrique. Proceedings of Cognitiva 85 1985, 599-604.

Lebeaux, D.: Language acquisition and the form of the grammar. Ph.D. University of Massacchusetts 1988.

Lebrun, Y./ Buyssens, E./ Henneaux, J.: Phonetic aspects of anarthria. Cortex

9 1973, 126-135.

Lecours, A.R./ Lhermitte, F.: Phonemic paraphrasias: Linguistic structures and tentative hypotheses. Cortex 5 1969, 193-228.

Lenneberg, E.H./ Roberts, J.M.: The denotata of color terms. (=Brown, R.W./ Lenneberg, G.H. (eds.): A study in language and cognition. Journal of abnorm. Soc. Psychology 49 1954, 454-462.

Lenerz, J.: Syntaktischer Wandel und Grammatiktheorie. Eine Untersuchung an Beispielen aus der Sprachgeschichte des Deutschen. Tübingen Niemeyer 1984.

Lesgold, A.M.: Pronominalization: A device for unifying sentences in memory Journal of Verbal Learning and Verbal Behavior 11 1972, 316-323.

Leslie, A.: A representation of perceived causal connection in infancy. Oxford D.Ph. Thesis. Department of Experimental Psychology. University of Oxford 1979.

Levelt, W.J M./ Schriefers, H./ Vorberg, D./ Meyer, A. S./ Pechmann, Th./ Havinga, J.: The time course of lexical access in speech production: A study of picture naming. Psychological Review 98 1991, 122-142.

Levelt, W.J.M.: Speaking from intention to articulation. Cambridge Mass. MIT Press 1989.

Levine, D.N./ Calvanio, R./ Popovics, A.: Language in the absence of inner speech. Neuropsychologia 20 1982, 391- 409.

Levy, B.A.: Interactive processing during reading. A.M. Lesgold, A.M./ Perfetti, C.A. (eds.): Interactive processes in reading. Hillsdale Lawerence Erlbaum 1981.

Levy, J.: Language, cognition, and the right hemispere. American Psychologist 38 1983, 538-541.

Lewis, D.: General semantics. Davidson, D./ Harman, G. (eds.): Semantics of natural language. Dordrecht Reidel 1972.

Lewis, M.: Infant speech: a study of the beginnings of language. New York Humanities Press 1951.

Lichtheim, L.: Über Aphasie. Deutsches Archiv für klinische Medicin 36, 1885 204-268 (= On aphasia. Brain 7 1985, 433-483).

Lieberman, P.: Some effects of semantic and grammatical cotext on the production and perception of speech. Language and Speech 6 1963, 172-187.

Liebermann, P.: The speech of primates. Den Haag Mouton 1972.

Lighthill, J.: A report on artificial intelligence. Manuscript. Science Research Council 1972.

Lindblom, B.E.F.: Spectographic study of vowel reduction. Journal of the Acoustical Society of America 35 1963, 1773-1781.

Lischka, C.: (1989). Konnektionismus, Künstliche Intelligenz und Informatik - Einige Anmerkungen. KI 89/3 1989, 38-41.

Locke, J.: An essay concerning human understanding. 1690 (= Versuch über den menschlichen Verstand. Hamburg Meiner 1976).

Lockmann, A/ Klappholz, A.D.: Toward a procedural model of contextual reference solution. Discourse Processes 3 1980, 25-71.

Lounsbury, F.G.: A semantic analysis of the pawnee kinship usage. Language 32 1957, 158 -194.

Lüdi, G.: Zur Zerlegbarkeit von Wortbedeutungen. Schwarze, C./ Wunderlich, D. (Hrsg.): Handbuch der Lexikologie. Königstein Athenäum 1985, 64-102.

Luhmann, N.: Soziologische Aufklärung 5. Konstruktivistische Perspektiven. Opladen Westdeutscher Verlag 1990.

Luria, A.R.: The functional organization of the brain. Scientific American 222 1970, 66-78.

Luria, A.R.: The neuropsychology of memory. Washington Winston 1976.

Luschützky, H.C.: Sixteen possible types of natural phonology processes. Wiener Linguistische Gazette 42/43 1988, 79-103.

Lutzeier, P.R.: Linguistische Semantik. Stuttgart Metzler 1985.

Lyons, J.: Deixis and subjectivity: Loquor, ergo sum? Jarvella, R.J./ Kleine, W. (eds.): Speech, place and action. New York Wiley 1982, 101-124.

Lyons, J.: Deixis as the source of reference. Keenan, E. (ed.): Formal semantics of natural language. Cambridge University Press 1975, 61-83.

Lyons, J.: Semantics. Cambridge University Press 1977.

Lyons, J.: Linguistics and Psychology. Koch, S. (ed.): Psychology: A study of science. Vol.6. New York 1963.

Lyons, J.: One hundred years of anthrological linguistics. Brew, J.O. (ed.): One hundred of anthropology. Cambridge Mass. 1956-1963 1968.

MacKay, D.G.: The structure of word and syllabels: Evidence from errors of speech. Cognitive Psychology 3 1972, 210-227.

MacKay, D.G.: Self-inhibition and the disruptive effects of internal and external feedback in skilled behavior. Heuer, H./ Christoph Fromm, C. (eds.): Generation and modulation of action patterns. Berlin Springer 1986, 174-186.

MacKay, D.G.: Spoonerisms: the structure of errors in the serial order of speech. Fromkin, V.A. (ed.): Speech errors as linguistic evidence. The Hague Mouton 1973, 164-194.

MacKay, D.G.: The problems of flexibility, fluency and speed-accuracy trade-off in skilled behavior. Psychological Renieru 89 1982, 483-506.

MacNeilage, P.F.: Motor control of serial ordering of speech. Psychological Review 77 1970, 182-196.

Mandler, G.: What is cognitive psychology? What isn't? Vortrag vor der APA Division of Philosophical Psychology Los Angeles 1981.

Mandler, J.M./ Ritchey, G.H.: Long-term memory for pictures. Journal of Experimental Psychology: Human Learning and Memory 3 1977, 386-396.

Mann, V.A./ Liberman, A.M.: Some differences between phonetic and auditory modes of perception. Cognition 14 1983, 211-235.

Marcel, A.J.: Conscious and unconscious perception: Experiments on visual masking and word recognition. Cognitive Psychology 15 1983 197-237.

Marcus, S.M.: (1981). ERIS-context-sensitive coding in speech perception. Journal of Phonetics 9 1981, 197-220.

Marr, D.: Vision: A computational investigation into the human representation and processing of visual information. San Francisco 1982.

Marr, D.: Early processing of visual information. Philosophical Transactions of the Royal Society B 275 London 1976, 483-524.

Marr, D.: Artifical intelligence, a personal view. MIT, AI Laboratory, AIM 355 1976.

Marshall, J.C/ Newcombe, F.: Patterns of paralexia: A psycholinguistic approach. Journal of Psycholinguistic Research 2 1973, 175-199.

Martin, E./ Walter, D.A.: Subject uncertainty and wordclass effects in short-term memory for sentences. Journal of Experimental Psychology 80 1969, 47-51.

Martin, E./ Roberts, K.H./ Collins, A.M.: Short-term memory for sentences. Journal of Verbal Learning and Verbal Behavior 7 1968, 560-566.

Matthews, W.A./ Waring, A.J.: Coding processes in the free recall of associated word list. Quarterly Journal of Exprimental Psychology 24 1972, 420-430.

Matthews, W.A./ Waring, A.J.: Organisational processes in free recall. Acta Psychologica 39 1975, 457-468.

Maturana, Humberto.: Erkennen: Die Organisation und Verkörperung von Wirklichkeit. Wiesbaden Vieweg 1985.

Martin, J.E.: Semantic determinants of preferred adjective order. Journal of Verbal Learning and Verbal Behavior 8 1969 697-704.

Martin, J.E.: Some competence-process relationships in noun phrases with pre-nominal and postnominal adjetives. Journal of Verbal Learning and Verbal Behavior 8 1969, 471-480.

McCarthy, R./ Warrington, E.K.: A two-route model of speech production. Brain 107 1984, 463-485.

McClelland, J.L. / Elman, J.L.: The TRACE model of speech perception. Cognitive Psychology 18 1986, 1-86.

McClelland, J.L./ Kawarnoto, A.H.: Mechanisms of sentence processing: Assigning roles to constituents. McClelland, J.L./ Rumelhart, D.E. (eds.): Parallel Distributed Processing. Vol.2 Cambridge Mass. MIT-Press 1986, 272-325.

McClelland, J.L./ Rumelhart, D.E.: An interactive activation model of context effects in letter perception: An account of basic findings. Psychological Review 88 1981, 375-407.

McClelland, J.L.: Connectionist models and psychological evidence. Journal of Memory and Language 27 1988, 107-123.

McClelland, J.L.: On the time relations of mental processes: A framework for analysing processes in cascade. Psychological Review 86 1979, 287-330.

McGurk, H./ MacDonald, J.: Hearing lips and seeing voices. Nature 264 1976, 746-748.

McNamara, J.: Cognitive basis of language learning in infants. Psychological Review 79 1972, 1-13.

McNamara, J.: Names for things: a study of child language. Cambridge Mass. Bradford Books MIT Press 1982.

McNeill, D.: The acquisition of language. New York Harper & Row 1970.

Meier, G.F.: Semantische Analyse und Noematik. Zeitschrift für Phonetik, Sprachwissenschaft und Kommunikationsforschung 4 1964, 581-595.

Meringer, R./ Mayer, C.: Versprechen und Verlesen. Eine psychologischlinguistische Studie. Stuttgart Göschen 1895 (Amsterdam 1978).

Metzger, W./ Erke, H.: Handbuch der Psychologie. Band I. Göttingen Hogrefe 1966.

Meyer, R.M.: Bedeutungssysteme. Zeitschrift für vergleichende Sprachforschung auf dem Gebiet der indogermanischen Sprachen. 1910, 352-368.

Miceli, G./ Mazzucchi, A./ Menn, L./ Goodglass, H.: Contrasting cases of Italian agrammatic aphasia without comprehension disorder. Brain and Language 19 1983, 65-97.

Miceli, G./ Silveri, C./ Caramazza, A.: The role of the phoneme to grapheme conversion system and of the graphemic output buffer in writing: Evidence from an Italian case of pure dysgraphia. Coltheart, M/ Sartori, G./ Job, R. (eds.): The cognitive neuropsychology of language. London Lawrence Erlbaum 1987.

Michel, F./ Andreewsky, E.: Deep dysphasia: An analogue of deep dyslexia in the auditory modality. Brain and Language 18 1983, 212-223.

Miller, D./ Ellis, A.W.: Speech and writing errors in "neologistic jargon-aphasia": A lexical activation hypothesis. Colteart, M./ Sartori, G./ Job, R. (eds.): The cognitive neuropsychology of language. London Lawrence Erlbaum 1987.

Miller, G.A.: The magical number seven, plus or minus two. Psychological Psychology Review 63 1965, 81-96.

Miller, G.A.: The psychology of communication. London Penguin 1968.

Miller, G.A.: A very personal history. Vortrag vor dem Cognitive Science Workshop am 1. Juni 1979. Cambridge Mass. Massachusetts Institut of Technology 1979.

Miller, G.A./ Taylor, J.: Perception of repeated bursts of noise. Journal of the Acoustic Society of America 20 1948, 171-182.

Miller, J.L.: Rate-dependent processing in speech perception. Ellis, A.W. (ed.): Progress in the psychology of language. Vol.3. London Lawrence Erlbaum 1987.

Miller, J.R./ Kintsch, W.: Readability and recall of short prose passages: A theoretical analysis. Journal of Experimental Psychology: Human Learning and Memory 6 1980, 335-354.

Miller, M.: Sprachliche Sozialisation. Hurrelmann, K./ Ulich, D. (Hrsg.): Handbuch der Sozialisationsforschung Weinheim Beltz 1982.

Mills, C.K.: The cerebral mechanism of emotional expression. Transactions of the College of Physicians of Philadephia 34 1912, 147-185.

Moerk, E.L.: A behavioral analysis of controversial topics in the first language acquisition: Reinforcements, corrections, modeling, input frequencies, and the tree-term contingency pattern. Journal of Psychologial Research 12 1983, 129-155.

Moll, K.L./ Daniloff, R.G.: Investigation of the timing of velar movements during speech. Journal of the Acoustic Society of America 50 1971, 678-684.

Molnar, V.: Das TOPIK im Deutschen und im Ungarischen. Stockholm Almquvist & Wiksell 1991.

Montague, R.: The proper treatment of quantification in ordinary English. Hintikka. K.J./ Moravcsik, J./ Suppes, P. (eds.): Approaches of natural language. Dordrecht Reidel 1973.

Montague, R.: Universal grammar. Theoria 36 1970, 373-398.

Morton, J.: The logogen model and orthographic structure. Frith, U. (ed.): Cognitive processes in spelling. London Academic Press 1980.

Morton, J.: Two auditory pralles to deep dylexia. Colteheart, U./ Patterson, K.E./ Marschall, J.C. (eds.): Deep dyslexica. London Routledge 1980.

Motley, M.T./ Baars B.J.: Toward a model of integrated editing processes in prearticulatory encoding: Evidence from laboratory generated verbal slips. Paper presented at the Speech Communication Association, Houston 1975.

Motley, M.T./ Baars B.J./ Camden C.T.: Syntactic criteria in prearticulatory editing: evidence from laboratory-induced slips of the tongue. Journal of Psycholinguistic Research 10 1981, 503-522.

Müller, M.: Über den Ursprung der Vernunft. Essay, Band II. Leipzig 1881, 436-481.

Myers, J.J.: Right hemispere language: Science or fiction? American Psychologist 39 1984, 315-320.

Myers, P.S./ Linebaugh, C.W.: Comprehension of idiomatic expressions by right-hemisphere-damaged adults. Brookshire, R.H. (ed.): Clinical aphasiology: Conference proceedings. Minneapolis BRK Publishers 1981.

Myerson, R./ Goodglass, H.: Transformational grammars and three agrammatic patients. Language and Speech 15 1972, 40-50.

Nakagawa, H./ Mori, T.: A parser based on a connectionist model. Pro-ceedings of the Twelfth International Conference on Computional Linguistics (COLING 88). Budapest 1988, 454-458.

Nakazima, S.: A comparative study of the speech development of Japanese and American English in childhood. Studia Philologica 2 1962, 27-39.

Nebes, R.D./ Martin, D.C./ Horn, L.C.: Sparing of semantic memory in Alzheimeris disease. Journal of Abnormal Psychology 93 1984, 321-330.

Nebes, R.D.: The nature of internal speech in a patient with aphemia. Brain and Language 2 1975, 489-497.

Nelson, K.E.: Concept, word and sentence: interrelations in acquisition and development. Psychological Review 81 1974, 267-285.

Neumann, J. von: The computer and the brain. New Haven Conn. 1958 (=Die Rechenmaschine und das Gehirn. München Beck 1970).

Newcombe, F./ Marshall, J.C.: Response monitoring and response blocking in deep dyslexia. Coltheart, M./ Patterson, K.E./ Marshall, C. (Hrsg.): Deep dyslexia. London Routledge and Kegan Paul 1980.

Newcombe, F./ Marshall, J.C.: Transcoding and lexical stabilization in deep dyslexia. Coltheart, M./ Patterson, K.E./ Marshall, J.C. (eds.): Deep dylexia. London Routledge 1980.

Newcombe, F./ Marshall, J.C.: Varieties of acquired dyslexia: A liguistic approach Seminars in Neurology 4 1984, 181-195.

Newcombe, F./ Marshall, J.C.: On psycholinguistic classifications on the acquired dyslexias. Bulletin of the Orton Society 31 1981.

Newcombe, F./ Marshall, J.C.: Traumatic dyslexia: Localization and linguistics.

Zulch, K.J./ Creutzfeldt, O./ Galbraith, G.C. (eds.): Cerebral localization. Berlin Springer 1975.

Newell, A.: Intellectual issues in the history of artifical intelligence. Machlup, F./ Mansfield (eds.): The Study of information: Interdisciplinary messages. New York 1983.

Newell, A.: Physical Symbol systems. Cognitive Science 4 1980, 135-83.

Newell, A.: The knowledge level. Artifical Intelligence 18.1 1982, 87-127.

Newell, A./ Simon, H.A.: The logic theory machine. IRE Transactions on Information Theory, II-2(3) 1956, 61-79.

Nichols, J.: New Scientists, 23.04.94, 10 1994.

Nida, E.A.: Semantic components. Babel 4 1962, 175-181.

Nooteboom, S.G.: The tongue slips into patterns. Sciarone, A.G./ Essen, A.J. van/ Raad, A.A. (eds.): Nomen. Leyden studies in linguistics and phonetics. The Hague Mouton 1969.

Norman, D.A./ Bobrow, D.G.: On data-limited and resource-limited processes. Cognitine Psychology 7 1975, 44-64.

Oakill, J.V./ Garham, A.: Referential continuity, transitivity and the retention of relational descriptions. Language and Cognitive Processes 1 1985, 149-162.

O'Brien, E.J./ Shank, D.M./ Myers, J.L./ Rayner, K.: Elaborative inferences during reading: Do the occur online? Journal of Experimental Psychology: Memory and Cognition 14 1988, 410-420.

Oevermann, U.: Sprache und soziale Herkunft Frankfurt a.M. 1972.

Oeser, E./ Seitelberger, F.: Gehirn, Bewußtsein und Erkenntnis. Darmstadt Wissenschaftliche Buchgesellschaft 1988.

Ogle, W.: Aphasia and agraphia. St. George's Hospital Reports 2 1867, 83-122.

Öhman, S.E.G.: Coarticulation in VCV utterances: Spectrographic measurments. Journal of the Acoutical Society of America 39 1966, 151-168.

Öhmann, S.E.G.: Numerical model of coarticulation. Journal of the Acoustic Society of America 41 1976, 310-320.

Okada, S./ Hanada, M./ Hattori, H,/ Shoyama, T.: A case of pure word-deafness. Studia Phonologica 3 1963, 58-65.

Oldfield,R.C./ Wingfield, A.: Response lantencies in naming objects. Quarterly Journal of Experimental Psychology 17 1965, 712-719.

Oller, D.K./ Wiemann, L.A./ Doyle, W.J./ Ross, C.: Infant babbling and speech. Journal of Child Language 3 1976, 3-11.

Paivio, A.: Imagery and verbal processes. New York Holt, Rinehart & Winston 1971.

Palm, G.: Neural Assemblies. Berlin Springer 1982.

Parisi, D.: Grammatical disturbances of speech production. Coltheart, M./ Sartori, G./ Job, R. (eds.): The cognitive neuropsychology of language. London Lawrence Erlbaum 1987.

Parker, D.B.: Learning Logie (TR-47). Cambridge Mass. MIT Center for Computational Research in Economics and Management Science 1985.

Parkes, C.H.: Against definitions. Cognition 8 1980, 263-367.

Patterson, J.H./ Green, D.M.: Discrimination of transient signals having identical energy spectra. Journal of the Acoustical Society of America 20 1970, 171-182.

Patterson, K./ Kay, J.: Letter-by-letter reading: Psychological descriptions of a neurological syndrome. Quarterly Journal of Experimental Psychology 34A 1982, 411-441.

Patterson, K.: Neuropsychological approaches to the study of reading. British Journal of Psychology 72 1981, 151-174.

Patterson, K.E./ Besner, D.: Is the hemisphere literate? Cognitive Neuropsychology 1 1984, 315-342.

Patterson, K.E./ Coltheart, V.: Phonological processesin reading: A tutorial review. Coltheart, M. (ed.): Attention and performance XII: The psychology of reading. London Lawrence Erlbaum 1987.

Patterson, K.E./ Marshall, J.C. Coltheart, M.: Surface dylexia: Neuropsychological and cognitive studies of phonological reading. London Lawrence Erlbaum 1985.

Patterson, K.E./ Morton, J.: From orthography to phonology: An attempt at an old interpretati on. Patterson, K.E./ Marshall, J.C./ Coltheart, M. (eds.): Surface dyslexia: Neuropsychological and cognitive studies of phonological reading. London Lawrence Erlbaum 1985.

Patterson, K.E.: Phonemic dyslexia:errors of meaning and meaning of errors.Quarterly Journal of Experimental Psychology 30 1978, 587-601.

Patterson, K.E.: The relation between reading and psychological coding: Further neuropsychological observations. Ellis. A.W. (ed.): Normality and pathology in cognitive functions. London Academic Press 1982.

Patterson K.E.: Lexical but non-semantic spelling? Cognitive Neuropsychology 3 1986, 341-367.

Paul, H.: Deutsche Grammatik III. Tübingen Niemeyer 1919 (unveränderter Nachdruck 1968).

Pechmann, T.: Sprachproduktion. Zur Generierung komplexer Nominalphrasen. Opladen Westdeutscher Verlag 1994.

Pechmann, T.: Überspezifizierung und Betonung in referentieller Kommunikation. Universität Mannheim Dissertation 1984.

Pechmann, T.: Accentuation and redundancy in children´s and adult´s referential communication. Bouma, H./ Bouwhuis, D.G. (eds.): Attention and performance 10. Hillsdale Lawrende Erlbaum 1984.

Pechmann, T.: Erst reden, dann denken? Überlegungen und Befunde zu einer inkrementellen Strategie der Sprachproduktion. Albert, D. (Hrsg.): Bericht über den 34. Kongreß der Deutschen Gesellschaft für Psychologie. Göttingen Hogrefe 1985.

Pechmann, T.: Incremental speech production and referential over-specifcation. Linguistics 27 1989, 89-110.

Perecman, E./ Brown, J.W.: Semantic jargon: A case report. Brown, J.W. (ed.): Jargonaphasia. New York Academic Press 1981.

Perkell, J.S.: Phonetic features and the physiology of speech production. Butterworth, B.L. (ed.): Language production. Speech and Talk. London Academic Press 1980, 337-372.

Perkell, J.S.: Physiology of speech production. Results and implications of a quantitative cineradiographic study. Research Monograph No. 53. Cambridge Mass. MIT Press 1969 .

Piaget, J.: Biologie und Erkenntnis. Frankfurt Fischer 1974 (franz. Original 1967).

Piaget, J.: Le language et les operations intellectuelles. Problems de psycholinguistique: Symposium des psychologie scientifique de langue francaise. Paris 1963, 51-61 (= Furth, H. (Hrsg.): Intelligenz und Erkennen: Die Grundlagen der genetischen Erkenntnistheorie Piagets. Frankfurt a.M. Suhrkamp 1963, 51-61).

Piaget, J.: Six psychological studies. New York Random 1967.

Piaget. J.: Das moralische Urteil beim Kind. Frankfurt a.M. Suhrkamp 1979 (franz. Original 1932).

Piatelli-Palmarini, M. (ed.): Language and learning. London Routledge and Kegan Paul 1980.

Piattelli-Palmarini, M.(ed.): Language and learning - The debate between Jean Piaget and N. Chomsky. Cambridge Mass. Havard University Press 1980.

Piattelli-Palmarini, M. (ed.): Evolution, selection and cognition:From "learning" to parameter setting in biology and in the study of language. Cognition 31 1989, 1-44.

Pick, A.: Die agrammatischen Sprachstörungen. Studien zur psychologischen Grundlegung der Aphasielehre. Monographien aus dem Gesamtgebiete der Neurologie und Psychiatrie. Berlin 1913.

Pike, K./ Pike, E.: Immediate constituents of Mazateco syllables. Inter-national Journal of American Linguistics 13 1949, 78-91.

Pilch, H.: Phonemtheorie. Basel 1968.

Pinker, S.: A theory of acquisition of lexical interpretative grammars. Bresnan, J. (ed.): The mental representation of grammatical relations. Cambridge Mass. MIT Press 1982.

Pinker, S.: Language learnability and language development. Cambridge Mass. Havard University Press1984.

Poeck, K.: What do we mean by "aphasic syndromes"? A neurolinguistic view. Brain and language 20 1983, 79-89.

Pollack, I./ Pickett, J.M.: The Intelligibility of excerpts from fluent speech: Auditor versu s structual contxt. Language and Speech 6 1964, 151-165.

Porzig, W.: Wesenhafte Bedeutungsbeziehungen. Beiträge zur Geschichte der deutschen Sprache und Literatur 58 1934, 70-97.

Posner, M./ Keele, S.: On the genesis of abstract ideas. Journal of Experimental Psychology 77 1968, 353-363.

Potter, J.M.: What was the matter with Dr. Spooner? Fromkin, V.A. (ed.): Errors in linguistic performance: Slips of the tongue, ear, pen and hand. New York Academic Press 1980.

Potter, M.C./ Faulconer, B.A.: Time to understand pictures and words. London Nature 1975 253, 437-438.

Pottier, B.: Vers une sémantique moderne. Travaux de linguistique et de littérature II/1: 1964 107-137 (= Entwurf einer modernen Semantik. Geckeler, H. (Hrsg.): Strukturelle Bedeutungslehre. Darmstadt Wissenschaftliche Buchgesellschaft 1978, 45-89).

Pottier, B.: La définition sémantique dans les dictionnaires. Travaux de linguirtique et de liaérature III.1 1965, 33-39 (= Die semantische Definition in den Wörterbüchern. Geckeler, H. (Hrsg.): Strukturelle Bedeutungslehre. Darmstadt Wissenschaftliche Buchgesellschaft 1978, 402-411).

Premack, D.: Intelligence in ape and man. Hillsdale Lawrence Erlbaum 1976.

Premack, D./ Premack, A.: On the assesment of language compentence in the chimpanzee. Schrier, A.M./ Stollnitz, F. (eds.): Behavior of nonhuman primates. Vol.4. New York Academic Press 1971, 185-228.

Premack, D./ Premack, A.: Sprachunterricht für einen Affen. Wickler, W./ Seibt, U. (Hrsg.): Vergleichende Verhaltensforschung. Hamburg Hoffmann & Campe 1973, 414-430.

Premack, D./ Premack, A.: Some general characteristics of a method for teaching languages to organisms that do not ordinarily acquire it. Jarrard, L. (ed.): Cognitive processes of nonhuman primates. New York Academic Press 1971, 47-82.

Premack, D./ Premack, A.: The education of Sarah, a chimp. Psychology Today 4 1970, 55-58.

Preyer, W.: Die Seele des Kindes. Leipzig 1900.

Primus, B.: Variants of scalar adverb in German. Linguistische Berichte. Sonderheft 4 1992, 54-88.

Prinzhorn, M. (Hrsg.): Phonologie. Opladen Westdeutscher Verlag 1989.

Pulman, S. G.: Word meaning and belief. London Croom Helm 1983.

Putnam, H.: Minds and machines. Castaneda, H. (ed.): Dimensions of mind. New York Collier Books 1960.

Pylyshyn, Z.W.: 1980 Cognitive representation and the process-architecture Distinction. The Behavioral and Brain Sciences 3 1980, 154-169.

Pylyshyn, Z.W.: The Imagry Debate: Analogue media versus tacit know-ledge. Psychological Review 88 1981, 16-45.

Pylyshyn, Z.W.: Computation and cognition: Towards a foundation for cognitive science. Cambridge Mass. 1984.

Quillian, M.R.: Word Concepts: A theory and simulation of some basic semantic capabilities. Behavioral Science 12.5 1967, 410-430.

Rabinowicz, B./ Moscovitch, M.: Right hemisphere literacy: A critique of some recent approaches. Cognitive Neuropsychology 1 1984, 343-350.

Ramge, H.: Spracherwerb und sprachliches Handeln. Studien zum Sprechen eines Kindes im dritten Lebensjahr. Düsseldorf Schwann 1976.

Ramon y Cayal, S.: La fine structure des contres nerveaux. Proc. Roy. Soc. B 55.

London 1894, 444-468.

Ratcliff, R./ McKoon, G.: Does activation really spread? Psychological Review 88 1981, 454-462.

Raue, B./ Engelkamp, J.: Gedächtnispsychologische Aspekte der Verbvalenz. Saarbrücken Fachrichtung Psychologie der Universität des Saarlandes 1976.

Reason, J.T./ Lucas, D.: Using cognitive diaries to investigate naturally occuring memory blocks. Harris, J./ Morris, P.E. (eds.) Everyday memory, actions and absentmindedness. London Academic Press 1984.

Reicher, P.A.: Perceptual recognition as a function of meaningfulness of stimulus material. Journal of Experimental Psychology 81 1969, 274-280.

Reichmann, O.: Germanistische Lexikologie. Stuttgart Metzler 1976.

Reilly, R.G.: A connectionist model of some aspects of anaphor resolution. Coling 84 1984, 144-149.

Richardson, J.T.E.: Integration versus decomposition in the retention of complex ideas. Memory and Cognition 13 1985, 112-127.

Rickheit, G./ Schnotz, W./ Strohner, H.: The concepts of inference in discourse comprehension. Rickheit, G./ Strohner, H. (eds.): Inferences in text processing. Amsterdam North Holland 1985, 2-49.

Rickheit, G.: Einleitung. Rickheit, G. (Hrsg.): Kohärenzprozesse. Opladen Westdeutscher Verlag 1991, 3-7.

Reinhart, T.: Anaphora and semantic interpretation. London Croom Helm 1983.

Repp, B.H.: Phonetic trading relations and context affects: New experimental evidence for a speech mode of perception. Psychological Bulletin 92 1982, 81-110.

Rice, M./ Kemper, S.: Child language and cognition - contemporary issues. Baltimore University Park Press 1984

Rickheit, G./ Mellies, R./ Winnecken, A. (Hrsg.): Linguistische Aspekte der Sprachtherapie. Forschung und Intervention bei Sprachstörungen. Opladen Westdeutscher Verlag 1992.

Rickheit, G.: Zur Entwicklung der Syntax im Grundschulalter. Arbeiten zur Sprache im Schulalter auf der Grundlage des Braunschweiger Textkorpus. Band 2. Düsseldorf Schwann 1975.

Richards, M. M.: The pragmatic communication rule of adjective ordering: A critique. American Journal of Psychology 88 1975, 201-215.

Richards, M. M.: Adjective ordering in language of young children: An experimental investigation. Journal of Child Language 6 1979, 253-277.

Riegel, K./ Riegel, M.: Changes in associative behavior during later years of life. Vita Humana 7 1964, 1-32.

Rochford, G./ Williams, M.: Studies in the development and breakdown of the use of names. The relationship between nominal dysphasia and the acquisation of vocabulary in childhood. Journal of Neurology. Neurology and Psychiatry 25 1965, 222-227.

Roeltgen, D.P./ Sevush, S./ Heilman, K.M.: Phonological agraphia: Writing by the lexical-semantic route. Neurology 33 1983, 755-765.

Roeper, T./ Weissenborn, J.: How to make parameters work. Frazier, L./ de

Villiers, J. (eds.): Langugage processing and language acquisition. Dordrecht Kluwer Academic Publishers 1990, 147-162.

Roeper, T./ Williams, E.: Parameter setting. Dordrecht Reidel 1987.

Rooth, M.: Association with focus. Ph.D.-Dissertation. Amherst University of Massachusetts 1985.

Rorty, R.: Mind-body identity, privacy and categories. Review of Metaphysics 29 1965, 24-54.

Rosch, E.: Human categorization. Warren, N. (ed.): Advancec in crosscultural psychology. Vol 1. New York Academic Press 1977, 1-49.

Rosch, E.: Natural Categories. Cognitive Psychology 4 1973, 328-350.

Rosch, E.: On the internal structure of perceptual and semantic categories. Moore, T.E. (ed.): Cognitive development and acquisition of language. New York 1973.

Rosch, E.: Cognitive reference points. Cognitive Psychology 7 1975, 532-547.

Rosch, E.: Principles of categorization. Rosch, E./ LIoyd, B. (eds.): Cog-nition and categorization. New York Wiley 1978.

Rosch, E.: Human Categorization. Warren, N. (Hrsg.): Advances in crosscultural psychology. New York Academic Press 1977.

Rosch, E./ Mervis, C.B./ Ray, W.D./ Johnson, D.M,/ Boyes-Braem, P.: Basic objects in natural categories. Cognitive Psychology 8 1976, 382-439.

Rosch, E.: Natural categories. Cognitive psychology 4 1973, 328-350.

Rosch,E.: Classification of real-word objects: Origins and representations in cognition. Erlich, S./ Tulving, E. (eds.): Bulletin de Psychologie 1976.

Rosati, G./ Bastiani, P. de: Pure agraphia: A discrete form of aphasia. Journal of Neurology, Neurosurgery, and Psychiatry 42 1979, 266-269.

Rosenberg, S.: Association and phrase structure in sentence recall. Journal of Verbal Learning and Verbal Behavior 7 1968, 1077-1081.

Rosenberg, S.: The recall of verbal material accompanying semantically well-integrated and semantically poorly-integrated sentences. Journal of Verbal Learning and Verbal Behavior 8 1969, 732-736.

Rosenblatt, F.: Principles of neurodynamics: Perceptions and the theory of brain dynamics. New York Spartan Book 1962.

Rosenkranz, B.: Der Ursprung der Sprache. Eine linguistisch-anthropologischer Versuch. Heidelberg Winter 1971.

Rosenzweig, M.R.: Comparisons among word-association responses in English, French, German, and Italian. American Journal of Psychology 74 1961, 347-360.

Rosenzweig, M.R.: Word associations of French workmen: comparisons with associations of French students an American workmen and students. Journal of Verbal Learning and Verbal Behavior 3 1964, 57-69.

Roth, G.: Cognition: The origin of meaning in the brain. Elsner, N./ Roth, G. (eds.): Brain-Perception-Cognition. Stuttgart Thieme 1990, 53-59.

Roth, G.: Das Gehirn und seine Wirklichkeit. Frankfurt a.M. Suhrkamp 1994.

Rothkegel, A.: Textual knowledge and writing. Boscolo, P. (Hrsg.): Writing: Trends in European research. Padova Upsel Editore 1989,172-181.

Rothkegel, A.: Wissen und Informationsstruktur im Text. Folia Linguistica

XXV.1-2 Wien 1991, 189-217.

Rothkegel, A.: Textualisieren. Theorie und Computermodell der Textproduktion. Frankfurt a.M. Lang 1993.

Rottleuthner-Lutter, M.: Die Entwicklung der Begriffe und Bedeutungen von "traurig sein", "sich freuen", "Angst haben": Differenzierung zwischen Ausdruck und Erleben. Vortrag auf der 5. Tagung für Entwicklungspsychologie. Augsburg 1981.

Rottleuthner-Lutter, M.: Zur Entstehung von Metakommunikation: Adualistische Begriffsentwicklung - eine Konzeption im Frühwerk Piagets. Seiler, Th.B./ Wannenmacher, W. (Hrsg.): Begriffs- und Wortbedeutungsentwicklung. Berlin Springer 1985, 145-157.

Rumbaugh, D.M.: Language behavior of apes. Sebeok, T.A./ Umiker-Sebeok, D.J. (eds.): Speaking of apes. New York Plenum Press 1980, 231-259.

Rumelhart, D.E.: Understanding and summarizing brief stories. LaBerge, D./ Samuels, S.J. (eds.): Basic processes in reading: Perception and comprehension. Hillsdale Lawrence Erlbaum 1977.

Rumelhart, D.E.: Notes on a schema for stories. Bobrow, D./ Collins, A. (eds.): Representation and understanding. New York Academic Press 1975, 211-236.

Rumelhart, D.E./ McClelland, J.L.: Interactive processing through spreading activation. Lesgold, A.M./ Perfetti, C.A (eds.): Interactive processesing reading. Hillsdale Lawrence Erlbaum 1981.

Rumelhart, D.E./ McClelland, J.L.: An interactive activation model of context effects in letter perception, Part 2. The contextual enhancement effects and some tests and extensions of the model. Psychological Review 89 1982, 60-94.

Rumelhart, D.E./ Hinton, G.E./ Williams, R.J.: Learning internal representations by error propagating. Rumelhart, D.E./ McClelland, J.L. (eds.): Parallel distributed processing. Cambridge Mass. MIT-Press 1986, 318 - 362.

Rumelhart, D.E./ Hinton, G.E./ Williams, R.J.: Learning representations by back-propagating errors. Nature 323 1986, 533-536.

Rumelhart, D.E./ Lindsay, P.H./ Norman, D.A.: A process model for longterm memory. Tulving, E./ Donaldson, W. (eds.): Organization and memory. New York Academic Press 1972, 198-246.

Russell, W.A./ Meseck, O.R.: Der Einfluß der Assoziation auf das Erinnern von Worten in der deutschen, französischen und englischen Sprache. Zeitschrift für experimentelle und angewandte Psycholgie 6 1959, 191-211.

Ryle, G.: The concept of mind. London 1949 (= Der Begriff des Geistes. Stuttgart 1969).

Sachs, J.: Recognition memory of syntactic and semantic aspetcs of connected discourse. Perception and Psychophysics 1967, 437-442.

Sachs, J.: Memory in reading and listening to discourse. Memory & Cognition 2 1974, 95-100.

Sadock, J.M.: Remarks on the paper by Deirdre Wilson and Dan Sperber. Papers from the 22th Regional Meeting of the Chicago Linguistic Society 1986, 312-334.

Saffran, E.M./ Marin, O.S.M./ Yeni-Komshian, G.H.: An analysis of speech perception in word deafness. Brain and Language 3 1976, 209-228.

Saffran, E.M./ Schwartz, M.F./ Marin, O.S.M.: Evidence from aphasia: Isolating the components off a production model. Butterworth, B. (ed.): Language production, Vol.I. London Academic Press 1980.

Saffran, E.M./ Schwartz, M.F./ Marin, O.S.M.: The word order problem in agrammatism, II. Production. Brain and Language 10 1980, 249-262.

Sanford, A.J./ Garrod, S.C.: Understanding written language. Explorations of comprehension beyond the sentence. Chichester Wiley 1981.

Sanford, A.J./ Garrod, S.C.: What, when, and how? Questions of immediacy in anaphoric reference resolution. Language and Cognitive Processes 4 1989, 235-262.

Sanford, A.J./ Seymour, P.H.K.: Semantic distance effects in naming superordinates. Memory and Cognition 2 1974, 714-720.

Savage-Rumbaugh, E.S./ Sevcik, R.A./ Rumbaugh, D.M./ Rubert, E.: The capacity of animals to acquire language: do species differences have anything to say to us? Philosophical Transaction of the Royal Society of London 308 1985, 177-185.

Savory, S.E.: Künstliche Intelligenz und Expertensysteme. München Oldenbourg 1985.

Schade, U./ Langer, H./ Rutz, H./ Sichelschmidt, L.: Kohärenz als Prozeß. Rickheit, G. (Hrsg.): Kohärenzprozesse. Opladen Westdeutscher Verlag 1991, 7-58.

Schaner-Wolles, C./ Haider, H.: Spracherwerb und Kognition - Eine Studie über interpretative Relationen. Linguistische Berichte. Sonderheft 1 1987, 41-80.

Schank, R.C.: Conceptual Dependency: A theory of natural language understanding. Cognitive Psychology 3 1972, 552-631.

Schank, R.C.: The structure of episodes in memory. Bobrow, D.G./Collins, A. (eds.): Representation and understanding. New York Academic Press 1975, 237-272.

Schmidt, S.J.: Kognitive Autonomie und soziale Orientierung. Konstruktivistische Bemerkungen zum Zusammenhang von Kognition, Kommunikation, Medien und Kultur. Suhrkamp Frankfurt a.M. 1994.

Schnotz, W.: Textverstehen als Aufbau mentaler Modelle. Mandl, H./ Spada, H. (Hrsg.): Wissenspsychologie. München Psychologische Verlagsunion 1988, 299-330.

Schouten, M.E.H.: The case against a speech mode of perception. Acta Psychologica 44 1980, 71-98.

Schurig, V.: Naturgeschichte des Psychischen. 1. Psychogenese und elementare Formen der Tierkommunikation. Frankfurt Campus 1975.

Schwartz, M.F./ Linebarger, M.C./ Saffran, E.M.: The status of the syntactic deficit theory of agrammatism. Kean, M.L. (ed.): Agrammatism. New York Academic Press 1985.

Schwartz, M.F./ Saffran, E.M./ Marin, O.S.M.: Fractionating the reading process in dementia: Evidence for word-specific print-to-sound associations. Coltheart, M./ Patterson, K.E./ Marshall, J.C. (eds.): Deep dyslexia. London Routledge and Kegan Paul 1980.

Schwarz, M.: Einführung in die Kognitive Linguistik. Tübingen Francke 1992.

Searle, J.R.: Ausdruck und Bedeutung. Untersuchungen zur Sprechakt-theorie. Frankfurt 1982, 17-50.

Searle, J.R.: Austin on locutionary and illocutionary acts. The Philosophical Review 77 1968, 405-424.

Searle, J.R.: The classification of illocutionary acts language in society 5 1971, 1-24.

Searleman, A.: Language capabilities of the right hemisphere. Young, A.W. (ed.): Functions of right cerebral hemisphere. London Academic Press 1983.

Sebeok, T.A./ Umiker-Sebeok, D.J. (Hrsg.): Speaking of apes. New York Plenum Press 1980.

Seiler, T.B., /Wannenmacher, W. (eds.): Concept development and the development of word meaning. Berlin Springer 1983.

Seiler, T.B.: Begriffs- und Wortschatzentwicklung. Berlin Springer 1985.

Seiler, T./ Wannenmacher, W. (Hrsg.): Begriffs- und Wortbedeutungs-entwicklung. Theoretische, empirische und methodische Untersuchungen. Berlin Springer 1985.

Selkirk, E.O.: Phonology and syntax. The relation between sound and structure. Cambridge Mass. MIT Press 1984.

Sellman, B./ Hirst, G.: A rule-based connectionist parsing system. Proceedings of the seventh Annual Conference of the Cognitive Society. Irvine CA Erlbaum 1985, 212-221.

Selmann, R./ Demorest, A.P./ Krupa, M.P.: Interpersonale Verhandlungen. Eine entwicklungstheoretische Analyse. Edelstein, W/ Habermas, J. (Hrsg.): Soziale Interaktion und soziales Verstehen. Frankfurt a.M Suhrkamp 1984.

Semjen, A.: From motor learning to sensorimotor skill acquisition. Journal to Human Movement Studies 3 1977, 182-191.

Sentis, K.P./ Klatzky, R.L.: Effects of sentence length content, and transformational form in a memory overflow task. Psychological Record 26 1976, 55-60.

Sergent, J.: Processing of visually presented vowels in cerebral hemispheres. Brain and Language 21 1984, 136-146.

Sgall, P./ Hajicová/ Benesová, E.: Topic, focus and generative semantics. Kronberg Scriptor 1973.

Sgall, P.: The Czech tradition. Jacobs, J./ Stechow, von A./ Vennemann, T. (Hrsg.): Handbuch Syntax. Band 1. Berlin de Gruyter 1992.

Shallice, T.: Specific impairments of planning. Philosophical Transactions of the Royal Society B 298 1982, 199-209.

Shallice, T./ Warrington, E.K.: The possible role of selective attention in acquired dyslexia. Neuropsychologia 15 1977, 31-41.

Shallice, T./ Warrington, E.K./ McCarthy, R.: Reading without semantics. Quarterly Journal of Experimenzal Psychology 35A 1983, 111-138.

Shallice, T.: Case-study approach in neuropsychological research. Journal of Clinical Neuropsychology 1 1979, 183-211.

Shallice, T.: Phonological agraphia and the lexical route in writing. Brain 104 1981, 413-429.

Shankweiler, D./ Harris, K.S.: An experimental approach to the problem of articulation in aphasia. Cortex 2 1966, 277-292.

Shankweiler, D./ Studdert-Kennedy, M.: Identification of consonants and vowels presented to left and right ears. Quarterly Journal of Experimental Psychology 19 1967, 59-63.

Shannon, C.E.: A symbolic analysis of relay and switching circuits. Transactions of the American Institute of Electrical Engineers 57 1938, 1-11.

Shattuck, S.: Speech errors and sentence production. Unpublished doctoral dissertation. Cambridge Mass. MIT 1975.

Shattuck, S.: Position of errors in tongue twisters and spontaneous speech: evidence for two processing mechanisms? MIT Research Laboratory of Electronics, Speech Commnunication, Working Papers 1 1982, 1-8.

Shattuck-Hufnagel, S./Klatt, D.H.: The limited use of distinctive features and markedness in speech production: Evidence from speech error data. Journal of Verbal Learning and Verbal Behavior 18 1979, 41-55.

Shattuck-Hufnagel, S.: The word-position similarity constraint on segmental speech errors: further experimental results. Journal of the Acoustical Society of America 74, Supplement 1 1983 ,117.

Shattuck-Hufnagel, S.: The role of word-onset consonants in speech production planning: New evidence from speech error patterns. Keller, E./ Gopnik, M. (eds.): Motor and sensory processes of language. Hillsdale Lawrence Erlbaum 1987.

Shatz, M./ Wellmann, H.M./ Silber, S.: The acquisition of mental verbs: A systematic investigation of the first reference to mental state. Cognition 14 1983, 301-321.

Shaw, J.C./ Simon, H.A.: Elements of a theory of human problemsolving. Psychological Review 65 1958, 151-166.

Shepard, R.N.: Recognition memory for words, sentences, and pictures. Journal of Verbal Learning and Verbal Behavior 6 1967, 156-163.

Shepard, R.N./ Chipman,S.: Second-order isomorphism of internal representations: Shapes of states. Cognitive Psychology 1 1970, 1-17.

Sherrington, C.S.: Flexion-reflex of the limb, crossed extension reflex stepping and standing. Journal Physiology 40. London 1910, 28-121.

Shoumaker, R.D./ Ajax, E.J./ Schenkenberg, T.: Pure word deafness (auditory verbal agnosia). Discases of the Nervous System 38 1977, 293-299.

Sichelschmidt, L.: Adjektivfolgen. Eine Untersuchung zum Verstehen komplexer Nominalphrasen. Opladen Westdeutscher Verlag 1989.

Simon, H.: The sciences of the artificial. Cambridge Mass. MIT Press 1981.

Simon, H./ Newell. A.: Simulation of cognitive processes: A report on the summer research training institute 1958. Social Science Research Council Items 12 1958, 337-340.

Simon, J.: Sprachphilosophie. Freiburg Alber 1981.

Singer, M.: Interferences in reading comprehension. Daneman, M/ MacKinnon, G.E./ Waller, T.G. (eds.): Reading research: Advances in theory and practice. Vol. 6. New York Academic Press 1988, 177-219.

Singer, W.: Hirnentwicklung und Umwelt. Spektrum der Wissenschaft 3 1985, 48-61.

Skinner, B.F.: Verbal behavior. New York Appleton-Century-Crofts 1957.

Sloan Foundation: Cognitive science. Bericht des State of the Art Commitee. New York 1978.

Small, S./ Cottrell, G./ Shastri, L.: Toward connectionist parsing. AAAI, 1982, 247-250.

Smith, A.: Speech and other functions after left (dominant) hemispherectomy Journal of Neurology. Neurosurgery and Psychiatry 29 1966, 467-471.

Smith, C.: Childrens understanding of natural language hierarchies. Journal of Experimental Child Psychology 27 1978, 437-459.

Smith, E./ Medin, D.: Categories and Concepts. Cambridge Mass. Harvard University Press 1981.

Smyth, M.M./ Morris, P.E./ Levy, P./ Ellis, A.W.: Cognition in action. London Lawrence Erlbaum 1987.

Snodgrass, J.G.: Concepts and their surface representations. Journal of Verbal Learning and Verbal Behavior 23 1984, 3-22.

Snow, C.E./ Ferguson, C.A. (eds.): Talking to children. Cambridge Universiy Press 1977.

Snodgrass, J.G.: Concepts and their surface representations. Journal of Verbal Learning and Verbal Behavior 23 1984, 3-22.

Soames,S.: Linguistics and Psychology. Linguistics and Philosophy 7 1984, 155-179.

Soderpalm, E.: Speech errors in normal and pathological speech. (Tavaux de I'Institut de Linguistique de Lund, XIV. Malmo CWK Gleerup 1979.

Solan, L.: Parameter setting and the development of pronouns and reflexives. Roeper, T./ Williams, E. (eds.): Parameter setting. Dordrecht Reidel 1987, 189-210.

Sowa, J.F.: Conceptual structures: Information processing in mind and machine. Reading Mass. Addison-Wesley 1983.

Stampe, D.: A dissertation on natural phonology. Bloomington Indiana University Linguistics Club 1979 .

Standing, L.: Learning 10.000 pictures. Ouarterly Journal of Experimental Psychology 25 1973, 207-222.

Stark. K.H./ Stark, J.: Syllable structure in Wernicke's aphasia. Nespoulous, J.L./ Villard, P. (eds.): Morphology, phonology and aphasia. New York Springer 1990, 213-235.

Stechow, A. von/ Wunderlich, D. (Hrsg.): Handbuch Semantik. Berlin de Gruyter 1991.

Stechow, A. von: Structured propositions. Arbeitspapier 59 des SFB 99 Konstanz 1982.

Steinberg, E./ Anderson, R.: Hierachical semantic organization in 6-year-olds.

Journal of Experimental Child Psychology 19 1975, 544-553.

Stemberger, J.P.: An interactive activation model of language, Vol.1. London Lawrence Erlbaum 1985.

Stemberger, J.P.: Speech errors and theoretical phonology: A review. Bloomington Indiana University Linguistics Club 1983.

Stemberger, J.P.: Structural errors in normal and agrammatic speech. Cognitive Neuropsychology 1 1984, 281-314.

Stemberger, J.P.: Inflectional malapropisms: form-based errors in English morphology. Linguistics 21 1983, 573-602.

Stemberger, J.P.: The lexicon in a model of language production. New York Garland 1985.

Stillings, N.A. et al. (eds.): Cognitive science: An introduction. Cambridge Mass. MIT Press 1987.

Strohner, H./ Weingarten, R./ Becker, B.: Interactional conditions of syntax acquisition: A review. Instructional Science 11 1982, 51-69.

Strutevant, E.H.: An introduction to linguistic science. New Haven 1947.

Sumby, W.H./ Pollack, I.: Visual contribution to speech intelligibility in noise. Journal of the Acoustical Society of America 26 1954, 212-215.

Summerfield, Q.: Use of visual information for phonetic perception. Phonetica 36 1979, 314-331.

Suppes, P.: The desirability of formalization in science. The Journal of Philosophy LXV 1968, 21.

Sussman, H.M.: A neuronal for syllable representation. Brain and Language 22 1984, 267-177.

Sussman, H.M.: What the tongue tells the brain. Psychological Bulletin 77 1972, 262-272.

Sussman, H.M./ Westbury, J.R.: The effects of antagonistic gestures on temporal and amplitude parameters of anticipatory labial coarticulation. Journal of Speech and Hearing Research 46 1981, 16-24.

Symonds, C.: Aphasia. Journal of Neurology, Neurosurgery and Psychiatry 16 1953, 1-6.

Tabossi, P.: Lexical information in sentence comprehension. Quarterly Journal of Experimental Psychology 35 A 1985, 83-94.

Taft, M.: The decoding of words in lexical access: A review of the morphographic approach. Besner, D./ Waller, T.G./ MacKinnon, G.E. (eds.): Reading research: Advances in theory and practice. Vol. 5. New York Academic Press 1985.

Tatham, M.A.: A speech production model for synthesis-by-rule. Ohio State University Working Papers in Linguistics 6 1970.

Terrace, H.S.: Animal cognition: thinking without language. Philosophical Transaction of the Royal Society of London 308 1985, 113-128.

Teuber, H.L.: Physiological psychology.Annual Review of Psychology 9 1955, 267-296.

Teyssier, J.: Notes on the syntax of the adjective in modern English. Lingua 20 1968, 225-249.

Thevenin, D.H./ Eilers, R.E./ Oller, D.K./ Lavoie, L.: Where's the drift in babbling drift? A cross-linguistic study. Applied Psycholinguistics 6 1985, 3-15.

Thompson, A.E./ Hixon, T.J.: Nasal air flow during normal speech production. Cleft Palate Journal 16 1979, 412-420.

Thompson, Ch.P./ Hamlin, V.J./ Roenker, D.L.: A comment on the role of clustering in free recall. Journal of Experimental Psychology 94 1972, 108-109.

Thorndike, E.L.: Man and his works. Cambridge Mass. 1943

Thorndyke, E.L./ Perry W.: Cognitive structure in the comprehension and memory of narrative discourse. Cognitive Psychology 9 1977, 77-110.

Thrane, T.: Referential-semantic analysis. Aspects of a theory of linguistic reference. Cambridge Mass. University Press.

Thumb, A./ Marbe, K.: Experimentelle Untersuchungen über die psychologischen Grundlagen der sprachlichen Analogiebildung. Leipzig 1901.

Tissot, R./ Mounin, G./ Lhermitte, F.: L ágrammatisme. Paris Dessart 1973.

Trier, J.: Das sprachliche Feld. Neue Jahrbücher für Wissenschaft und Jugendbildung 10 1934, 428-449.

Tucker, D.M./ Watson, R.T./ Heilman, K.: Discrimination and evocation of affectively intoned speech in patients with right parietal disease. Neurology 27 1977, 947-50.

Tulving, E./Thompson, D.M.: Retroactive inhibition in free recall. Inaccessibility of information available in the memory store. Journal of Experimental Psychology 87 1971, 1-8.

Turing, A.M.: Computing machinery and intelligence. Mind 59 1950, 433-60.

Turing, A.M.: On computable numbers, with an application to the Entscheidungs-Problem. Proceedings of the London Mathematical Society, Series 2. 42 1936, 230-265.

Turvey, M.T./ Shaw. R.E./ Mace, W.: Issues in the theory of action: degrees of freedom, coordinative structures and coalitions. Requin, J. (ed.): Attention and performance VII. Hillsdale Lawrence Erlbaum 1978, 557-595.

Van Lancker, D.: Nonpropositional speech: Neurolinguistic studies. Ellis, A.W. (ed.): Progress in the psychology of language, Vol. 3. London Lawrence Erlbaum 1987.

Varela, F.J./ Singer, W.: Neuronal dynamics in the cortico-thalamic pathway as real through binoculary rivalry. Experimental Brain Research 66 1987, 10-20.

Varela, F.J.: Kognitionswissenschaft - Kognitionstechnik Eine Skizze aktueller Perspektiven. Frankfurt a.M. Suhrkamp 1990.

Verrips, M.: Models of development. Linguistische Berichte. Sonderheft 3 1990, 11-21.

Vendler, Z.: Adjectives and nominalizations. Den Haag Mouton 1968.

Viehweger, D.: Coherence - interaktion of modules. Heydrich, W/ Neubauer, F./ Petöfi, J.S./ Sözer, E. (eds.): Connexity and coherence. Analysis of text and discourse. Berlin de Gruyter 1989, 256-274.

Vieweger, D.: Grundpositionen dynamischer Textmodelle. Fleischer, W. (Hrsg.): Textlinguistik und Stilistik. Berlin de Gruyter 1987, 1-17.

Wagenaar, W.A./ Schreuder, R./ Wijhuizen, G.J.: Readability of instructional text, written for the general public. Applied Cognitive Psychology 1 1987, 155-167.

Wahlster, W.: Algorithmen zur Beantwortung von "Warum"- Fragen in Dialogsystemen. Universität Hamburg, Germanisches Seminar, HAM-RPM-Bericht Nr. 9. Krallmann, D.S./ Tickel, G. (Hrsg.): Theorie der Frage. Tübingen Narr 1979.

Wahlster, W.: Die Repräsentation von vagem Wissen in natürlichsprachlichen Systemen der Künstlichen Intelligenz. Universität Hamburg, Fachbereich Informatik, Bericht IFI-HH-B-38/77 1977.

Wahlster, W.: Implementing fuzziness in dialogue systems. Universität Hamburg, Germanisches Seminar, HAM-RPM- Bericht Nr. 14. Rieger, B. (ed.): Empirical semantics. Bochum Brockmeyer 1980.

Wahlster, W.: Natürlichsprachliche Argumentation in Dialogsystemen KI-Verfahren zur Rekonstruktion und Erklärung approximativer Inferenzprozesse. Berlin Springer 1981 .

Wales, R./ Kinsella, G.: Syntactic effects in semtence completion by Broca´s aphasics. Brain and Laguage 13 1981, 301-307.

Wales, R.J./ Campbell, R.: On the development of comparsion of development. D´Arcais, F./ Levelt, W. (eds.): Advances in psycholinguistics. Amsterdam North-Holland 1970, 373-396.

Wallace, A.F.C./ Atkins J.: The Meaning of Kinship Terms. American Anthropologist 62 1960, 58-80.

Waltz, D.L.: Applications of the connection machine. Computer, 87.1 1987, 85-97.

Wannenmacher, W./ Seiler, T.B.: Introduction: Historical trends of research in concept development and the development of word meaning. Seiler,T.B/ Wannenmacher, W. (eds.): Concept development and the development of word meaning. Berlin Springer 1983.

Wanner, E./ Gleitman, L.R. (eds.): Language acquisition: The state of the art. Cambridge Cambridge University Press 1982.

Wanner, H.E.: On remembering, forgetting, and understanding sentences. A study of the deep structure hypothesis. Havard University (Diss.) 1968.

Warren, C./ Morton, J.: The effects of priming on picture recognition. British Journal of Psychology 73 1982, 117-129.

Warrington, E.K./ McCarthy, R.: Category specific access dysphasia. Brain 106 1983, 859-878.

Warrington, E.K./ Shallice, T.: Category-specific semantic impairments. Brain 107 1984, 829-854.

Warrington, E.K./ Shallice, T.: Semantic access dylexia. Brain 102 1979, 43-63.

Warrington, E.K./ Shallice, T.: Word-form dyslexia. Brain 103 1980, 99-112.

Warrington, E.K./ Zangwill, O.L.: A study of dyslexia. Journal of Neurology, Neurosurgery and Psychiatry 20 1957, 208-215.

Watson, J. B.: Behaviorism. New York Norton 1930.

Weingarten, R.: Verständigungsprobleme im Grundschulunterricht. Opladen Westdeutscher Verlag 1988.

Weinreich, U.: Exploration in semantic theory. Sebeok, T. (ed.): Current Trends in Linguirtics, Vol. III. Den Haag Mouton 1966, 395-477.

Weisgerber, L.: Von den Kräften der deutschen Sprache. Düsseldorf Schwann 1971.

Weiskrantz, L.: Treatments, inferences, and brain functions. Weiskrantz, L. (ed.): Analysis of behavioral change. New York Harper and Row 1968.

Weiss, M./ House, A.: Perception and dichotically presented vowels. Journal of the Acoustic Society of America 53 1973, 51-58.

Weizenbaum, J.: ELIZA - a computer program for the of natural laguage communication betwween man and machine. CACM 9 1965 36-45.

Wells, R.: Predicting slips of the tongue. Yale Scientific Magazine, December 1951 (Reprinted: Fromkin, V.A. (ed.): Speech errors as linguistic evidence. The Hague Mouton 1973).

Werbos, P.: Beyond regression: New tools for prediction and analysis in the behavioral sciences. Harvard University Committee on Applied Mathe-matics 1974.

Wernicke,C.: Der aphasische Symtomenkomplex. Eine psychologische Studie auf anatomischer Basis. Breslau 1874.

Wertheimer, M.: Untersuchungen zur Lehre von der Gestalt II. Psychologische Forschungen 4 1923.

Wettler, M.: Sprache, Gedächtnis, Verstehen. Berlin de Gruyter 1980.

Wexler, K./ Chien, Y.C.: The development of lexical anaphoras and pronouns. Proceedings of the 1985 Child Language Research Forum. Standford University Press 1985.

Wexler, K./ Culicover, P.: Formal principles of language acquisition. Cambridge Mass. MIT Press 1980.

Wexler, K./ Manzini, M.R.: Parameters and learnability in binding theory. Roeper, T./ Williams, E. (eds.): Parameter setting. Reidel Dordrecht 1987, 41-69.

White, P.: Limitations on verbal reports of international events: A refuta- tion of Nisbett and Wilson and of Bem. Psychological Review 87.1 1980, 105-112.

Wickelgren, W.A.: Context-sensitive coding, associative memory and serial order in (speech) behavior. Psychological Review 76 1969, 1-15.

Wierzbicka, A.: Lexicography and conceptual analysis. Ann Arbor Karoma Publishers 1985.

Wilczok, K.: Satzbildungs- und Satzverarbeitungsprozesse mit semantisch un-terschiedlich spezifizierten Verben. Bochum Psychologisches Institut der Ruhr-Universität 1973.

Wilensky, R.: Why John married Mary: Understanding stories involving recurring goals. Cognitive Science 2 1978, 235-266.

Wilks, Y.A.: Grammar, meaning, and the machine analysis of language. London Routledge and Kegan Paul 1972.

Wilks, Y.A.: An intelligent analyzer and understander of English. Com-munications of the ACM 18.5 1975, 264-274.

Willshaw, D.: Holography, associative memory, and inductive generalization. Hinton, G.E./ Anderson, J.A. (eds .): Parallel models of associative memory. Hillsdale Erlbaum 1981, 83-104.

Wimmer, R.: Referenzsemantik. Untersuchungen zur Festlegung von Bezeichnungsfunktionen sprachlicher Ausdrücke am Beispiel des Deutschen. Tübingen Niemeyer 1979.

Winner, E./ Gardner, H.: The comprehension of metaphor in brain-damaged patients. Brain 100 1977, 717-729.

Winograd, T.: Understanding natural language. New York Academic Press 1972.

Winograd, T.: Frame representations and the declarative/ procedural controversy. Bobrow, D./ Collins, A. (eds.): Representation and understanding. Studies in Cognitive Science. New York Academic Press 1975, 185-210.

Wirth, N.: Algorithmen und Datenstrukturen. Stuttgart Teubner 1983.

Wode, H.: Einführung in die Psycholinguistik. Ismaning Hueber 1988.

Wode, H.: Einführung in die Psycholinguistik. Theorien, Methoden, Ergebnisse. München Hueber 1988.

Woodrow, H./ Lowell, F.: Childern's association frequency tables. Psychological Monograph 22 1916.

Woodworth, R.S.: Experimental psychology. New York Holt, Rinehart and Winston 1938.

Wundt, W.: Grundbezüge der physiologischen Psychologie. Leipzig Band I 1908; Band II 1910; Band III 1911.

Yamadori, A./ Albert, M.: Word category aphasia. Cortex 9 1973, 83-89.

Yamadori, A./ Osumi, Y./ Masuhara, S./ Okubo, M.: Preservation of singing in Broca´s aphasia. Journal of Neurology, Neurosurgery and Psychiatry 40 1977, 221-224.

Young, A.W.: Cerebral hemisphere differences in reading. Beech, J.R./ Colley, A.M. (eds.): Cognitive approaches to reading. Chichester Wiley 1987.

Young, A.W./ Ellis, A.W.: Different methods of lexical access for words presented in the left and right visual hemifields. Brain and Language 24 1985, 326-358.

Young, A.W./ Ellis, A.W./ Bion, P.J.: Left hemisphere superiority for pronounceable nonwords, but not for unpronounceable letter strings. Brain and Language 22 1984, 14-25.

Zabrucky, K.: The role of factural coherence in discourse comprehension. Discourse Processes 9 1986, 197-220.

Zadeh, L.A.: Fuzzy sets. Information and Control 8 1965, 338-353.

Zaidel, E.: Lexical organization in the right hemisphere. Buser, P.A./ Rougeul-Buser, A. (eds.): Cerebral correlates of conscious experience. Amsterdam Elsevier 1978.

Zaidel, E.: Auditory vocabulary of the right hemisphere after brain bisection and hemidecortication. Cortex 12 1972, 191-211.

Zaidel, E./ Peters, A.M.: Phonological encoding and ideagraphic reading by the disconnected right hemisphere: two case studies. Brain and Language 14 1981, 205-234.

Zaidel, E./ Schweiger, A.: On wrong hypotheses about the right hemisphere: Commentary on Patterson, K./ Basner, D.: Is the right hemisphere literate?. Cognitive Neuropsychology 1 1984, 351-364.

Zollinger, R.: Removal of left hemisphere: Report of a case. Archives of Neurology and Psychiatry 34 1935, 1055-1064.

Über den Autor

Wolfgang Sucharowski, geb. 1946. Hochschulassistent an den Universitäten München und Kiel (1973-1977), Professor für Deutsche Sprache und ihre Didaktik in Kiel (1980), (1989) Privatdozent für Deutsche Sprachwissenschaft an der Universität Eichstätt, (1996) Professor für Deutsche Sprache und ihre Didaktik an der Universität Rostock, Leiter verschiedener Forschungsprojekte zur Kommunikation, Kognition und Schule in Kiel und München sowie (seit 1990) Lehrbeauftragter für Schule und Kommunikation an der Universität München.

Arbeitsschwerpunkte sind Kommunikation und Computersimulation, Schule, Kommunikation und Kognition, Sprachwandel und Syntax, Kognitive Grundlagen von Grammatik, Textproduktion und Sprachentwicklung.

Weitere Publikationen: Kommunikation im Alltag. Computergestützte Problemexplikation kommunikativer Strukturen. Tübingen 1996.

Syntax und Sprachdidaktik. In: Syntax. Ein internationales Handbuch zeitgenössischer Forschung. J. Jacobs, A. v. Stechow, W. Sternefeld und Th. Vennemann (Hrsg.). Berlin 1995, Vol. 2, S. 1545-1575. Kasuswandel. Das textgrammatische Motiv eines Wandels. Akten des Linguistischen Kolloquiums in Münster 1992. Tübingen 1994, S. 43-50. Syntax und ihre kognitiven Grundlagen. Systeme im Wandel (in Vorbereitung).

Gesprächsforschung im Vergleich. W. Sucharowski (Hrsg.). Tübingen 1985. Verhalten zwischen Verständigung und Verstehen. Band I Kiel 1988 und Band II Kiel 1992. Begegnung und Dialog. Kommunikationsanalytische Studien Regensburg 1993. Problemfelder einer linguistischen Pragmatik. Regensburg 1993. Schülertexte aus textlinguistischer Sicht. Regensburg 1996.

Der Dialog-Experte. R. Fiehler und D. Weingarten (Hrsg.): Technisierte Kommunikation. 1988, 75-92; hrsg. zusammen mit R. Fiehler: Kommunikationsberatung und Kommunikationstraining. 1992.

Aus dem Programm
Sprachwissenschaft

Michael Dürr / Peter Schlobinski

Einführung in die deskriptive Linguistik

2. überarb. Aufl. 1994. 312 S.
(wv studium, Bd. 163) Pb.
ISBN 3-531-22163-9

Diese Einführung gibt einen Überblick über die Teilgebiete der Linguistik: Phonetik/ Phonologie, Morphologie, Syntax, Semantik und Pragmatik. Die grundlegenden linguistischen Fragestellungen und Fachtermini werden anhand von Beispielen aus verschiedenen Sprachen behandelt, wobei die Autoren immer auf Anschaulichkeit Wert legen. Zur Illustration der Beschreibungstechniken und -methoden werden zahlreiche Sprachbeispiele herangezogen – auch aus außereuropäischen Sprachen. Das Buch will vor allem die Fähigkeit vermitteln, Sprachmaterial hinsichtlich linguistischer Fragestellungen analysieren zu können: es enthält daher zahlreiche Übungsaufgaben mit Lösungshinweisen.

Peter Schlobinski

Empirische Sprachwissenschaft

1996. 267 S. (wv studium, Bd. 174) Pb.
ISBN 3-531-22174-4

In diesem Band werden die Grundlagen und Methoden der Empirischen Sprachwissenschaft anschaulich an Beispielen dargestellt. Zunächst werden verschiedene Methoden der Datenerhebung (Experiment, Befragung, Beobachtung), anschließend verschiedene Verschriftungssysteme verbaler Daten vorgestellt. Den Hauptteil bildet die Darstellung „quantitativer" und „qualitativer" Analyseverfahren. Bei der Behandlung „quantitativer" Verfahren wird auf die deskriptive und induktive Statistik eingegangen, bei der Behandlung „quali-

tativer" Verfahren auf die Inhaltsanalyse, auf Diskurs- sowie auf ethnographische Analysen.

Konrad Ehlich (Hrsg.)

Kindliche Sprachentwicklung

Konzepte und Empirie
1996. VIII, 204 S. Kart.
ISBN 3-531-12399-8

Der Band bietet einen Überblick über aktuelle Positionen zur Erforschung des kindlichen Spracherwerbs. Dazu gehören z.B. Ansätze im Rahmen einer generativen linguistischen Theorie und Analysen zur Funktionalen Pragmatik. In allen Beiträgen werden Methodenfragen besonders beachtet, also Fragen nach Längs- oder Querschnittuntersuchungen, nach Beobachtung und Experiment, nach der Rolle empirischer Sprachaufnahmen und dem Stellenwert von Verallgemeinerungen. Durch die Vielfalt der dargestellten Ansätze und den ausdrücklichen Bezug auf die verwendeten Methoden bietet der Band besonders Studierenden und allen, die aus beruflichen Gründen am kindlichen Spracherwerb, seinem Verlauf und seinen möglichen Störungen interessiert sind, die Möglichkeit, sich gut und aus erster Hand darüber zu informieren, was man gegenwärtig über die kindliche Sprachentwicklung weiß und wie dieses Wissen gewonnen wird.

WESTDEUTSCHER VERLAG
OPLADEN · WIESBADEN

Aus dem Programm
Sprachwissenschaft

Hans Strohner

Kognitive Systeme

Eine Einführung
in die Kognitionswissenschaft

1995. X, 280 S. Kart.
ISBN 3-531-12467-6

In der Kognitionswissenschaft arbeiten Psychologie, Linguistik, Anthropologie, Neurowissenschaften, Informatik und Philosophie zusammen, um den Aufbau, die Dynamik sowie die Entstehung kognitiver Systeme zu erforschen. Kognitive Systeme sind einerseits Lebewesen mit der Fähigkeit, ihre Umwelt zu erkennen und in ihr zu handeln, und andererseits Computersysteme, die diese Fähigkeit wenigstens teilweise simulieren. Mit der Kognitionswissenschaft eröffnen sich neue Perspektiven nicht nur hinsichtlich der Analyse des menschlichen Geistes, sondern auch in bezug auf die Interaktion zwischen Mensch und Maschine.

Dieter Hillert (Ed.)

Linguistics and Cognitive Neuroscience

Theoretical and Empirical Studies
on Language Disorders

1994. 271 S. (Linguistische Berichte,
Sonderheft 6/94) Kart.
ISBN 3-531-12600-8

Das Sonderheft „Linguistics and Cognitive Neuroscience" enthält insgesamt vierzehn, in englischer Sprache verfaßte Beiträge. Die Autoren untersuchen, wie sprachliche Einheiten im menschlichen Gehirn unter normalen und neurologisch gestörten Bedingungen verarbeitet werden. Die Untersuchungsmethoden sind linguistischer und psychologischer Natur, und die Ergebnisse werden stets unter Berücksichtigung von Theorien, Hypothesen, experimentellen Ergebnissen und Beobachtungen interpretiert. Der Leser erhält dadurch vom Forschungsbereich „Sprache, Kognition und Gehirn" einerseits ein umfassendes Bild, und andererseits wird er über neueste, richtungsweisende Ergebnisse detailliert informiert.

Ulrich Schmitz

Computerlinguistik

Eine Einführung
1992. 238 S. Kart.
ISBN 3-531-12350-5

Computerlinguisten untersuchen Aufbau, Bedeutung und Verwendung menschlicher Sprache, um Computer zu intelligenten Werkzeugen menschlicher Kommunikation zu machen. Das klassische geisteswissenschaftliche Erkenntnisinteresse und der technische Anwendungszweck geraten dabei in eine produktive Auseinandersetzung. Deren Themen und Positionen bilden den Leitfaden in dieser Einführung in die Computerlinguistik. Sie stellt theoretische Grundlagen, interdisziplinäre Einordnung, Grundbegriffe, Denkweisen, Arbeitsbereiche und Anwendungsgebiete dieser jüngsten sprachwissenschaftlichen Disziplin vor, diskutiert ihren wissenschaftlichen und praktischen Wert und gibt zahlreiche Hinweise zur Weiterarbeit.

WESTDEUTSCHER
VERLAG
OPLADEN · WIESBADEN